中国特色
新闻学
研究丛书

中国特色新闻学关键概念研究

李海波 著

中国国际广播出版社

本书由华东师范大学传播学院科研经费专项资助出版

序

  李海波的新著《中国特色新闻学关键概念研究》，作为"中国特色新闻学研究丛书"重头书目即将付梓。为此，遵嘱写点"多余的话"，忝列书序。

  这部别具一格的新闻理论专著，以一组关键概念，穿针引线揭示并建构了中国新闻学的理论骨架与思想脉络，包括"集体组织者""新型记者""全党办报""典型报道""新闻通讯员"等。20年前，新华出版社副总编辑黄春峰策划了一套新闻传播学译丛，委托我翻译其中的《关键概念：传播与文化研究辞典》（*Key Concepts in Communication and Cultural Studies*），我对这一独出心裁的著述印象深刻。

  此类著述，堪比帕维奇的《哈扎尔辞典》与韩少功的《马桥词典》，看似一鳞一爪，东鳞西爪，或是一截生活片段，或是一个历史场景，串联起来却构成生动立体的真切人生。拿《马桥词典》来说，书中集录马桥的115个日常用语，乍一看，杂花生树，各不相属，但经过作者精心编织，却展现了一幅有声有色的"清明上河图"。其中，词目与词目之间俨然构成应答、对话、呼应的多重关系，就像被喻为"院士中院士"的苏联学者巴赫金论述的"复调小说"。如果说传统小说可见起承转合的单一线索，犹如音乐的独奏与绘画的焦点透视，那么这类貌似辞典的著述则如交响乐队参差错落的协奏，或绘画的散点透视——读者可从任何一点介入，向前后左右随意延伸，移步换形均为鲜活的社会人生。

海波的新作，就属这样一部别出机杼而别开生面的著述。第一时间拿到书稿时，我感到既新奇又诧异，新奇的是书稿，诧异的是一种立足大地而仰望星空的学术想象力。他求学时就显示了严谨凝重、思维绵密、文笔灵动等特点，在清华大学获得博士学位后，即被华东师范大学传播学院院长吕新雨教授以人才引入。几年来，眼见他学术日进、气象日开，特别是始终紧贴着中国的新闻实践以及新闻史，遵循着"历史从哪里开始，思想进程也应当从哪里开始"（恩格斯），精耕细作，不断发掘具有普遍意义与中国特色的新闻传播规律及其学术资源。如今，又拿出这样一部专著，让人不由得亦惊亦喜。

本来，这一新颖成果已经列入我们主编的"中国新闻学丛书"（河南大学出版社），由于中国国际广播出版社策划的"中国特色新闻学研究丛书"同样特别看重这部书稿，于是忍痛割爱。1918年，毛泽东为湖南第一师范学校礼堂题写楹联"世界是我们的；做事要大家来"，我们也希望更多力量汇入新时代新闻学研究。

韩少功在《马桥词典》最后写道："这当然只是我个人的一部词典，对于他人来说，不具有任何规范的意义。"同样，《关键概念：传播与文化研究辞典》前言也强调："它们不是定义，而是下一步理论与实践工作的起点。"照此说来，海波这部既像辞典又不是辞典的著作，也可谓新闻学"下一步理论"的起点。

狗尾续貂是为序。

李　彬

2023年岁末于清华

目 录

绪　论　关键概念：中国特色新闻学研究的路径选择 / 001

　　一、题解"中国特色新闻学" / 002

　　二、从"标识性概念"着手 / 009

　　三、概念选取、方法与结构 / 017

第一章　延安范式：党报"理想型"的概念建构 / 025

　　一、党报的两种"范式" / 026

　　二、先锋队与群众的交往互动 / 030

　　三、作为交往中介的党报 / 034

　　四、党报的一种"理想型" / 039

第二章　集体组织者：报刊流通网络与组织传播 / 041

　　一、经典理念的当代延续 / 042

　　二、报刊发行与组织创建 / 044

　　三、组织传播的常规化手段 / 049

　　四、作为"方法"的新闻传统 / 053

第三章　新闻大众化：重建新闻公共性的思想资源 / 055

一、新闻公共性及其当代挑战 / 056

二、专业主义的"结构性偏向" / 061

三、延安时期的新闻大众化实践 / 065

四、想象另一个新闻图景的可能性 / 071

第四章　群众路线：党报根本理念的逻辑与实践 / 075

一、学术版图中的"群众"身影 / 076

二、《解放日报》改版的党性和群众性 / 078

三、群众路线的运作机理及党报角色 / 085

四、新闻领域群众路线的多重蕴涵 / 090

第五章　全党办报：概念起源与早期实践新考释 / 099

一、重探经典概念的文本源头 / 100

二、集体组织者与全党办报的兴起 / 105

三、全党办报的短暂曲折与展开 / 110

四、全党办报与领导方法的革新 / 114

五、重思媒介技术的进步主义叙事 / 119

第六章　典型报道：社会主义"新人"及其主体性 / 123

一、社会主义运动"特有"的新闻样式 / 124

二、国际共运历史脉络中的典型报道 / 127

三、形塑"新人"：典型报道的内在理路 / 132

四、社会主义"新人"与文化领导权 / 137

　五、典型报道与人民群众的主体性 / 139

　六、"吴满有报道"的主体性呈现 / 143

第七章　新型记者：作为政党—群众"中介"的新闻工作者 / 149

　一、当代新闻从业者的职业意识 / 150

　二、"作一个新的新闻事业工作者" / 152

　三、"新型记者"的内涵及培育方式 / 158

　四、新闻知识的重建与新闻学的想象力 / 166

第八章　新闻通讯员：社会化新闻生产的历史经验 / 169

　一、作为新闻生产者的基层干部 / 170

　二、党报平台化与通讯员运动的肇端 / 174

　三、干部教育与工农写作运动的勃兴 / 180

　四、新闻工作与现代政党的自我锻造 / 187

结　语 / 193

参考文献 / 201

后　记 / 239

绪 论
关键概念：中国特色新闻学研究的路径选择

概念是理论研究和话语建构的基石。在中国特色社会主义新时代，中国人文社科研究的主体意识日渐增强，摆脱对舶来概念的依附、建构中国特色的概念体系成为研究者的理论自觉，"概念研究与建构"逐渐成为人文社科研究的基本主题。针对既往中国特色新闻学研究"宏观有余，细腻不足"的学术格局，本书认为，构建中国特色新闻学的理论大厦可以从关键概念入手，进行精细化的学术建构，打造若干具有原创性和解释力的中国特色新闻学"标识性概念"。

中国特色新闻学的理论资源应当涵盖中国共产党的新闻理论、中华优秀传统文化中的新闻传播思想、西方新闻理论和国外哲学社会科学的前沿成果等多种源流。其中，中国共产党新闻理论暨马克思主义新闻观成果最为关键，本书选取"延安范式"、"集体组织者"、"新闻大众化"、"群众路线"、"全党办报"、"典型报道"、"新型记者"和"新闻通讯员"这八个中国共产党新闻理论中的关键概念，作为研究的主攻方向。

在研究取向上，本书力图增进相关知识而非汇集已有知识，即不以概念的基础性介绍和系统性综述为目标，而是注重在学术脉络中推进特定概念的研究，因此本书的呈现方式为一系列关键概念的专题性研究论文，而不是全面系统的、科普性的词典或教科书模式。

一、题解"中国特色新闻学"

(一)中国特有之新闻学

区别于中国古代的邸报和官报,以刊载新闻为主、面向大众进行传播活动的现代新闻业,在晚清社会巨变和文化转型之际登上历史舞台,成为一种影响颇巨的"制度性传播媒介"[①]。从长时段的历史眼光来看,中国现代新闻业和新闻学是西力东渐的产物,是西方现代性从欧美中心扩散至边缘地带的结果。作为接受方和受冲击方的边缘地带和落后地区,在普遍主义理论与意识形态的笼罩与逼迫之下,转而寻求自身独特的、在地化的思想理论资源,是近代以来第三世界知识分子的共同努力,特别是在民族主义高涨的特殊历史时刻。具体到"中国特色新闻学"的知识探索,早在抗日战争时期的1941年3月,张季鸾、马星野等人发起的中国新闻学会在陪都重庆成立,号召全国新闻界为抗战宣传凝心聚力。张季鸾在为学会起草的宣言中指出:"中国报人,必须完成中国特有之新闻学,以应我抗战建国特殊之需要,西洋方法,参考而已。"[②]《中国新闻学会宣言》因此被认为是中国特色新闻学的早期开创性文献,张季鸾也被认为是"中国特色新闻学"概念的首倡者和发明者。[③]

张季鸾在民族危难之际言说"中国特有之新闻学",无疑体现出鲜明的理论自觉意识,不过当下中国新闻学界普遍认为当前使用的"中国特色新闻学"这一概念主要指涉"中国特色社会主义新闻学",是马克思主义新闻学结合当代中国国情的一次新闻理论范式变革,起源于20世纪80年

---

① 张灏.中国近代思想史的转型时代[J].二十一世纪,1999(2):29-39.
② 张季鸾.中国新闻学会宣言[N].申报,1941-03-19(1).
③ 王春泉."中国特有之新闻学"之历史言说:张季鸾《中国新闻学会宣言》绎读[J].山西大学学报(哲学社会科学版),2016,39(3):1-14.

> 绪 论
> 关键概念：中国特色新闻学研究的路径选择

代中国新闻界反思并应对西方传播学和新闻价值观冲击的时代背景，"与我国新闻界反思西方新闻观带来的负面影响有着密切关联"。[①]1982年第一次全国传播学大会召开，面对"信息""受众"等科学范式的传播学概念对"宣传""群众"等意识形态化新闻学理论所构成的全方位挑战，大会提出"建立起符合中国国情的、有中国特点的新闻学或传播学"。[②]此后，中国特色新闻学逐渐受到重视，并在1986年进入官方话语体系。时任中宣部副部长滕藤提倡研讨"中国式的社会主义大众传播学"[③]，一些学术期刊也相应提出"在研究中国国情，认真总结经验的基础上，借鉴外国有益经验，建立以马克思主义为指导、有中国特色的社会主义新闻学"[④]。

不过，查询《中国新闻年鉴》《新闻研究资料》《20世纪中国新闻学与传播学·理论新闻学卷》《中国传播学30年：1978—2008》等权威文献，从1980年直到2016年这段时间，未发现有直接研究"中国特色新闻学"的成果。以"中国特色新闻学"为关键词检索中国知网（CNKI），文献发表时间均在2016年以后。相关学术会议和组织同样在2016年以后开始活跃。例如，2016年6月，复旦大学新闻学院与清华大学新闻与传播学院共同举办中国特色社会主义新闻学理论创新研讨会，成为新闻学界举办的第一次中国特色新闻学学术会议。2017年年初，依托清华大学新闻与传播学院，中国新闻史学会成立中国特色新闻学研究会，研究会当年7月与中信改革发展研究基金会联合举办首届中国特色新闻学高级研讨班，50多名高校老师参加研讨班，也成为第一个中国特色新闻学的师资培训班。2017年8月，在郑州大学举行的中国新闻史学会年会设立中国特色新闻学专场研

---

① 郑保卫，叶俊.中国马克思主义新闻学百年形成发展历程［J］.新闻春秋，2018（1）：4-11.
② 李启.创立有中国特色的社会主义大众传播学［J］.中国记者，1988（6）：45-46.
③ 高兴烈.中宣部副部长滕藤提出：要形成中国式的社会主义大众传播学［J］.新闻与写作，1986（12）：20.
④ 建立有中国特色的社会主义的新闻学［J］.中国记者，1989（4）：4.

讨会。2018年3月，中国人民大学新闻学院举办纪念《毛泽东对晋绥日报编辑人员的谈话》70周年暨中国特色新闻学学科建设研讨会。这些学术研讨会、师资培训班以及专门化的学术组织等，都推进了中国特色新闻学的展开。

由此可见，从学科发展和学术研究的层面看，实质意义上中国特色新闻学的正式"出场"，始于2016年5月17日全国哲学社会科学工作座谈会（"5·17讲话"），是新闻学界对习近平总书记讲话中提出"打造具有中国特色和普遍意义的学科体系"，并明确把新闻学列为"对哲学社会科学具有支撑作用"的11个学科之一的回应，中国特色新闻学因此才得以命名。目前看来，中国特色新闻学与中国新闻学研究传统中的马克思主义新闻学、党报新闻学、中国共产党新闻理论等学术脉络既有联系又有区别。主要区别在于，2016年哲学社会科学工作座谈会以来的新闻学界开展的中国特色新闻学讨论，特指以习近平新时代中国特色社会主义思想为指导、针对当代中国新闻事业和新闻舆论工作规律的新闻学，立足"新时代"是其最鲜明的特点。

（二）新时代中国特色新闻学

中国特色社会主义新时代是中国发展新的历史定位，从党的十八大开始，中国特色社会主义进入新时代[①]。2017年10月18日，习近平总书记在党的十九大报告中作出一个重大政治判断："经过长期努力，中国特色社会主义进入了新时代，这是我国发展新的历史方位。"关于"中国特色社会主义新时代"的意涵，十九大报告进行了具有历史纵深感的理论阐释："中国特色社会主义进入新时代，意味着近代以来久经磨难的中华民族迎来了从站起来、富起来到强起来的伟大飞跃，迎来了实现中华民族伟大复兴的光明前景；意味着科学社会主义在二十一世纪的中国焕发出

---

① 史泽源.党的十八大：中国特色社会主义进入新时代[N].学习时报，2022-09-08（A5）.

▶ 绪 论
关键概念：中国特色新闻学研究的路径选择

强大生机活力，在世界上高高举起了中国特色社会主义伟大旗帜；意味着中国特色社会主义道路、理论、制度、文化不断发展，拓展了发展中国家走向现代化的途径，给世界上那些既希望加快发展又希望保持自身独立性的国家和民族提供了全新选择，为解决人类问题贡献了中国智慧和中国方案。"

三个"意味着"实际上对"中国特色社会主义新时代"进行了多重历史定位：从共产党和共和国的历史来看，"新时代"是在特定的政治节点开辟一种新的政治空间，也就是由"站起来"到"富起来"再到"强起来"的新时代；从中华文明史来看，"新时代"是中华民族迎来伟大复兴的时代，是中国文化传统与共产主义理想相互支撑、相得益彰的时代；从国际共产主义运动来看，"新时代"是社会主义现代化道路探索的新阶段，是以中国的实践经验创新"社会主义"，以"四个自信"开创社会主义发展道路的新阶段；从人类文明史上看，"新时代"是为人类文明从传统进入现代开创一条具有原创色彩的道路，为人类发展提供一套超越西方资本主义的新理念、新思路和新方案，也就是所谓中国智慧和中国方案。[①]

要言之，"新时代"的宏伟愿景是实现社会主义现代化和中华民族伟大复兴，并在借鉴和消化吸收古今中外一切优秀文明成果的基础上，开辟一条新的社会主义现代化发展道路，亦即现代化的"中国方案"，推动中华文明传统的现代性转型，为构建人类文明发展新秩序作出中国贡献。为实现这个宏伟的战略目标，十九大报告系统提出了习近平新时代中国特色社会主义思想，并按照这一思想构筑了全面系统的治国方略与发展目标，对新时代的总任务、大战略、新布局以及各项工作进行了全方位规划，涉及政治、经济、文化、社会、生态等方方面面。具体到文化与意识形态领域，十九大报告提出"加快构建中国特色哲学社会科学"，明确这是"牢牢掌握意识形态工作领导权"的重要环节之一。

---

① 强世功.哲学与历史：从党的十九大报告解读"习近平时代"[J].开放时代，2018（1）：11-31，5.

如前所述，2016年哲学社会科学工作座谈会提出着力构建中国特色哲学社会科学，在学科体系、学术体系、话语体系上充分体现中国特色、中国风格、中国气派，并将新闻学与哲学、历史学、经济学、政治学等学科并列为对哲学社会科学"具有支撑作用"的11门学科之一，自此之后，建构中国特色新闻学成为新闻传播学科的核心议题，有力推动了相关研究的蓬勃发展。由此可见，中国特色新闻学从属于新时代中国特色社会主义的整体方略，是思想文化、意识形态领域的战略布局和具体实施，其思想底色和本质特征是社会主义。正如习近平总书记在阐释"中国特色社会主义"的意涵时所说的："中国特色社会主义，既坚持了科学社会主义基本原则，又根据时代条件赋予其鲜明的中国特色。这就是说，中国特色社会主义是社会主义，不是别的什么主义。"[①] 同样，中国特色新闻学归根结底是社会主义新闻学，而不是别的什么主义新闻学。就这一点而言，新时代的中国特色新闻学，与20世纪80年代倡导的"有中国特色的社会主义新闻学"既一脉相承，又与时俱进。

综合以上梳理和分析，本书将中国特色新闻学理解为：在中国特色社会主义进入"新时代"的历史语境下，以中国道路的历史实践与新闻实践为基础，借鉴和吸收古今中外一切优秀的新闻学成果，探索并形成的一套新的社会主义新闻学及其学科体系、学术体系与话语体系，为现代新闻业和新闻学贡献的中国智慧。在西方市场化新闻业日渐衰颓之际，新时代中国特色新闻学的宏图远虑指向一套替代性的新闻范式，突破长期以来西方新闻范式的全球支配地位。这项理论工作的意义在于，以高度的理论自觉擘画另一种新闻图景，探索人类新闻业的未来走向；也在于理论与实践之间持续的辩证运动，从新闻实践出发总结和创新理论，以新思想介入新闻实践并接受检验、更新，在一种持续不断的动态过程之中，摸索创造出一

[①] 李章军.习近平在新进中央委员会的委员、候补委员学习贯彻党的十八大精神研讨班开班式上发表重要讲话[N].人民日报，2013-01-06（1）.

> 绪 论
关键概念：中国特色新闻学研究的路径选择

个更加合理的新闻世界——既解释世界，又改变世界；既回应中国新闻业与新闻学的重大问题，又为人类命运共同体及其新闻传播新秩序贡献更有实践意义与价值内涵的中国方案。

概而言之，"新时代"对中国特色新闻学研究提出了新要求，呼唤一种新的立足中国、面向世界的社会主义新闻学，即为新闻业界践行马克思主义新闻观提供科学的理论依据，为新闻学界走出"西化"迷魂阵，赓续为社会主义服务、为人民服务的大道开辟可行路径，为培养立足中国大地、以人民为中心的新闻人才提供入脑入心的学术思想。

以这样的格局展开新时代中国特色新闻学理论创新工作，要求我们以高度的政治自觉和文化自觉，对新时代新闻传播规律予以系统观照和真切把握，探索出一整套具有主体性、体现原创性的新闻学理论体系。在总体思路上，新时代中国特色新闻学理论创新需要注意把握以下几个问题。

首先是中国特色与普遍意义的统一。新时代中国特色新闻学既强调"中国特色、中国风格、中国气派"，也着力于新闻传播的普遍规律与普遍意义。"中国特色"并非形式主义的宣示，相反，恰恰是中国新闻学健全发展而非畸形生长的前提。着眼"中国特色"与"中国大地"，一方面固然是坚持新闻学的马克思主义属性和社会主义定位，明确新闻学研究"为什么人"这一根本性、原则性问题；另一方面并不因为凸显特殊性而拒斥普遍性，而是在特殊性中体现普遍性。[①] 倘若没有普遍性维度，即毛泽东从青年时代就执着探求的"大本大源""宇宙真理"[②]，实事求是的"是"即追求真知与真理就可能沦为各行其"是"、自以为"是"。当代流行的固化

---

① 关于这个问题的总体论述，可参见：汪晖. 中国道路的独特性与普遍性[J]. 社会观察，2011（4）：6-11.
② 毛泽东. 致黎锦熙信（1917年8月23日）[M]//中共中央文献研究室，中共湖南省委《毛泽东早期文稿》编辑组. 毛泽东早期文稿（1912年6月—1920年11月）. 长沙：湖南人民出版社，2013：25-26.

理论思维和既定学术秩序，其主体无不源于以西方为中心的一套"地方性知识"，而这种"地方性知识"日益成为一种以普遍性为号召，而实际上隐含傲慢与偏见的"胁迫性知识"，正如《世界秩序与文明等级》《胁迫之术：心理战与美国传播研究的兴起（1945—1960）》等新作所揭示的。[①] 因此，"中国特色"的道路、实践及理论无论基于现实问题还是为了求索创新，都不能不首先从这种"地方性知识"所形成的学术依赖、思想殖民、文化霸权中解放出来，摆脱学术移植、理论旅行、思想穿越，立足社会现实，面向具体问题，聆听时代呼唤，在人民群众创造世界的历史大潮中把握社会政治与新闻传播的真问题、大问题，研究其中的真学问、大学问。换言之，新时代中国特色新闻学看似强调特殊性，实则重新高扬探求真知、探求真理的学术精神，重新探索现实世界的普遍性并追求自主性。

其次是"破"与"立"的结合。新时代中国特色新闻学的终极目标是"立"，即探索并确立一套社会主义新闻学理论体系，同时注重"破"，即破除种种制约性的流行思维和理论，特别是打破西方新闻学理论的话语霸权。"有破有立，以破促立"的研究思路，是由当前的文化环境和学术氛围所决定的。相对于过去时代所面临的"挨打"问题、"挨饿"问题，中国特色社会主义"新时代"重在从根本上解决"挨骂"问题，而与中国发展形成反差的"挨骂"现象，本质上是文化政治衰落、文化领导权旁落以及意识形态乱象丛生的表征，不仅仅是一个文化问题，更是关乎中国道路正当性、合法性的重大政治问题。[②] 具体到新闻领域，政治逻辑讲党性原则、群众路线、政治家办报、马克思主义新闻观，而文化逻辑则往往是无所不在的西方特别是美国的政治观念和新闻观念。党的

---

① 刘禾.世界秩序与文明等级［M］.北京：生活·读书·新知三联书店，2016.辛普森.胁迫之术：心理战与美国传播研究的兴起（1945—1960）［M］.王维佳，刘扬，李杰琼，译.上海：华东师范大学出版社，2017.

② 李彬.中国道路新闻学（四）：挨打、挨骂、挨饿［J］.当代传播，2018（4）：4-6，23.

▶ 绪 论
关键概念：中国特色新闻学研究的路径选择

十八大已经明确提出、党的十九大重申的"进行具有许多新的历史特点的伟大斗争"，也自然针对此类问题，这要求我们在理论创新中树立明确的问题意识。

再次是立足"治国理政与定国安邦"的定位。新闻舆论工作属于"治国理政、定国安邦的大事"，这是习近平对新闻舆论工作的重要定位，新时代中国特色新闻学也应以此为立足点，从这一高度探究新闻业的重要性和多样性，重新阐明新闻与政治的关系。西方新闻理论通常将新闻业定义为独立于政治与社会的所谓"第四等级""无冕之王"，新闻机构主要是商业属性浓厚的媒体企业。如今，这样的理论认识即使在西方学界也不断遭到挑战和批判[1]，事实上也极大束缚、窄化了新闻的内涵，照搬到中国则更无法解释中国新闻业的历史传统与现实状况。[2]构建中国特色新闻学，在新时代的语境下推进新闻学理论创新，自然需要冲破这样的思想藩篱，以更宏大的历史视野和学术眼光，在更开放多元的思维中重新理解新闻业。

二、从"标识性概念"着手

（一）中国特色新闻学研究回顾

在2016年5月17日的全国哲学社会科学工作座谈会上，习近平总书记提出"着力构建中国特色哲学社会科学"的新任务，并将新闻学列为"对哲学社会科学具有支撑作用的学科"之一，对于长期身陷学科合法

---

[1] MCCHESNEY R, NICHOLS J. The death and life of American journalism: the media revolution that will begin the world again [M]. New York, NY: Nation Books, 2010.

[2] 王维佳. 什么是现代新闻业？——关于新闻业与新闻人社会角色的历史辨析 [J]. 新闻记者, 2012 (12): 12-17.

性焦虑的新闻学而言[①]，这个重要论述无疑进一步确认了新闻学的学科地位，推动中国特色新闻学建设成为新闻传播学界的核心议题。2017年，党的十九大报告重申了"加快构建中国特色哲学社会科学"的目标，并将其作为"牢牢掌握意识形态工作领导权"的重要环节之一，中国特色新闻学由此进一步明确了其历史使命，即从属于新时代中国特色社会主义的整体方略，是文化与意识形态领域的战略实施。党的十九大以来，以习近平新时代中国特色社会主义思想为指导方针，加快构建新时代中国特色新闻学已经成为新闻传播学学科建设的首要任务。

"5·17"讲话以来，新闻学界关于中国特色新闻学的研究大致包括以下三个方面。

一是关于中国特色新闻学学科建设的研究。虽然有学者对中国特色新闻学的学术普适性提出担忧和质疑，但是更多研究者认为中国特色新闻学是一个"真命题"，不仅有其学术合法性，而且意义重大，如复旦大学新闻学院前院长尹明华所说，中国特色新闻学"是党和国家发展的战略需要，也是推动当代新闻传播事业发展的迫切需要"[②]，所谓中国特色"并非为了凸显特殊性而向普遍性告别，中国特色的历史实践包括革命、建设与改革及其新闻舆论工作，既属于共产主义的普遍性愿景，又为人类命运共同体提供了中国智慧与中国方案"[③]。学界就构建中国特色新闻学的特定历史语境、正当性与合理性、与西方新闻学的关系、学科建设的路径等问题展开了广泛讨论，厘清了诸多关键问题。

二是关于中国特色新闻学话语体系的研究。习近平在"5·17"讲话

---

① "新闻是否有学"的争论一直是学科内部的恒久话题，最新讨论可参见：曹林.四重稀释正在加剧新闻学的"无学"危机［J］.新闻春秋，2018（3）：58-64.全面的论述可参见：唐远清.对"新闻无学论"的辨析及反思［M］.北京：中国广播电视出版社，2008.

② 姜泓冰.复旦—清华构建新闻传播学术共同体［EB/OL］.人民网（2016-06-06）［2016-07-01］.http://sh.people.com.cn/n2/2016/0606/c134768-28460878.html.

③ 李彬.新闻学若干问题断想［J］.兰州大学学报（社会科学版），2018（1）：117-123.

> 绪　论
> 关键概念：中国特色新闻学研究的路径选择

中强调"发挥我国哲学社会科学的作用，要注意加强话语体系建设"。构建既符合中国实际又具有普遍意义的学术话语体系，是中国特色新闻学研究的重要任务，吸引了诸多学术关注。[①] 有研究者从"破"的角度出发，提出厘清媒体、传播、新闻、舆论这四个概念及其相互关系，认为概念澄清工作是开展话语体系建设的前提。[②] 也有研究者着眼于"立"，分析话语体系的构建原则、结构和现状，并从学术概念、学术范畴、学术表述三个层面提出构建中国特色新闻学话语体系的纲要性问题。[③]

三是关于习近平新闻舆论工作重要论述的研究。党的十八大以来，习近平关于新闻舆论工作发表了诸多重要讲话，代表了马克思主义新闻观的最新发展，也是构建中国特色新闻学的指导思想。现有研究对此进行了大量总结归纳，中宣部组织编写的《习近平新闻思想讲义（2018年版）》和新华通讯社课题组编写的《习近平新闻舆论思想要论》是两部代表性的权威著述，新闻学界也展开了多角度的解读。总体而言，此类研究主要针对习近平关于新闻舆论、意识形态、网络信息安全等重要讲话进行阐发，为开展新时代中国特色新闻学研究提供了重要参考和思想启发，需要深化之处在于概念化、理论化的工作，进一步将政治话语转换为学术资源。

由上可见，中国特色新闻学在短短几年间已经取得了颇为丰硕的研究成果，为进一步深入探索提供了必要的知识基础。不过应当正视的是，中国特色新闻学研究目前仍然存在一些缺憾和不足，比如突出的一点是集中于新闻学视野，较少见到以其他学科视角和理论研究的成果。中国特色新闻学既是马克思主义及其新闻道统在中国化实践中的时代要求，又是世界

---

① 代表性成果如：蔡惠福，顾黎.关于中国特色新闻传播学术话语体系自主建构的几点思考［J］.新闻大学，2013（1）：23-28. 齐爱军.中国特色新闻学的话语体系建构［N］.中国社会科学报，2018-06-21（3）. 童兵.在文化合力中推进新闻学话语体系建设［J］.现代传播（中国传媒大学学报），2017，39（6）：10-14.
② 柳斌杰.中国特色新闻学的学术追求［J］.经济导刊，2017（8）：6-12.
③ 胡钰，虞鑫.中国特色新闻学话语体系论纲：概念、范畴、表述［J］.全球传媒学刊，2018，5（1）：1-18.

现代化进程中更普适、更人性、更符合人类命运共同体的中国道路在新闻领域的时代回应，既需要对当代中国新闻实践及主张进行理论提炼，又需要对其中蕴含的人类新闻传播更普遍、更深刻、更有价值的规律进行学术透视与理论洞察。故需汲取马克思主义学科、马克思主义中国化理论成果，以及中国共产党史、共和国史、政治学、社会学、伦理学、文艺学等领域已有和最新成果，以跨学科视野开展综合性研究，而目前这方面还有待提升和深化。

同样不容忽视的是，既往的中国特色新闻学研究在不同程度上存在政治性强而学术性弱的倾向。中国特色新闻学具有在政治上发挥指导性、在理论创新和学科体系上发挥统领性作用的地位，具有维护国家主流意识形态安全的功能，一句话来说，建设中国特色新闻学既是最重要的学术问题，又承载着重要的政治使命。虽然中国特色新闻学以马克思主义新闻观、习近平新时代中国特色社会主义思想特别是习近平总书记关于新闻舆论工作重要论述为指导，具有鲜明的政治性，但作为学术研究，中国特色新闻学的建构对学术性和学理性又有着更高要求，处理"政治性与学术性的辩证统一"是开展中国特色新闻学研究的前提。然而，当前研究成果还在不同程度上存在着政治性强而学术性弱的倾向。中国特色新闻学研究不仅应在价值层面符合政治标准，而且在学术层面更得具有思想建构和理论贡献，只有如此才能让人入脑入心、心服口服，才能对当代中国新闻传播实践发挥科学的指导作用。如何在坚守政治导向的基础上增强研究的学理性即科学性，在学理层面达到现代学术标准并做出理论贡献，这是中国特色新闻学研究需要特别重视的关键问题。

（二）概念研究：建构与重构

中国特色新闻学作为新闻学研究的一个前沿领域，还处于理论探索期、体系建立期，在研究层次上呈现出"重宏观梳理、轻微观考察"的特

> 绪 论
> 关键概念：中国特色新闻学研究的路径选择

点，例如为数众多的研究文献聚焦中国特色新闻学的学术体系、学科体系和话语体系（"三大体系"）的整体性讨论和框架性分析，对中国特色新闻学的整体的时代背景、概念源流、历史演进、使命方向等"宏大议题"同样着墨颇多，但对一些关键概念（key concepts）具体而深入的研究，迄今仍较为稀少和薄弱。实际上，概念是对事实或理论的概括，也是思想和学术的精粹，"是构建人类知识体系的基石"[①]，而关键概念、核心概念则集中体现了一种学说的思想主张，具有身份性标识的重要作用，"概念可能类似于分布于地球上使我们得以明确地标示地球表面的任何位置的经纬线"[②]。

习近平在 2016 年 5 月 17 日哲学社会科学工作座谈会上的讲话，对概念研究给予了高度重视："在解读中国实践、构建中国理论上，我们应该最有发言权，但实际上我国哲学社会科学在国际上的声音还比较小，还处于有理说不出、说了传不开的境地。要善于提炼标识性概念，打造易于为国际社会所理解和接受的新概念、新范畴、新表述，引导国际学术界展开研究和讨论。这项工作要从学科建设做起，每个学科都要构建成体系的学科理论和概念。"越来越多的学者认识到，中国哲学社会科学研究长期沿袭"追踪—回应"西方理论前沿的学习模式，所使用的绝大多数概念来自西方学术，本土原创性概念较为匮乏，导致中国学界在议题设定、研究范式运用、思维方式乃至价值导向方面显露出"西方化"弊端，学术研究难以有效解释社会现实，与中国发展的历史实践不匹配。[③] 相对而言，建构概念则是西方的学术优势，也是西方学术能够取得学术话语权的重要原因。由此出发，有研究者提出，"中国特色的哲学社会科学体系是一座大厦。要建构这样一座大厦，需要从概念入手"[④]。

---

① 海伍德. 政治学核心概念 [M]. 吴勇，译. 北京：中国人民大学出版社，2014：2.
② 石里克. 普通认识论 [M]. 李步楼，译. 北京：商务印书馆，2017：45.
③ 林毅. 西方化反思与本土化创新：中国政治学发展的当代内涵 [J]. 政治学研究，2018（2）：90-109，127-128.
④ 徐勇. 学术创新的基点：概念的解构与建构 [J]. 文史哲，2019（1）：10-13.

学术创新最有成效的工作，无疑是回应时代问题，创造和提炼新的标识性概念，并在传播和竞争中获得话语权，推动社会实践发展。例如"人类命运共同体"这样的规范性概念，超越了传统的民族国家、利益同盟等意识和想象，具有引领人类社会前进的先进性，在国际社会获得广泛回应和影响，体现了概念建构的强大创造力和传播力。[①] 再如政治学领域，徐勇及其团队基于田野调查的经验材料，提出了一系列具有中国特色的原创性概念，如"农民理性""关系叠加""家户制""韧性小农""祖赋人权""东方自由主义"等[②]，为理解乡土社会和中国政治提供了开拓性的理论研究成果，体现了较强的概念建构意识和能力。

不过，对于中国特色新闻学而言，建构和创造新概念固然重要，但对既有的关键概念展开新的研究同样具有重要意义，特别是中国共产党新闻理论和实践中的一些关键概念，亟待学理化的学术勘探。如，清华大学人文讲席教授赵月枝从世界体系内资本主义和社会主义的多回合斗争的宏阔视野出发，指出"重新认识中国共产党的新闻理论与实践，现在是个特殊的历史机遇"，并归纳出中国共产党新闻理论与实践的八条规范性内涵，同时也是值得深入研究的八个议题，包括"传播和舆论的重要性"、"媒体的非资本所有与控制原则和传播的社会效益第一原则"、"以正面报道为主的社会运动媒体和倡导性新闻理念"、"政党的作用和群众路线作为政治传播模式"、"全党办报/全民办报"、"强调'传输传播模式'和'仪式传播模式'的结合"、"超越哈贝马斯（资产阶级）公共领域理论的认知主义和理性主义偏颇，讲究新闻传播中情与理的结合"与"知行合一，理论和实践相结合——在认识世界中改造世界，改造自己"。[③] 事实上，如果对这些议题进一步加以概括和提炼，其实对应着中

---

① 徐勇，郭忠华.政治学概念建构的意识与方法：基于田野政治学的视角[J].天津社会科学，2022（1）：60-65.
② 徐勇.田野政治学的核心概念建构：路径、特性与贡献[J].中国社会科学评价，2021（1）：4-13，157.
③ 赵月枝.全球视野中的中共新闻理论与实践[J].新闻记者，2018（4）：4-16.

▶绪　论
关键概念：中国特色新闻学研究的路径选择

国共产党新闻传统的一系列关键概念，如"宣传/宣教"、"社会属性"、"正面报道"、"党性原则"、"政治家办报"、"群众路线"、"耳目喉舌"和"新型记者"等。沿着这样的思路，可以对赵月枝提出的研究议题做进一步的改造，即在当前的特殊历史时刻，从新的问题意识出发，调用新的学术资源，采用新的方法和路径，重新对中国共产党新闻理论和实践中的一系列关键概念展开学术探究。

这正是本书的目标所在。

（三）辞典式综述，还是在学术脉络中推进？

以关键概念作为线索，在过去的新闻学研究中不乏先例，主要是基础性的词典和辞书，特点是概念介绍的系统性与完备性。例如富兰克林等人编写的《新闻学关键概念》，按照字母顺序排列了200多条新闻学关键词，每个词条的解释约数百字，"通过梳理主要学者的论点和立场，介绍学者的综述和评价，以及记者对新闻学近期发展的评述，向读者介绍这一学科领域中的主要论争"，定位是"浅显易懂、权威但却是基础性的指南"[1]。另一本传播学经典名著《关键概念：传播与文化研究辞典》，同样以辞典的形式将传播与文化研究领域所有重要概念及范畴（286个）加以条分缕析的论列，每个概念先给出概括性的定义，然后从不同角度进行解说，最后列出互文参阅的相关概念以及进一步深度阅读的参考书目。[2] 尽管作者否认该著作的辞典与工具书属性，"这些辞条不是定义（本书不是一部辞典）"，然而理由是"我们并未宣称自己享有特权接近每个概念'真正'意义。它们不是定义，而是下一步理论与实践工作的起点。我们勾画了有关问题的框架，为你指出如何通过'深入阅读'和'互文参照'而追寻特定的思考

---

[1] 富兰克林，等.新闻学关键概念［M］.诸葛蔚东，等译.北京：北京大学出版社，2008：5，1.
[2] 费斯克，等.关键概念：传播与文化研究辞典（第二版）［M］.李彬，译注.北京：新华出版社，2004.

路线"①,也就是说,作者仅是从概念定义权的角度进行了谦恭的编写陈述,并不能在体例和方法上实质性地否认该著作的辞典属性。

相比《新闻学关键概念》和《关键概念:传播与文化研究辞典》这两本工具书,《新媒介:关键概念》②一书更有研究型著作的色彩。该书在体例上并没有汇集某个领域的所有重要概念进行基础性说明,而是选取"网络""信息""交互界面""档案""交互性""仿真"这六个在新媒体时代"对于理论建构和批判分析举足轻重"的关键概念,从这些概念的起源和形成的角度入手展开考察,审视这些概念如何被运用于社会生活和文化的分析研究之中,目标是"探究这些概念如何可能地成为一种可操作性的关键概念,以解决研究过程中遭遇的问题和障碍"。不过就研究路径而言,该著作仍然以概念的系统性和完备性为取向,"对它们(六个概念)进行多学科、多维度的梳理和考察,建构起新媒介研究的概念框架",例如对"网络"这一概念的研究,该书首先对"网络是什么"做了概念史的梳理,然后分别对"网络"概念在计算机科学领域、网络社会研究、社会网络分析和行动者网络理论这四个领域的应用情况进行了综合评述,使读者对"网络"概念形成全面的认识。

本书的研究取向,与上述著作均有所区别。要言之,本书不以概念的基础性介绍和系统性评述为目标,而是注重在学术脉络中推进特定概念的研究。亦即是说,本书的研究目标是增进相关知识而不是汇集既有知识。因此,本书的开展与实施路径,主要是针对一系列概念展开专题性的个案研究;每个概念的研究通常是在把握既有文献和前人研究成果的基础上,提出自己的研究问题,锚定自己的分析角度,凭借经验材料展开论证和分析,论述上往往聚焦一点、不及其余。以"集体组织者"为例,本书并未

---

① 费斯克,等.关键概念:传播与文化研究辞典(第二版)[M].李彬,译注.北京:新华出版社,2004:前言5.
② 盖恩,比尔.新媒介:关键概念[M].刘君,周竞男,译.上海:复旦大学出版社,2015.

绪 论
关键概念：中国特色新闻学研究的路径选择

处理概念的内涵、列宁提出该概念的语境、斯大林的再阐释、中国共产党的借鉴与实践脉络等既有新闻学词典和教科书已经广为论述的内容，而是立足于该话题学术史脉络中的推进，聚焦既往研究中一个未能获得足够重视的话题——报刊发行与政党组织传播的关联关系，以物质化的报刊发行实体网络为中心，重新考察"集体组织者"这一经典党报理念的实践路径与历史场景。

三、概念选取、方法与结构

（一）关键概念的选取

习近平在全国哲学社会科学座谈会时指出，"我们要善于融通古今中外各种资源，特别是要把握好三方面资源"，分别为马克思主义的资源、中华优秀传统文化的资源和国外哲学社会科学的资源。这个观点高屋建瓴，对于建设中国特色新闻学具有指导意义。具体而言，中国特色新闻学研究应当注意以下三方面的理论源流。

第一，中国共产党新闻理论与实践的提炼。在领导中国人民进行现代化道路的探索过程中，中国共产党吸收马克思列宁主义新闻学的精髓，结合中国具体实情，创造性地发展了自身的新闻理论。中国共产党新闻理论是一个开放的体系，根据政治社会条件和新闻传播生态的变化，不断进行与时俱进的理论创新，但是仍有一些核心理念历久而弥新。中国共产党的新闻理论传统蕴含着丰富的内容，能够为反思当代新闻状况提供思想资源，为建构中国特色新闻学提供基础理论。这要求我们进行深入系统的理论对比分析，做出符合现代学术水准的高质量研究。

第二，中华传统文化中的新闻传播思想的发掘。绵延数千年的中华文化，为中国特色哲学社会科学的成长和发展提供了深厚基础，是十分宝贵、不可多得的本土资源。悠远的中华文明蕴含着丰赡的新闻传播思想，对于构建中国特色新闻学来说，这是非常珍贵的思想理论资源。

第三，西方新闻理论的借鉴与扬弃。在中国新闻传播学领域，一套以城市中心主义、精英中心主义为核心的新闻话语体系日益占据主流。在特殊的历史时期，这一建基于西方"科学主义"的话语体系，虽然在一定意义上促进了中国新闻传播学的理论建设，但也在不知不觉中造成研究对象单一、主体视角缺失等突出问题。因此，突破既有的理论盲区和思想窠臼，就需从当代中国新闻传播的具体实践出发，聚焦中国丰富的新闻传播方式和价值追求，在尊重新闻事实、新闻真实、客观公正的基础上，努力超越城市中心主义的新闻生产与传播机制，超越西方新闻专业主义的话语霸权，超越精英主义视角下的新闻研究，提炼出具有学理性的新理论，概括出有规律性的新实践，进而助力中国特色新闻学的理论建构。

这三方面的理论源流中，马克思主义新闻学资源特别是中国共产党的新闻传统最为关键，应当为构建中国特色新闻学提供基础性知识。习近平在"5·17"讲话中指出："坚持以马克思主义为指导，是当代中国哲学社会科学区别于其他哲学社会科学的根本标志，必须旗帜鲜明加以坚持""马克思主义的资源，包括马克思主义基本原理，马克思主义中国化形成的成果及其文化形态……这是中国特色哲学社会科学的主体内容，也是中国特色哲学社会科学发展的最大增量"。秉持这样的理念，本书将中国共产党新闻理论暨马克思主义新闻观成果作为研究的重心。亦即是说，回到中国革命、建设及其新闻活动的历史现场，提炼出中国特色新闻学的理论内涵，进而丰富中国新闻学的学术书写，指导当下及未来的新闻传播实践，这是本项基础性理论工作的重点。本书最终选取"延安范式""集体组织者""新闻大众化""群众路线""全党办报""典型报道""新型记者""新闻通讯员"这八个中国共产党新闻理论中的关键概念，作为研究的主攻方向。

（二）方法、结构与内容

通常来说，概念研究可以分为历史、理论与实证三种路径或曰"范式"：历史的路径体现为"概念史"范式，旨在研究概念的历史演化，解释概念在历时性使用中的多重含义，来理解概念后面的历史变迁，将概念与社会结构关联起来进行分析；理论的路径则围绕特定概念进行全面的分析和建构，形成有关该概念的体系化知识，通常对该概念做出新的解释，文献批评是常用的方法之一；实证的路径一方面针对概念的某个方面（起源或运用）进行经验研究，另一方面还可以依托文献数据库来实现对概念的研究，旨在对概念在广袤历史时空中的变化情况形成准确的理解。概念研究的这三种路径或范式，具有各自的优点与不足，体现了概念研究中范围精度、内容深度和理论高度三种不同要求。

本书针对具体的概念采用不同的研究路径。前半部分为中国共产党新闻理论中的五个整体性概念，包括具有全局性典范意义的"延安范式"，关于新闻业角色和功能的"集体组织者"，关于办报路线和方针的"新闻大众化"和"群众路线"，以及新闻工作的指导原则"全党办报"；后半部分为中国共产党新闻理论中的两个操作性概念，包括新闻业务领域的"典型报道"，关于新闻工作者伦理规范的"新型记者"和"新闻通讯员"。

第一章处理的关键概念为"延安范式"。"延安范式"可谓理解中国共产党新闻理论的首要关键概念。中国共产党的新闻事业在延安时期获得空前发展，特别是1942年《解放日报》整风改版以后，中国共产党的办报模式和党报理论趋于成熟。新中国成立后特别是改革开放以来，政治社会环境不断变化，媒介生态日新月异，中国共产党的新闻政策也进行了与时俱进的调整，但形塑于延安时期的核心新闻理念则一以贯之，发挥着历久弥新的作用，直至今日仍然决定性地影响着当代的中国新闻业和新闻学。新闻学界关于"延安范式"的既往讨论，主要着眼于政治与新闻、政党与报社的关系，从党性原则、组织喉舌等维度进行考察。事实上，中国共产党政党政治的核心在于党群关系，新闻事业唯有置于这样的框架下方能得到准确的理解。本章围绕《对晋绥日报编辑人员的谈话》这篇经典文献，以党的群众路线为线索，在梳理和阐发毛泽东论述逻辑的基础上，尝试构建出一种韦伯意义上的党报"理想型"（ideal type，也译作"理想类型"）概念——政治启蒙型报纸。该概念的核心含义为：党报及其新闻知识分子充任政党和群众交往互动的媒介，以教育和组织群众为鹄的，奉群众路线为工作准则。这一概念建构并不具有"实然"和"应然"的属性，目标仅是为相关研究提供一个分析工具，用以比较经验实在与理想图式的差异，经由这样的对比分析打开一些有意义的问题空间。

第二章处理的关键概念为"集体组织者"。新闻的角色与功能，可谓新闻理论的"元问题"。在中国共产党的新闻传统中，"集体组织者"是界定新闻功能的一个经典概念。这个由列宁首创的概念表述，在 20 世纪 20 年代末传入中国，逐渐成为中国共产党新闻事业的指导思想以及党报理论的核心理念。20 世纪 80 年代以后，"集体组织者"概念在新闻学界引起越来越多的质疑，在新的理论框架下，新闻的信息传递作用受到推崇，带有工具色彩的宣传和组织功能日渐不合时宜。关于"集体组织者"概念的批评和质疑中，一个关键问题是作为精神单位的新闻业如何能够发挥领导机构才具有的组织功能？解答这个问题，需要跳出媒介中心主义的藩篱，超越文本、内容等常见的分析范畴，从政治组织的运作、物质化的流通网络等维度探析新闻媒介的角色与作用。本章从组织传播的视角切入，分析了革命战争年代党报发挥"集体组织者"功能的机制。研究发现，实体层面的报刊发行网络，为党报发挥组织作用奠定了物质基础。在建党初期和大革命时期，党报党刊的发行网和代办员网促动了党组织的创立与发展壮大。在根据地时期，建制化的报纸信息传播被纳入党的组织体系，成为政党组织传播的常规化手段，党报被赋予党政机构的权威和文件的效力，以类似开会的方式发挥组织功能，通讯员体系联结了办报、发行与读报环节，使党报成为推动工作的有力武器。

▶ 绪 论
关键概念：中国特色新闻学研究的路径选择

第三章处理的关键概念为"新闻大众化"。"大众化"堪称中国近现代历史中的一个贯穿性的文化主题，一种占据主流支配地位的思潮观念。特别是在中国共产党的文艺宣传工作中，"大众化"自延安文艺座谈会之后成为一个整全性的文化路线。鉴于这种历史显要性，"大众化"议题吸引着众多思想文化学者的关切，尤以"文艺大众化"的学术积累最为丰厚。相比而言，新闻学界对"新闻大众化"的探讨则稍显薄弱。本章从当代世界普遍的新闻公共性危机出发，以当代问题意识为着眼点，重新考察了中国共产党新闻传统中的"大众化"实践。研究发现，在市场逻辑和专业主义意识形态主导之下，当代西方媒体结构性地偏向城市中产阶级和各界精英，忽视普通民众的声音，贬抑社会底层的发言权。这背离了平等进入、广泛参与等公共性原则，使得公共空间等级化、封建化，在一些重大议题上社会不同利益群体的声音无法有效表达，难以通过辩论和博弈形成共同意志和公共决策。延安时期的新闻大众化运动践行"群众路线"理念，致力于呈现底层民众的呼声和需求，构成了一种独特的现代新闻范式，从价值理念到实践操作都更具进步色彩。在今天，商品化与职业化已然成为媒体发展的"世界潮流"，正因为这样，我们需要"延安范式"这样的"他者"，需要回到历史脉络之中重新认识新闻的多样性和复杂性，使之成为我们反思当代媒体处境和知识状态的批判性资源。

第四章处理的关键概念为"群众路线"。"党性原则"和"群众路线"是中国共产党理论中最为核心的一对概念范畴，新闻学界的既往研究更为侧重"党性原则""党管媒体"的面向，对"群众路线""群众性"的学术关注度略显不足。实际上，"群众路线"才是中国共产党新闻宣传理念中的核心部分，也是新闻领域"党性与人民性相统一"的灵魂所在。"党性原则"的刚性规范必须与"群众路线"的价值诉求结合在一起，方能发挥其制度活力与效率。本章以延安时期政党政治的革新为线索，对新闻领域群众路线的内在理路与运作机制进行梳理和分析。研究认为，延安时期中国共产党完善了群众路线的理论与实践，达成对列宁主义建党模式最重要的突破创新。作为党的宣传体系和组织体系的重要一环，党报在致力于推动群众路线的同时，新闻生产本身的逻辑也按照群众路线的原则进行了重构，形成新闻领域的群众路线，不仅在报道内容上以群众活动为中心，在形式上符合群众口味，更为关键的是打破编辑部的专业壁垒，专业的新闻知识分子深入群众，参加实际工作，与社会大众深度结合，非专业的工农干部和群众被动员起来参与新闻活动。延安时期新闻业的群众路线蕴涵丰厚，涉及新闻报道的内容与形式、职业记者与业余通讯员、知识分子与工农干部、先锋队政党与群众等多重关系，不仅有成熟完备的理论作为指导，而且形成了一系列行之有效的新闻操作规范。

第五章处理的关键概念为"全党办报"。"全党办报"可谓中国特色新闻学的一个标识性概念，对当代新闻宣传实践仍有深刻的影响，不过迄今为止，关于"全党办报"仍有一些基本问题有待厘清和开掘，比如概念的起源问题。学界的一个共识是将概念的文本来源追溯至1944年2月16日，认为当天《解放日报》社论《本报创刊一千期》"首次正式公开提出"这个专有名词。实际上，此前半年间"全党办报"早已频繁见诸报端。即此一端，可知相关研究至少在材料方面尚存粗疏之处，进而妨碍话题讨论的深入推进。本章重新考证了"全党办报"的概念起源问题，指出该固定表述"首次提出"的时间早于学界公认的《本报创刊一千期》，在此前的半年间"全党办报"已经成为《解放日报》的一个常用语汇，同时也在陕甘宁边区的党政系统中广为流行。考察新整理的材料发现，"全党办报"早期实践的着眼点在于党组织自身，运作机制是党报的平台化，报纸扮演党政系统交流经验的平台角色，发挥指导和推动实际工作的功能。"全党办报"兴起的深层逻辑是党的领导方法的革新，在"一般与个别相结合""群众路线"等方法的开展过程中，作为当时最先进的现代化传播手段，报纸被赋予了特殊而重要的角色，由此带来党报实践的深刻变化。

第六章处理的关键概念为"典型报道"。"典型报道"是中国共产党的

▶ 绪　论
关键概念：中国特色新闻学研究的路径选择

一项重要新闻传统，也是中国现代新闻业的一个独特景观，对于理解党报以及政党政治本身均有重要意义。中国共产党及其领导的政治运动是国际共运的一部分，这必然要求新闻事业倡导新人新事新思想，以探索和建设一个社会主义新世界，典型报道因此在历史逻辑与理论逻辑上是统一的。即便在西方，社会运动媒体也必然是倡导型媒体，而不是所谓的客观中立的超然化媒体。本章首先从国际共产主义运动的历史脉络出发，回溯了典型报道的起源与演变。研究发现，典型报道的理念源起于社会主义想象，实践过程扎根于社会主义探索和建设的过程。典型报道通过形塑"新人"的方式引导和教育人民群众，从而将更多的人民形塑为社会主义"新人"。在新的时代环境下，典型报道远没有走向消亡，而是通过形塑多元的、更适合时代需要的、模范榜样式的"新人"继续为锻造社会主义新人、发展社会主义作出贡献。接下来的一项个案研究，以延安时期《解放日报》的"吴满有报道"为中心，将典型报道置于社会主义革命政治的大框架下进行重新考察，从一种更为宏观的整体性政治逻辑来把握作为微观新闻样式的典型报道。研究认为"吴满有报道"所呈现的媒介景观凸显了劳动群众的中心地位，为工农群体提供了主体性的表达形式，有助于思考当下的城市中心主义媒体状况。

第七章处理的关键概念为"新型记者"。"新型记者"是延安新闻学的一个关键概念，亟待深入的学理化探究。本章尝试从内在视野出发，揭示"新型记者"的丰富内涵。研究认为，整风改版树立了一种"新的新闻事业"，党报被定义为群众路线中政党与群众交往互动的桥梁纽带，新闻工作由此溢出技术专业的界限，成为先锋队政治教育、动员和组织群众的中介，从而与解放政治的历史进程深度关联起来。新的新闻范式要求相应的职业伦理与行为规范，呼唤一种与社会民众密切结合的"新型记者"的诞生。延安时期，中国共产党发明创造了一整套培育"新型记者"的体系模式，新闻工作者经历了从"无冕之王"到"人民公仆"的艰难转变。"新型记者"的理论与实践，在群众路线的政治逻辑中展现了新闻业的丰富意涵，是较为成熟完善且颇具中国特色的新闻职业规范，有助于突破合理分化、专业分工等所谓现代性规律带来的视野促狭，在一种更宏阔的格局中来重新理解新闻的社会角色以及新闻工作者的职业追求。

第八章处理的关键概念为"新闻通讯员"。当前信息与通信技术的突破性发展和社会文化的变迁，引发了新闻传播生态翻天覆地的转型，其中一个显著的现象是新闻生产由职业化活动转变为社会性生产，职业的新闻从业者与非职业的社会公众共同成为新闻生产的主体。"非职业新闻生产主体"如网民、用户大量参与生产新闻与内容的现象，往往被视为过去党报历史中的通讯员运动在新技术条件下的复苏或新生。不同于当下新媒体时代的"产消者"（prosumer）研究，本章聚焦中国共产党历史上一段社会化新闻生产的独特经验，梳理延安时期通讯员运动和工农写作运动的兴起与展开，从政党政治的视点分析社会化新闻生产对于政党本身的作用与影响。研究发现，延安时期通讯员运动和工农写作运动的展开动用了党的核心组织资源，深层原因在于新闻大众化溢出了党报的业务范畴，在政党政治的大架构中发挥着革新工作机制和改造组织基础的特殊功用，是一个快速扩张中的新型政党进行自我锻造的重要环节。重访这段业已消失的新闻图景，可为理解当代的党报处境与政治传播提供新的思考资源。

第一章
延安范式：党报"理想型"的概念建构

"延安范式"可谓理解中国共产党新闻理论的首要关键概念。中国共产党的新闻事业在延安时期获得空前发展，特别是1942年《解放日报》整风改版以后，中国共产党的办报模式和党报理论趋于成熟。新中国成立后特别是改革开放以来，政治社会环境不断变化，媒介生态日新月异，新闻政策也进行了与时俱进的调整，但形塑于延安时期的核心新闻理念则一以贯之，发挥着历久弥新的作用，直至今日仍然决定性地影响着当代的中国新闻业和新闻学。

新闻学界关于"延安范式"的既往讨论，主要着眼于政治与新闻、政党与报社的关系，从党性原则、组织喉舌等维度进行考察。事实上，中国共产党政党政治的核心在于党群关系，新闻事业唯有置于这样的框架下方能得到准确的理解。本章围绕《对晋绥日报编辑人员的谈话》这篇经典文献，以党的群众路线为线索，在梳理和阐发毛泽东论述逻辑的基础上，尝试构建出一种韦伯意义上的党报"理想型"（ideal type）概念——政治启蒙型报纸。该概念的核心含义为：党报及其新闻知识分子充任政党和群众交往互动的媒介，以教育和组织群众为鹄的，奉群众路线为工作准则。这一概念建构并不具有"实然"和"应然"的属性，目标仅是为相关研究提供一个分析工具，用以比较经验实在与理想图式的差异，经由这样的对比分析打开一些有意义的问题空间。

一、党报的两种"范式"

关于中国共产党历史上的党报,通常认为存在两种旨趣殊异的"范式"[①]:一种是以《解放日报》为样板的延安党报模式,另一种是以《新华日报》为典范的城市办报风格。[②] 前者即 1942 年整风改版所形塑的"完全党报",一个颇具影响力的概括是以组织喉舌为性质,以党的领导为体制,以四性一统(党性、群众性、战斗性、组织性,统一在党性之下)为理论框架[③]。"延安范式"也被认为是新中国成立后中国共产党办报的唯一模式。[④] 后者作为党报历史上不幸消逝的"另一种传统",近年来引起了越来越多的学术关注。此类文献一般在有关"延安范式"的研究共识基础之上进行比较分析,例如伍静指出,相比于《解放日报》的政党组织传播模式,《新华日报》的城市办报风格尊重新闻客观规律,接近一份大众传播意义的报纸,因而"更具有新时代的传承意义"[⑤]。

围绕党报的角色与功能也有一些区别于上述"共识"的新观点,比如王维佳认为"党性原则"在很大程度上带有工具属性,并不足以概括"延

[①] 既往文献中与"范式"含义接近的词语还有"模式""风格""传统"等,这些表述并不严格符合托马斯·库恩在《科学革命的结构》中所指认的"范式"(paradigm)概念,而是主要从分类的角度来指称不同的党报类型与操作模式。

[②] 持此观点的研究者众多,较近的文献例如:王雪驹,楚航,王润泽.城市办报范式与党报理念的冲突与调适:对整风运动中重庆《新华日报》改版的考察[J].国际新闻界,2018,40(8):141-155.

[③] 黄旦.从"不完全党报"到"完全党报":延安《解放日报》改版再审视[M]//李金铨.文人论政:知识分子与报刊.桂林:广西师范大学出版社,2008:279.

[④] 李金铨.报人情怀与国家想象(代序)[M]//李金铨.报人报国:中国新闻史的另一种读法.香港:香港中文大学出版社,2013:16.

[⑤] 伍静.党报的另一种传统:延安《解放日报》与重庆《新华日报》的比较及不同命运[J].新闻记者,2015(11):49-59.

第一章
延安范式：党报"理想型"的概念建构

安范式"的核心内含，"群众路线"毋宁是更为根本性的党报理念。[1] 笔者和虞鑫的观点是，与"党组织的喉舌"这个角色界定相比，整风改版后中国共产党对新闻事业的规范性要求，实际是"群众路线中政党与群众交往互动的桥梁纽带"，是先锋队政党组织动员群众的重要中介，与解放政治的历史进程存在深度勾连。在这样的大框架下，党报的作用就不是信息传递那样简单，其意义与归宿也并不一定指向所谓的"专业化大众传播媒介"，而是"以政治启蒙为历史存在依据"。[2]

从以上粗略梳理可知，关于历史上的党报和党报的历史，研究者从不同的视野出发往往得出不同的经验结论和理论阐释，从而对当代党报改革的方向和路径做出相去甚远的理解。这样的探索与争鸣或许正是党报历史研究的意义所在。就此而言，关于什么是党报、党报扮演何种角色等基本问题，仍然有待更多有力的研究和讨论。

本章以《对晋绥日报编辑人员的谈话》（以下简称"晋绥谈话"）为中心，尝试建构一种理解党报/党媒的"理想型"（ideal type）。这里借鉴韦伯的分析方法，指的是研究者经由某种特定视界而构造出的概念工具，其基本定义为"将历史活动的某些事件和关系，联结到一个自身无矛盾的秩序之中，这个秩序是由设想出来的各种关联所组成"，具体的操作方式为"通过在思想中强化实在中的某些因素而获得"[3]。换言之，"理想型"属于研究者主观思维的一种建构，但不是随心所欲的凭空虚构，而是对经验事实的某些特征进行综合与概括、突出或强调，并加以抽象化，"因其概念的纯粹性，它不可能经验地存在于任何实在之中，它是一个乌托邦"。这

---

[1] 王维佳. "党管媒体"理念的历史生成与现实挑战 [J]. 经济导刊, 2016（4）: 28-31.

[2] 王维佳. 中国党报向何处去? [M]//陈昌凤. 新闻学研究前沿. 北京: 清华大学出版社, 2012: 102-109.

[3] 此处综合了韩水法和张旺山的译文，参见: 韦伯. 社会科学方法论 [M]. 韩水法, 莫茜, 译. 北京: 中央编译出版社, 1999: 39. 韦伯. 韦伯方法论文集 [M]. 张旺山, 译. 台北: 联经出版公司, 2013: 216.

种建构的目的在于比较分析,"在每一个别的情况下确定实在在多大程度上接近或远离这种思想图象(理想类型)"①。正如有研究者指出的,"理想型"并不直接描述经验现实,而是提供一个清晰便捷的表现手段,"它虽用研究的逻辑取代了现实的逻辑……但却是现实的一种折光"②。

就党报/党媒"理想型"的概念建构来说,"晋绥谈话"实在是一个具有特殊意义的文本。一方面,毛泽东被公认为党报理论的主要奠基人,但实际上毛泽东很少单独阐述新闻工作,而是将新闻宣传与政治、文化、组织等问题放在一起谈论。例如在延安时期毛泽东主导了党报的整风改版,不过即便在《解放日报》改版座谈会上,毛泽东的发言也仅是扼要指出了当前报纸的任务和改版的必要性,然后似乎偏离了改版的"正题",以更长的篇幅批评了王实味、丁玲为代表的文艺界乱象。③在毛泽东的视野中,新闻宣传与党的其他工作同等重要,党报改版与文艺整风同样一以贯之,但对于当今的专业化新闻学研究而言,这些缺乏系统性的文献材料对于理解他的新闻思想造成了一定的障碍。也正是在这个意义上,"晋绥谈话"的文本重要性得以彰显——这是毛泽东少有的一次全面论述新闻工作,并被收入新中国成立后毛泽东亲自挑选审定的四卷本《毛泽东选集》,成为其中仅有的一篇系统谈论党报的文献。研究者认为该文奠定了中国共产党新闻思想的理论基础,标志着中国共产党新闻思想进入成熟期。④这些评价精炼地概括了这篇文献的里程碑意义。另一方面,更关键的问题在于,这

---

① 韦伯.社会科学方法论[M].韩水法,莫茜,译.北京:中央编译出版社,1999:40.
② 张广智,张广勇.史学:文化中的文化——西方史学文化的历程[M].上海:上海社会科学院出版社,2013:277.
③ 毛泽东.在《解放日报》改版座谈会上的讲话(1942年3月31日)[M]//中共中央文献研究室,新华通讯社.毛泽东新闻工作文选.北京:新华出版社,2014:109-110.关于毛泽东论新闻宣传工作,这是迄今最全面且权威的文选,其中的材料多从其他文章摘编而来,呈现出较明显的脱离语境的碎片化特征。
④ 郑保卫.毛泽东对《晋绥日报》编辑人员谈话的背景、价值及意义:写在谈话发表70周年之际[J].青年记者,2018(7):57-62.

第一章
延安范式：党报"理想型"的概念建构

次谈话虽然部分涉及晋绥边区当时当地的具体事务，但核心内容关乎党报的重大原则问题，"宏旨大意仍不失一字千钧"①。在这次专门论述党报的谈话中，毛泽东仍然没有拘泥于新闻工作本身，而是以马克思主义思想家的宏阔视野，在共产主义解放政治的大框架下，对党报的定位、作用和方法做了理论化的阐述，具有很强的逻辑自洽性。这样一种论述，从内容到形式均较为契合"理想型"的概念建构，即"逻辑意义上的纯粹类型"②。

关于这篇思想内涵极为丰富的经典文献，已有学者从历史语境、主要观点、理论价值、现实意义、逻辑句式等诸多方面进行过探讨③，不过总体而言，既往研究尚未将文本的丰富性、深刻性有效呈现出来。从方法论的角度来说，以当代新闻学的知识范畴来解释这段历史，或许并不能真正地打开问题，更有效的路径或许是努力回到历史脉络之中，从中国革命的"内在视野"④出发来展开其内涵。具体到"晋绥谈话"的分析，则需要贴近历史语境进入毛泽东的思想世界，循着他的整体性政治逻辑来理解新闻工作，这对研究者的心智无疑构成巨大挑战。本章将尝试按照这样的思路，对毛泽东的论述逻辑进行初步的理解和阐发。与此同时，在毛泽东发表这次谈话之前，中国共产党在延安时期已经积累了丰富的办报经验，党报理论与实践臻于成熟，"晋绥谈话"的字里行间带有浓厚的"延安气息"，在很大程度上可以视为党报"延安范式"的一种提纲挈领式总结。

---

① 刘建明.毛泽东对《晋绥日报》编辑人员谈话的历史追述[J].新闻爱好者，2018（6）：21-24.
② 叶毅均.论韦伯之"理想型"概念建构：兼与林毓生先生商榷[J].思想与文化，2016（2）：124-146.
③ 2018年是"晋绥谈话"发表70周年，在构建新时代中国特色新闻学的大背景下，毛泽东的这篇经典文本获得重视，中国人民大学新闻学院举办了高规格的纪念研讨会，与会者对诸多议题展开了广泛探讨，《吕梁学院学报》2018年第4期推出这次研讨会的专刊。
④ 汪晖.别求新声：汪晖访谈录[M].2版.北京：北京大学出版社，2010：485.

二、先锋队与群众的交往互动

党报依托于政党的政治活动，这是理解党报/党媒的逻辑前提。正因为此，面对晋绥边区的新闻工作者阐述办报方针，"晋绥谈话"开篇却从政党的工作原则说起："我们的政策，不光要使领导者知道，干部知道，还要使广大的群众知道。"之所以这样做，是因为"我们历来主张革命要依靠人民群众，大家动手，反对只依靠少数人发号施令"。换言之，党的工作不能局限于职业革命家和政治精英内部，而应一切依靠群众、放手发动群众，这也是群众路线的基本要义之一。这种广泛社会动员的基础是政党与群众之间的密切互动，所以"晋绥谈话"在开篇反复强调"使广大群众都能知道"，正在进行的土地改革、军事斗争以及各项工作都应让群众"知道""明了"。

现代政党政治的主题是政党与群众的关系，群众路线则是中国共产党应对这个主题所做出的政治创新[1]，其基本方法包括"集中起来""坚持下去""无限循环"等步骤。延安整风期间，1943年，在为中共中央起草的一份关于领导方法的文件中，毛泽东对群众路线作出了经典的诠释——

> 在我党的一切实际工作中，凡属正确的领导，必须是从群众中来，到群众中去。这就是说，又到群众中去将群众的意见（分散的无系统的意见）集中起来（经过研究，化为集中的系统的意见），作宣传解释，化为群众的意见，使群众坚持下去，见之于行动，并在群众行动中考验这些意见是否正确。然后再从群众中集中起来，再到群众中坚持下去。如此无限循环，一次比一次更正确、更生动、更丰富。
>
> 从群众中集中起来又到群众中坚持下去，以形成正确的意见，这

---

[1] 郭湛，曾东辰.代表性断裂问题与群众路线之解[J].学术交流，2019(5)：48-56，191.

第一章
延安范式：党报"理想型"的概念建构

是基本的领导方法。①

由这段表述可见，群众路线的核心是规范政党（先锋队）与群众之间的关系，强调两者之间的交往互动，党的政策路线的合理性和合法性必须奠定在广泛吸纳群众意见的基础之上，而且要在群众实践之中进行检验和修正，因此蕴含着群众的政治参与。从操作层面而言，群众路线是一个典型的信息（意见）流动模式，可以看作一个不断进行中的政治传播过程。将党的政策广为传播，使群众知晓并"坚持下去"，是这个信息流中的一个环节。

值得注意的是，在毛泽东的论述中，"政策"的含义越出了纲领路线的范畴，成为"真理"："群众知道了真理，有了共同的目的，就会齐心来做。"从形式上来看，这里似乎出现了概念的混乱，不过在群众路线的逻辑中，"政策"的形成有着特定的程序，即将群众中"分散的无系统的意见"集中起来，经由政党的中介转换，变为"系统的意见"。换作延安时期的术语来说，"只有无产阶级的政党共产党，才能够把人民群众的当前的、局部的利益同长远的、根本的利益统一起来"②。经过这样政治过程和程式而产生的"政策"，自然不同于一般行政体系的文件通知。

为了进一步说明群众知晓"政策"与"真理"的意义，"晋绥谈话"中举了军事斗争的例子，"陕北的部队经过整训诉苦以后，战士们的觉悟提高了，明了了为什么打仗，怎样打法，个个磨拳擦掌，士气很高，一出马就打了胜仗"。这再次说明，"政策"的传播绝非上情下达的信息传递，而是一个政治启蒙和动员的丰富过程。紧接打仗的例子之后，毛泽东说："马克思列宁主义的基本原则，就是要使群众认识自己的利益，并且团结起来，为自己的利益而奋斗。"这句话堪称开篇第一段的点睛之笔，但在以往的研究中未能引起足够的重视。在这里，毛泽东实际上是用通俗的语

---

① 毛泽东选集：第3卷［M］.2版.北京：人民出版社，1991：899-900.
② 吴冷西.增强党报的党性：清凉山整风运动回忆［M］//丁济沧，苏若望.我们同党报一起成长：回忆延安岁月.北京：人民日报出版社，1989：21.

言向新闻工作者讲解历史唯物主义基本原理。如果"转译"成马克思的理论话语，那就是共产主义运动旨在启发阶级意识，使无产阶级从"自在的阶级"上升为"自为的阶级"，从而实现自我解放，自己创造历史。[①] 在延安时期通过全党整风学习，这个历史观已经牢固树立起来，正如刘少奇在"七大"所作修改党章报告中总结的，"相信群众自己解放自己"是党的基本群众观点之一。[②] "晋绥谈话"的最后一段说："我们要教育人民认识真理，要动员人民起来为解放自己而斗争。"可谓首尾呼应。

这样的历史观决定了政党的使命。"我们要教育人民认识真理"，这里的主语"我们"自然指的是"党"——无产阶级政党。换言之，阶级意识的启发和阶级主体性的形成，无产阶级在思想、政治、组织上的成熟均离不开政党的引导和中介，这是无产阶级政党的历史使命，也是理解"晋绥谈话"以及中国共产党新闻传统的关键。在马克思和恩格斯的著述中，政党和国家权力在一定程度上是次要问题，最根本的、最迫切的理论工作是对资本主义经济关系展开全面分析。[③] 不过对于现实的革命者列宁而言，革命斗争策略、政党和国家的组织方式等问题则迫在眉睫。列宁创造了先锋队建党模式，即由阶级的先进分子、职业革命家组成纪律严明的政党，该组织具有清晰的意识形态诉求和坚定的政治价值，全党凝聚为极具战斗力的集体。按照上述原则建立的列宁式政党（Leninist Party）和布尔什维克体制（Bolshevik System），对二十世纪政治进程影响深远。中国共产党是一个典型的先锋队政党，延安整风即指向全党"更加布尔什维克化"。作为整风运动的一环，党报改版的一个核心目标是消除新闻工作者的自由主义、无政府主义习气，使新闻事业服从党的一元化领导，其实质是以列宁

---

① 马克思.哲学的贫困（1847年）[M] // 中共中央马克思恩格斯列宁斯大林著作编译局.马克思恩格斯选集：第1卷.北京：人民出版社，2012：216-275.

② 刘少奇选集：上卷[M].北京：人民出版社，1981：354.

③ 对于马克思和恩格斯关于政党、国家的政治思考，英国史学家霍布斯鲍姆有过精彩分析，参见：霍布斯鲍姆.马克思、恩格斯与政治[J].吕增奎，译.马克思主义与现实，2012（1）：75-102.

第一章
延安范式：党报"理想型"的概念建构

主义集中化的要求来改造文化宣传领域，使之成为整体的有机部分。

关于列宁式政党，严明的纪律、一元化领导属于政党组织方式的范畴，即手段层面的问题，其意识形态的终极目标是无产阶级的解放和人类解放、社会的自我治理。换句话说，先锋队建党模式提出了自上而下的领导问题，但并未取消自下而上的社会运动。虽然手段和目的之间存在一定的悖论，时而出现"异化"现象，但中国革命的独特之处，恰恰在于存在克服"异化"、打破政治僵化的持续努力[1]，这与中国共产党的政党理论和群众路线的工作原则密不可分。在1942年中共中央西北局高级干部会议上，毛泽东对无产阶级政党做出深刻阐释。毛泽东指出，党是无产阶级的先锋队、先进部队，任务是指导群众、联系群众、教育群众，"要把群众提高到党的水平，先锋队的水平，将来，几十年、几百年以后，逐渐地提高到党的水平，那时共产党就不要了，全世界的阶级都废除了"[2]。显然，毛泽东并没有将政党看作结构性的静态组织，或者支配性的权力机器，而是一种引导阶级意识、形成主体性的革命机制，政党需要在社会运动之中存在和发展，其本身永远处在"未完成"的状态中。也就是说，作为先锋队的政党是无产阶级组织动员的历史工具，终极目标是人民群众的自我解放。

政党的这个历史使命，决定了群众路线必然成为其领导原则和工作方法，即一切为了群众，一切依靠群众；从群众中来，到群众中去。所以"晋绥谈话"的第二段花费了较长篇幅专门讨论党的群众路线问题，强调"我们历来主张革命要依靠人民群众，大家动手"，批评有些干部"不懂得发挥被领导者的积极性和创造力"，导致"群众路线仍然不能贯彻，他们还是只靠少数人冷冷清清地做工作"。这里的论述重点是党的干部，也引

---

[1] 汪晖.去政治化的政治、霸权的多重构成与六十年代的消逝[J].开放时代，2007（2）：5-41.

[2] 毛泽东.布尔什维克化十二条：在西北局高干会议上的报告（1942年11月23日）[M]//战无不胜的毛泽东思想万岁：第二册.[出版地不详]：[出版者不详]，1967：238.

出了群众路线的一个重要特征，即政党是实践群众路线的主体，党员干部必须积极主动地联系群众、深入实际。王绍光称之为"逆向参与"，即西方的公众参与模式"强调参与是民众的权利"，而中国共产党的群众路线则"强调与民众打成一片是干部的责任"。[①] 这个特征一方面仍具有现实活力，例如有研究者指出，哈贝马斯、巴伯等当代政治理论家针对代议民主危机而提出的"协商民主"（deliberative democracy）、"强民主"（strong democracy）等解决方案，希望将民众的政治参与从投票选举扩展到政策的协商制定，他们依赖的路径仍是扩大民众权利、培养合格的公民。这在现代社会因为原子化生存而导致的普遍性政治冷漠下，并不具有很强的操作性，实际运作中所扩展的反倒是利益集团、"游说团"（lobby group）的政治操弄，而中国共产党的群众路线则迥异其趣，它并非被动地等待社会民众的政治参与，而是先锋队主动深入群众之中，通过打成一片的直接互动方式使群众进入政治过程。[②] 另一方面，群众路线对党员干部提出的"外向"要求，也是理解党报及其新闻工作者的关键。

三、作为交往中介的党报

在上述基础上，明确了政党的历史使命和工作原则之后，那么党报在其中扮演何种角色、发挥何种作用？

从上节分析可知，群众路线实际上是一个信息循环流动的政治传播过程。其中，作为当时传播效率最高的报刊、广播等大众媒介以及相应的新闻手段，必然为政党所倚重。"晋绥谈话"首段说："有关政策的问题，一般地都应在党的报纸上或者刊物上进行宣传……有关土地改革的各项政策，

[①] 王绍光.毛泽东的逆向政治参与模式：群众路线[J].学习月刊，2009（23）：16-17.

[②] 吴冠军.重新激活"群众路线"的两个关键问题：为什么与如何[J].政治学研究，2016（6）：26-39，125.

> 第一章
延安范式：党报"理想型"的概念建构

都应该在报上发表，在电台广播。"关于借助强有力的传播手段来推行政策这一点，有句话影响深远——"报纸的作用和力量，就在它能使党的纲领路线，方针政策，工作任务和工作方法，最迅速最广泛地同群众见面"。这句话出现在首段末尾，也是"晋绥谈话"中引用率最高的表述，几乎被公认为是党报角色的权威界定。概言之，党报的作用在于快速地上情下达、传递党的声音。倘若如此，党报的性质确乎为"党组织的喉舌"。

这里首先需要结合当时的特殊语境，做一个"经"与"权"的区别分析。① 在正式谈话之前，毛泽东先与在场的晋绥党政干部和新闻工作者聊天，涉及土改中错定阶级成分的问题，获悉部分原因是《关于民族资产阶级和开明绅士问题》与《怎样分析农村阶级》这两份重要的中央文件没能广泛传达。② 毛泽东以此为切入点开启了谈话，因而强调报纸的"上情下传"。可见，单方面强调报纸传递党的政策的作用，乃是针对晋绥边区的

---

① 毛泽东《在延安文艺座谈会上的讲话》正式发表后，郭沫若给出四字评价——"有经有权"。毛泽东颇为赞赏，认为是知音之论。胡乔木时隔多年之后解释说，所谓"经"即"经常的道理""普遍的规律""普遍真理性的内容"，所谓"权"即"适应一定环境和条件的权宜之计"。参见：胡乔木. 胡乔木回忆毛泽东[M]. 增订本. 北京：人民出版社，2014：271.

② 当时晋绥边区最重要的工作是纠正土改和整党工作中"左"的偏差。作为晋绥分局的机关报，《晋绥日报》在两项工作的宣传报道中同样存在急迫冒进的问题。在这次接见之前，《晋绥日报》编辑部准备了六个问题，当面呈交毛泽东请求指示。这些问题包括：贯彻党的群众路线、全党办报方针、宣传党的路线和政策、依靠贫农与团结中农、开展批评与自我批评、团结民族资产阶级和开明绅士。前三个关于党报和新闻工作，后三个则为土改和整党的热点问题。毛泽东拿到六个问题后逐一审视，起初并未正面回答，待悉数阅毕之后，询问与这些提问相关的两份重要文件——《关于民族资产阶级和开明绅士问题》与《怎样分析农村阶级》，得知两份文件尚未在晋绥边区广泛传达，由此开始了正式谈话。关于上述情景，参见：纪希晨. 回忆毛泽东同志对《晋绥日报》编辑人员谈话的情景[M]//中国社会科学院新闻研究所，湖南省新闻学会. 毛泽东新闻理论研究. 长沙：湖南人民出版社，1984：325-343. 原《晋绥日报》部分在京人员. 亲切的接见 谆谆的教导：毛主席对《晋绥日报》编辑人员谈话的回忆[M]//中共湖南省委宣传部. 新闻工作学习资料（一）.[出版地不详]：[出版者不详]，1977：97-105.

"权宜之计"。① 其次，从延安时期党报理论来看，这个界定并不完整。毛泽东在这里并未提及党报的"下情上传"，即1942年《解放日报》改版社论所说的"反映群众的情绪、生活需求和要求，记载他们的可歌可泣的英勇奋斗的事迹，反映他们身受的苦难和惨痛，宣达他们的意见和呼声"②。事实上，在延安时期关于党报的论述中，"传达党的政策"与"反映群众呼声"向来并驾齐驱，罕有偏颇。

不过，即使补充了上述背景，做到"上情下传"和"下情上传"的综合与平衡，这样的信息传递仍不足以概括党报的角色。应该引起重视的是如下论述："同志们是办报的。你们的工作，就是教育群众，让群众知道自己的利益，自己的任务，和党的方针政策。"这句话出现在"晋绥谈话"第三段首句，在阐明了政党的历史使命与工作方法、勾勒出宏观框架之后，过渡到党报和新闻工作者，从逻辑上来说可谓水到渠成。这个论断承续了前文所说"马克思列宁主义的基本原则"，仍然从政治启蒙的角度来谈论"办报"，指出党报和新闻工作者的任务同样是教育和动员群众，召唤出他们的阶级意识和主体性，参与到革命斗争与自身解放的事业之中。这是全党的任务，也是作为局部的党报和新闻工作者的任务，并没有独立或脱离于总体政治目标的空间。"晋绥谈话"的目的，是希望他们利用报纸这种当时最先进的传播手段、"最有力的工具"③更有效地"组织起来"。这实际上是整风改版以来确立的党报在革命整体事业中应扮演的角色。1944年初，改造后的《解放日报》已经在边区发挥了重要的教育与

---

① 已有研究者敏锐地指出了这一点："土改工作和土改宣传中出现的问题，基本来自上层，在这里他（毛泽东——引者注）并没有强调下情上传，或利用报纸来反映群众的声音；并不是面面俱到的谈党报的任务和方法，实际上重点强调了其中的一个方面。"参见：王润泽，赖垚珺. 毛泽东论党报的名篇：《对晋绥日报编辑人员的谈话》[J]. 新闻界，2012（19）：75-76.
② 社论：致读者[N]. 解放日报，1942-04-01（1）.
③ 中宣部为改造党报的通知（1942年3月16日）[M]// 中国社会科学院新闻研究所. 中国共产党新闻工作文件汇编：上卷（1921—1949）. 北京：新华出版社，1980：126.

第一章
延安范式：党报"理想型"的概念建构

组织作用，"可以组织起整个边区的政治、文化生活"。毛泽东告诫各级党政干部应该把报纸"作为组织一切工作的一个武器，反映政治、军事、经济并且又指导政治、军事、经济的一个武器，组织群众和教育群众的一个武器"[①]。

紧接而来的问题是，如何使党报更好地发挥教育与组织作用？亦即办报方针问题。与党的总体工作原则一样，"晋绥谈话"给党报的指示同样是群众路线："我们的报纸也要靠大家来办，靠全体人民来办，靠全党来办，而不能只靠少数人关起门来办。"这句名言成为党报群众路线的经典表述。不过，这里仅仅点出了办报主体，至于实施办法，"晋绥谈话"以"消灭错字"为例做出解释。这个例子过于琐碎，并未涉及新闻工作的核心，属于"小事"。关于"大事"，即党报群众路线的核心内涵，深入群众、打成一片仍然是不二法门，这就要求新闻工作者扎根群众，党对领导干部的"三同"（与群众同吃、同住、同劳动）要求也成为新闻工作者的准则。

新闻工作终究要由人来担当，在明确了党报角色和办报方针以后，对新闻工作者有何具体要求？"晋绥谈话"专门辟出一段论述新闻知识分子，这在以往研究中较少引起关注。实际上，知识分子问题是延安整风的要点之一，而重视新闻知识分子的思想和行为规训则是延安之后新闻体制的一个显著特征。在延安时期，新闻工作者通常被纳入知识分子、文宣工作者的整体范畴之内，鲜有关于新闻知识分子的单独政策或文件，因此"晋绥谈话"中的这段论述更显得弥足珍贵。

"报纸工作人员为了教育群众，首先要向群众学习"，这一总括性论述延续了前文所谈的政党使命和党报角色，确认了新闻工作者教育和组织群众的职责。同样是在知识分子的范畴内讨论问题，毛泽东曾说"同

[①] 毛泽东.关于陕甘宁边区的文化教育问题（1944年3月22日）[M]//中共中央文献研究室，中央档案馆.建党以来重要文献选编（1921—1949）：第21册.北京：中央文献出版社，2011：112-114.

志们都是知识分子"。如果把这两句话转换为延安时期的术语，那就是文艺座谈会上的著名论断："只有做群众的学生才能做群众的先生。"[①] "学生"与"先生"这种充满辩证法的关系，可以说从根本上颠倒了近代以来关于知识精英与工农大众的伦理关系，成为很长一段历史时期知识分子政策的思想底色。这同样赓续了延安时期的策略，贬低书本知识，张扬实际知识，以此破除教条主义及知识分子的傲慢习气，达到整风之目的。[②]

对于"晋绥谈话"中关于新闻知识分子问题的论述，窦其文认为是提出了党报工作者队伍的革命化建设的要求[③]。这个判断固然不错，不过需要结合相关背景方能深入把握。

"晋绥谈话"指出了新闻知识分子向群众学习的两种方式："报社的同志应当轮流出去参加一个时期的群众工作……在没有出去参加群众工作的时候，也应当多听多看关于群众运动的材料，并且下工夫研究这些材料。"前者意味着党的新闻知识分子绝非"超然"、"中立"与"客观"的观察者、记录者，而是"既当记者，又做工作"，即亲身参与实际工作，深深扎根群众，在一种水乳交融的结合状态下把握社会现实，继而发现重要材料并组织采访报道。后者则指向延安时期的另一项新闻特色——通讯员运动，专业新闻工作者一方面组织、教育通讯员写作、帮助修改稿件，另一方面在阅读、修改通讯员材料的过程中了解实际情况，这也是向群众学习、改造自身的一种方法。

---

① 毛泽东选集：第3卷［M］.2版.北京：人民出版社，1991：864.
② 李书磊做过颇具洞见的分析，参见：李书磊.1942：走向民间［M］.北京：人民文学出版社，2017：207-226.
③ 窦其文.毛泽东新闻思想研究［M］.北京：中国新闻出版社，1986.

▶第一章
延安范式：党报"理想型"的概念建构

四、党报的一种"理想型"

说完新闻知识分子问题之后，转而谈论《晋绥日报》在土改宣传中的具体问题。本章旨在把握关于党报的原则性论述，因此"晋绥谈话"末尾四段不纳入讨论。

从前文的梳理和分析可知，"晋绥谈话"的核心要旨是党报与无产阶级政党政治的关系，在宏阔的理论视野下展开了逻辑严密的论述：从马克思主义原理出发，阐述党的历史使命与工作原则；在此基础上说明党报在解放政治中的角色和作用，并对办报方针做出指示，对新闻工作者提出要求。鉴于"晋绥谈话"的特殊环境，这些宏大叙事仅为提纲挈领，并未进行细致阐发，因此本章结合历史背景特别是延安情状进行了解读。

从毛泽东的论述来看，先锋队政党的任务是教育和组织群众，塑造阶级意识，形成政治主体性，以推动人民群众的自我解放，这使得群众路线成为政党的首要工作原则；而在群众路线的政治传播过程中，高效率的传播手段（彼时为党报）必然为政党所重视，成为政党与群众交往互动的媒介。因此，党报和新闻工作者被纳入总体的政治进程，从属于政党的宏伟政治目标，党报与党的任务、角色、方法若合一契。

如果对毛泽东的论述加以强调和突出，以构建一种党报的"理想类型"，或许可以是"政治启蒙型报纸"：党报及其新闻知识分子充任政党和群众的交往中介，并以教育和组织群众为鹄的，坚持群众路线为工作准则。

需要说明的是，这是围绕"晋绥谈话"主观构造出来的党报类型，并不意味着与历史事实严丝合缝，虽然文中使用了诸多延安新闻业的经验材料，但其目的仅在于理解和把握毛泽东的论述思路，以便于最终的类型建构，而不是对延安新闻传统进行准确的概括与提炼。与此同时，这样的类型建构也不具有规范意义上的指向性——这也是韦伯式"理想类型"的题中之义，"和价值判断没有任何关系，除了逻辑上的完善外，它与任何形式的完美不相干"[①]。

这样的概念建构是手段而非目标，意在尝试为相关研究提供一个分析工具，用以比较经验实在（reality）与理想图式的差异，通过这样的对比分析或许能够凸显出某些有意义的问题。

[①] 周晓虹.理想类型与经典社会学的分析范式[J].江海学刊，2002（2）：94-99，207.另可参见：叶毅均.论韦伯之"理想型"概念建构：兼与林毓生先生商榷[J].思想与文化，2016（2）：124-146.

第二章

集体组织者：报刊流通网络与组织传播

　　新闻的角色与功能，可谓新闻理论的"元问题"。在中国共产党的新闻传统中，"集体组织者"是界定新闻功能的一个经典概念。这个由列宁首创的概念表述，在20世纪20年代末传入中国，逐渐成为中国共产党新闻事业的指导思想以及党报理论的核心理念。20世纪80年代以后，"集体组织者"概念在新闻学界引起越来越多的质疑，在新的理论框架下，新闻的信息传递作用受到推崇，带有工具色彩的宣传和组织功能日渐不合时宜。

　　关于"集体组织者"概念的批评和质疑中，一个关键问题是作为精神单位的新闻业如何能够发挥领导机构才具有的组织功能？解答这个问题，需要跳出媒介中心主义的藩篱，超越文本、内容等常见的分析范畴，从政治组织的运作、物质化的流通网络等维度探析新闻媒介的角色与作用。

　　本章从组织传播的视角切入，分析了革命战争年代党报发挥"集体组织者"功能的机制。研究发现，实体层面的报刊发行网络，为党报发挥组织作用奠定了物质基础。在建党初期和大革命时期，党报党刊的发行网和代办员网促动了党组织的创立与发展壮大。在根据地时期，建制化的报纸信息传播被纳入党的组织体系，成为政党组织传播的常规化手段，党报被赋予党政机构的权威和文件的效力，以类似开会的方式发挥组织功能，通讯员体系联结了办报、发行与读报环节，使党报成为推动工作的有力武器。

一、经典理念的当代延续

在新闻商品化和媒体市场化深度推进的时代，在一种全球性的消费社会氛围中，对新闻事业政治导向、党性原则的持续宣示与申说，显现出中国新闻制度和政治体系引人瞩目的特点。[①]具体到党报领域，尽管在报业市场化、集团化改革过程中引入了一些商业化和资本化元素，但在办报方针上强调政治责任、在管理规范上强调组织领导的党报传统仍然一以贯之。每逢年底，由中共中央宣传部牵头部署翌年党报党刊发行工作，各省、市、县层层贯彻落实，相关动员会议密集召开，蔚为中国报业一大景观。2021年度党报党刊发行工作会议提出"从党和国家工作全局的高度"来认识发行的重要意义，实施过程中应"加强组织领导，强化责任担当"，目标在于"更好地把广大党员干部的思想和行动统一到党中央决策部署上来"。[②]这样的表述所折射的党报发行理念，可以说贯穿中国共产党百年新闻事业的历史实践之中。

党报党刊发行工作会议提出的"把广大党员干部的思想和行动统一到党中央决策部署上来"，涵盖思想层面的"宣传"和行动层面的"组织"两方面，形式和内容两方面均基本契合列宁的著名论断——"报纸不仅是集体的宣传员和集体的鼓动员，而且是集体的组织者"[③]。列宁的党报理论是马克思主义新闻观的核心资源，中国共产党的办报模式主要承续了列宁和苏俄的经验。这一点早在20世纪八九十年代就由宁树藩、丁淦

[①] 王维佳."党管媒体"理念的历史生成与现实挑战[J].经济导刊，2016（4）：28-31.

[②] 2021年度党报党刊发行工作视频会议召开：要求切实做好人民日报等中央重点党报党刊发行工作[N].人民日报，2020-11-17（4）.

[③] 列宁.列宁全集：第5卷[M].中共中央马克思恩格斯列宁斯大林著作编译局，编译.2版（增订版）.北京：人民出版社，2017：8.

第二章
集体组织者：报刊流通网络与组织传播

林等学者明确提出[①]。在2020年列宁诞辰150周年的特殊时间节点，更多的研究者确认了列宁新闻思想对中国共产党新闻事业的重要影响[②]，例如丁柏铨指出，"列宁新闻思想中的许多精髓至今仍然是中国共产党新闻舆论工作的指导思想和指导方针"[③]。其中，"集体的组织者"无疑是列宁党报学说的"精髓"之一，也成为中国共产党长期以来核心的党报观念之一。[④] 从当前党报党刊发行工作的指导原则中，仍然能够体察到这种思想传统的历史延续性。

目前学术界关于党报发行的研究，主要侧重经营管理、经济效益等维度，从市场规律入手探讨建立现代企业制度，推动改革发行体制以适应市场需求，"报纸发行本身是市场行为"[⑤]。关于革命战争年代的党报发行，也大多从效益与效果的角度考察发行策略及其得失。[⑥] 有别于上述经济与技术层面的讨论，本章聚焦既往研究中一个未能获得足够重视的话题——报刊发行与政党组织传播的关系，以物质化的报刊发行实体网络为中心，考察"集体组织者"这一经典党报理念的实践路径与历史场景。

---

① 宁树藩.马克思主义在中国的传播与党报的改造（民主革命时期）[M]//卓南生，程曼丽.宁树藩文集（增订版）.北京：清华大学出版社，2017：22.丁淦林.丁淦林文集[M].上海：复旦大学出版社，2005：21.
② 柳斌杰.社会主义新闻实践和制度的奠基者：纪念列宁诞辰150周年[J].新闻战线，2020（11）：40-43.郑保卫.论列宁新闻思想的历史贡献及当代价值：写在列宁诞辰150周年之际[J].国际新闻界，2020，42（4）：34-50.
③ 丁柏铨.论列宁新闻思想的特色、内涵及启迪意义[J].现代传播（中国传媒大学学报），2020，42（7）：31-38.
④ 宁树藩.马克思主义在中国的传播与党报的改造（民主革命时期）[M]//卓南生，程曼丽.宁树藩文集（增订版）.北京：清华大学出版社，2017：44.
⑤ 黄楚新，王丹.党报发行现状及应对之策[J].中国报业，2015（9）：22-25.
⑥ 郑德金.战争年代党报的经营与发行[J].中国记者，2003（11）：48-49.

二、报刊发行与组织创建

既往关于"集体组织者"的探讨，通常聚焦理念而较少涉及实践，由此产生一些争议，"始终解释不清楚其实在的内涵"[①]，特别是运作机制问题，即作为精神中介的报纸究竟如何发挥实际组织作用，迄今缺少清晰的解答。这个问题需要从实体层面进行考察，实际上，从列宁提出这个理念到此后国际共产主义运动中的实践，党报发挥组织作用一直依赖发行和推广网络的支撑。在通过报纸建党的特殊时期，列宁建立和发展了代办员网。

列宁在1901年提出"集体组织者"之际，正值俄国社会民主工党被沙皇政府镇压，中央领导机构遭到破坏，党组织名存实亡，因此列宁在国外领导的《火星报》编辑部一定程度上代行中央领导机构的职责。[②]列宁设想通过《火星报》将各地分散的马克思主义小组集合起来，利用报纸来重建强有力的政治组织，而重建政党的方式是在俄国建立《火星报》的代办员网。列宁提出建立俄国的社会主义邮递工作，由职业革命家担任《火星报》的地方代办员，其职责不局限于简单的发行和推销报纸，还需承担宣传马克思主义思想、联络地方小组和组织革命运动等复杂的政治任务。经由《火星报》编辑部和代办员网的努力，"共同为建立真正的无产阶级政党奠定了思想基础和干部条件"[③]。

列宁关于"集体组织者"的论述，在中国最早出现在1922年出版的一本《列宁传》中，且译文不够准确。[④]直至1929年，中共中央理论刊物《布尔塞维克》刊文阐述列宁式政党的组织路线，对该句做出较为恰当的

---

① 陈力丹，吴鼎铭.党报的组织性[J].新闻界，2016（19）：70-72.
② 陈力丹.马克思主义新闻观思想体系[M].北京：中国人民大学出版社，2006：303-307.
③ 尹韵公.尹韵公自选集[M].北京：学习出版社，2009：57.
④ 陈力丹，孙曌闻.列宁论著及宣传观在中国的早期传播[J].新闻界，2020（12）：71-82.

翻译。[①] 此后，列宁这句名言在中国共产党党内迅速传播开来，成为党报经典语录。从目前所见的材料来看，在中国共产党建党前后陈独秀、李达等领导者可能并不知晓列宁的党报理念和俄国的办报经验，党内文件、通信集和回忆录中亦未有类似"集体组织者"的相关记载，但是报纸对于建党所起到的组织作用与俄国经验庶几相近，而且实际运作中同样依凭发行网和代办员网。上海的共产党发起组机关报《新青年》编辑部与长沙的毛泽东及文化书社的交往互动，是一个典型的案例。

1920年七八月间，毛泽东在长沙创办文化书社。此时的毛泽东，已经建立马克思主义信仰，接受俄国革命道路的指引。文化书社"以运销中外各种有价值之书报杂志为主旨"[②]，主要为共产主义进步书刊，如《社会主义史》《马格斯〈资本论〉入门》《新俄国之研究》等书籍，以及《新青年》《劳动界》《劳工潮》等报刊。[③] 毛泽东期望这些"新材料"能够"广布全省，人人有阅读之机会"，以推动"新思想新文化的产生"。[④] 从实际效果来看，文化书社对于马克思主义在湖南的扩散，尤其是在青年学生群体中的传播，起到了思想文化阵地的重要作用。[⑤] 文化书社承担的功能不光是传播新文化，还是湖南共产党早期组织的重要活动场所。作为《新青年》在湖南的发行网点，位于长沙市潮宗街56号湘雅医学专门学校的文化书社，与上海法租界老渔阳里2号的《新青年》编辑部，既发生代办报刊的业务往来，也在一定意义上存在地方共产主义小组（支部）与中国共产党发起

---

① 毅宇.布尔塞维克党的组织路线：列宁论"党的组织"[J].布尔塞维克，1929（10）：8-12.
② 文化书社组织大纲[N].大公报（湖南），1920-08-25.转引自：黄林.近代湖南出版史料（二）[M].长沙：湖南教育出版社，2012：1196.
③ 中共中央文献研究室.毛泽东年谱（1893—1949）：上卷[M].修订本.北京：中央文献出版社，2013：68-69.
④ 文化书社缘起[N].大公报（湖南），1920-08-24.转引自：黄林.近代湖南出版史料（二）[M].长沙：湖南教育出版社，2012：1195.
⑤ 王欣媛，史为磊.五四时期毛泽东的青年工作路径探析[J].中国青年社会科学，2020，39（3）：44-50.

组（中央）的组织关系。

在毛泽东创办文化书社期间，共产党组织在中国组建成立，毛泽东也从一个马克思主义者变为正式的共产党员。1920年五六月间，毛泽东在上海《新青年》编辑部会晤陈独秀，此时陈独秀正与李达、李汉俊等人筹建上海的共产党组织，这次谈话对毛泽东产生了深刻的影响。[1] 返回湖南后，毛泽东展开广泛的革命活动，积极传播马克思主义，找寻同志筹建组织，"其中影响最大并与建党有密切关系的事，是创办了文化书社"[2]。是年8月，就在文化书社出台社旨大纲之际，"中国共产党"在上海的《新青年》编辑部成立，一方面有组织、有计划地宣传马克思主义，《新青年》改组为党的机关报，并创办面向工人的报纸《劳动界》以及半公开的理论刊物《共产党》月刊，组织翻译《共产党宣言》中文全译本等；另一方面通过写信联络、派人指导、具体组织、邮寄报刊出版物等方式，积极推动各地建立党组织支部。[3]

筹办中的文化书社与《新青年》编辑部暨中国共产党发起组联系密切，文化书社与新青年社、亚东图书馆等建立出版物交易，并经陈独秀信用介绍免去押金，[4] 待9月开张营业后，即成为《新青年》《劳动界》《共产党》月刊以及《共产党宣言》等上海党组织出版物的代销网点。毛泽东在长沙的共产主义积极分子之间传递学习这些党的出版物，作为交流思想、准备建党的一条精神纽带，并向湖南《大公报》推荐连载《共产党》月刊的一批重要文章。[5] 与此同时，位于潮宗街的文化书社，事实上也是毛泽东

---

[1] 斯诺.红星照耀中国[M].董乐山，译.北京：人民文学出版社，2019：149.
[2] 易礼容.毛泽东创办长沙文化书社[M]//陆象贤.易礼容纪念集.北京：团结出版社，2001：46.
[3] 中共中央党史研究室.中国共产党历史：第1卷（1921—1949）上册[M].2版.北京：中共党史出版社，2011：59.
[4] 中共中央文献研究室.毛泽东年谱（1893—1949）：上卷[M].修订本.北京：中央文献出版社，2013：68.
[5] 中共中央文献研究室.毛泽东传（一）[M].北京：中央文献出版社，2013：64.

建立党组织的秘密联络机关。书社创办后,俄罗斯研究会成立大会在社内举行,新民学会的多次会员大会在社内召开,社会主义青年团的诸多组织事项亦在社内讨论。11月间,毛泽东收到陈独秀函约,接受正式委托,在新民学会的先进分子中物色人选,秘密建立了长沙的共产党早期组织。[1]正如有研究者指出的,"在中共湖南支部正式成立前,文化书社实际上是长沙共产主义小组的机关"[2]。

长沙文化书社并非孤例,建党初期党报党刊的一些代办网点大多承担发行报刊及建立与发展组织的多重任务。例如方志敏1922年创办的南昌文化书社,"专贩卖马克思主义的和其他革命的书报",包括《新青年》《向导》《先驱》《共产党宣言》《共产主义ABC》等出版物,同时吸引和组织进步青年知识分子,通过阅读革命书刊培养建团对象,1923年中国社会主义青年团江西地方团即在该书社成立,书社成为"本团同志的谈话集会机关",是江西党团组织活动的秘密据点。[3]又如恽代英主持的武昌利群书社,既经销《新青年》《共产党》《社会主义史》等书刊,也是武汉地区进步青年的联络地点和活动场所,董必武、陈潭秋等"马克思学说研究会"成员曾在该书社举办读书报告会,许多知识青年通过利群书社的中介而加入共产党组织。[4]再如《新青年》《向导》等报刊的济南代办网点齐鲁书社,王尽美、邓恩铭等人通过书社的读书活动结识了一批向往共产主义的青年学生,秘密成立"康米尼斯特学会"(共产主义学会),后在中国共

---

[1] 中共中央文献研究室.毛泽东年谱(1893—1949):上卷[M].修订本.北京:中央文献出版社,2013:83-86.
[2] 胡昭镕.关于长沙文化书社几个问题的探讨[M]//中国近代现代出版史编纂组.中国近代现代出版史学术讨论会文集.北京:中国书籍出版社,1990:385.
[3] 中共党史人物研究会.中共党史人物传:第39卷[M].西安:陕西人民出版社,1988:28-29.
[4] 黄修荣,黄黎.中国共产党创建史[M].北京:中国青年出版社,2015:358-369.

产党上海发起组的联络和帮助下建立济南共产主义小组,^① 他们发起组织"励新学会""平民学会"等团体,以研究学理的名义进行马克思主义宣传和组织活动,会址均设在齐鲁书社院内。^②

有研究者考察了国民大革命时期中国共产党党报的发行与传播网络,指出中国共产党在三大以后创设和发展的党报体系,既是宣传主义的舆论平台,又是构建组织的有形纽带,特别是向基层社会渗透的有力手段,"以报刊为'媒介物'构建中央与地方、组织与党员、党员与群众之间的有形纽带,形塑报刊发行推广与组织构建相互为用的格局"^③。这个观点无疑是颇具洞察力的,在过往党报研究的一个薄弱环节提出了新的观察。在这里,我们将目光前移,发现在大革命之前的建党前后,这样的党报理念就已经付诸实践——报刊的功能不局限于精神层面的信息传递和思想宣传,而且实体层面的报刊发行网络与政党组织建设深度关联,甚至可以通过报刊作为"媒介物"来建党。

对比俄国的经验可以发现,虽然彼时中国共产党早期领导人或许并不知晓列宁的名言,可能并不具有理论上的自觉意识,但在组织建党的实际过程中,《新青年》编辑部所发挥的"集体组织者"作用与《火星报》较为类似,毛泽东、方志敏、恽代英等革命家所扮演的角色亦与代办员相去不远,更有长沙文化书社、南昌文化书社、武昌利群书社等发行网点作为组织网络的节点,这些要件联结起来共同达成了建立政党的组织功能。这段历史实践表明,中国共产党新闻事业自诞生之际就携带着独特的基因,报纸及其发行工作被赋予了重要的使命,发挥了特殊的作用。

---

① 中共山东省委组织部,中共山东省委党史资料征集研究委员会,山东省档案馆.中国共产党山东省组织史资料(1921—1987)[M].北京:中共党史出版社,1991:14.
② 吕长源.书林求索[M].济南:山东省地图出版社,2003:381.
③ 张朋."人身上的血脉":大革命时期中共党报发行网络[J].新闻与传播研究,2020,27(4):92-107,128.

三、组织传播的常规化手段

建党初期和大革命时期，中国共产党主要在秘密或半公开的条件下开展活动，报刊的组织功能体现在政党的创立与发展，发行网络与组织建构相互为用，一些关键节点的代办员不仅是出色的宣传员，而且是"最有才干的组织者，最有才能的党的政治领袖"[①]，这也不难理解中国共产党许多早期领导人都有过办报的经历。然而在党的组织系统渐趋成熟，特别是在取得局部政权因而另有一套完整的行政体系之后，即在党政机构较为齐备的情况下，报纸如何发挥组织作用？是否还有必要？这也是学界对于"集体组织者"问题的争议焦点所在。

从苏俄的经验来看，虽然1903年俄国社会民主工党二大之后恢复了领导机构，1917年十月革命之后建立了新政权，但列宁和俄共（布）仍然不断强调报刊的宣传、鼓动和组织的作用，只是对组织功能的实践路径进行了因应适宜的调整，转变为组织群众、影响群众，报纸由此"成为党的组织机构和组织运作的一部分，服务于党在新时期的建设目标"[②]。在中国的土地革命时期，列宁的党报语录流行甚广，在中央苏区甚至被印在发给通讯员的纪念毛巾上，[③]然而苏区报人对于组织作用的理解与实践，并没有回到列宁原话的初始语境，而是更接近后期的意涵，即"发动群众参加各种运动，为实现党的任务而斗争……在这种思想指导下，苏区报纸成为党组织群众参加苏区各项建设工作，推动各种运动的有力工具，成为动

[①] 列宁. 列宁全集：第5卷［M］.中共中央马克思恩格斯列宁斯大林著作编译局，编译.2版（增订版）.北京：人民出版社，2017：6.

[②] 邓绍根，丁丽琼.组织"连接"的新理路：重思列宁"报纸是集体的宣传员、鼓动员和组织者"［J］.出版发行研究，2020（12）：93-100，9.

[③] 丁淦林，苏潘.任质斌谈《红色中华》［J］.新闻大学，1981（1）：90-91.

员群众实现党的各项任务的有力工具"①。及至延安时期，在《解放日报》不能有效贯彻党中央意图、无法起到组织和推动整风运动的作用之际，毛泽东重新阐释了党报的组织作用，"党报是集体的宣传者和组织者，对党内党外影响极大。要达到改造党的目的，必须首先改造党报的工作"②，强调《解放日报》要在陕甘宁边区发挥组织者功能，"作为组织一切工作的一个武器，反映政治、军事、经济并且又指导政治、军事、经济的一个武器，组织群众和教育群众的一个武器"③。由此可见，毛泽东对报纸组织作用的理解，要旨仍在于利用报纸推动工作，既包括整风运动这样的党内事务，也涵盖边区建设这样的政府目标，即在党政整体事业中发挥组织和动员作用。

要在实际工作中起到组织作用，党报就不能是普通意义上的信息纸或宣传品，而需在一定程度上具备党政机构的权威和公文的效力。这也是延安时期着力形塑的一种新闻观念。1942年9月，中共中央西北局发布《关于解放日报工作问题的决定》，文件首先确认党报是"组织工作的锐利武器""指导工作的主要工具"，继而批评部分党部和党员对报纸漠不关心，"把党报当作普通新闻纸一类看待，而不注意加以研究和讨论"，正确的态度和做法是，"今后，凡在《解放日报》上发表的社论，党和边区政府的决议、指示、法令等以及中央或西北中央局负责同志发表的谈话或文章，各级党的领导机关应即分别地在党员干部中组织研究，并讨论执行，不得借口没有接到党的直接通知而置之不理"④。这样的指令规范，无疑是在推

---

① 宁树藩.马克思主义在中国的传播与党报的改造（民主革命时期）[M]//卓南生，程曼丽.宁树藩文集（增订版）.北京：清华大学出版社，2017：22.
② 中共中央文献研究室.毛泽东年谱（1893—1949）：中卷[M].修订本.北京：中央文献出版社，2013：367.
③ 毛泽东.关于陕甘宁边区的文化教育问题（1944年3月22日）[M]//中共中央文献研究室，中央档案馆.建党以来重要文献选编（1921—1949）：第21册.北京：中央文献出版社，2011：112.
④ 中国社会科学院新闻研究所.中国共产党新闻工作文件汇编：上卷（1921—1949）[M].北京：新华出版社，1980：132-133.

第二章
集体组织者：报刊流通网络与组织传播

动报纸成为政党组织体系中的一个建制化环节，成为政治系统中信息传播的常规化渠道。

事实上，这种党报理念并非延安时期的首创，早在1931年中共中央就曾出台第二〇三号通知《改用党报方式加强党对实际工作的指导》，提出"以党报的社论为代表中央政治局在政治上的分析与策略的指导……全体同志应根据党报的分析与指导来讨论工作，且必须纠正过去依赖和等待通告的指导之习惯"[1]。这份通知既是中共新闻史的重要文献，亦是中共组织史的核心资料。可见延安时期的党报改造在不少方面是在"发明传统"[2]，是在更加稳定的政治环境下重新阐扬中共办报的历史经验。

从陕甘宁边区的传播实践来看，在社论、决议、领导人讲话等文体之外，党报的许多新闻报道（如工作经验报道、典型人物报道）亦在一定程度上具有权威和效力。这些往往详尽备至近乎操作指南或说明书的报道，实际上是党报挑选出来的范例，要求党政干部和群众在实际工作中加以效仿和推行。毛泽东在1942年《解放日报》改版座谈会上说，"经过报纸把一个部门的经验传播出去，就可以推动其他部门工作的改造"[3]，表达的正是这样的理念。改版后的《解放日报》关于整风运动、大生产运动的报道，起到了显著的组织和推动作用。

鉴于党报的权威和效力，其发挥组织作用的运作机制与实践场景实际上类似于开会。正如毛泽东所说："报纸发出去就可以省得开许多会。我们可以把许多问题拿到报纸上讨论，就等于开会、开训练班了，许多指示

---

[1] 中共中央组织部，中共中央党史研究室，中央档案馆.中国共产党组织史资料：第8卷 文献选编（上）[M].北京：中共党史出版社，2000：385.中国社会科学院新闻研究所.中国共产党新闻工作文件汇编：上卷（1921—1949）[M].北京：新华出版社，1980：70.

[2] 霍布斯鲍姆，兰格.传统的发明[M].顾杭，庞冠群，译.南京：译林出版社，2004：6.

[3] 中共中央文献研究室，新华通讯社.毛泽东新闻工作文选[M].北京：新华出版社，2014：109.

信可以用新闻来代替。"[①] 有研究者指出，作为一个重视组织、追求效率的现代革命型政党，中国共产党将"开会"这种现代社会最重要的组织协调方式运用得炉火纯青，"会议能够有效上传下达，是追求集体主义的中共能够想到的快速下达命令、动员和组织起来的便捷办法"[②]。循此思路，延安时期以更加经济便捷的报纸代替开会，可谓政党工作方式的一大革新，作为当时传播最广、影响最大的现代化大众媒介，报纸的潜在能量被中国共产党创造性地开掘出来。

报纸履行开会功能，对于发行和推广提出更高的要求，即在通常意义上的覆盖率和到达率之外，关键在于进一步的"研究、讨论、执行"。根据地时期党报发行制度与策略多种多样，举其荦荦大者如征订、代派、零售、赠阅、组织传递、沿村转交、邮政发送等，[③] 意在通过一切可能的手段与方式，最大限度地在党员干部和基层群众中普及党报。这诸般的努力，最终指向读者的阅读，特别是接近开会场景的集体读报。因此，发行与读报两个环节密不可分，读报是发行的"最后一公里"。以"邮发合一"这种最专业化的发行方式来看，根据地时期的邮政系统往往并不止步于报纸的传递，发行人员推动和组织读报的事例屡见不鲜。例如山东战时邮局提出口号"广泛组织读者，力求发行起作用"，有计划地在识字班、民兵夜校、冬学、小学等处组织读报，"随着读报组的发展，根据地内的发行网普及大大小小的每一个村庄"。[④]

将发行与读报紧密相连的制度保障是通讯员体系，这也是党报传统中备受瞩目的特色之一。中央苏区时期曾在县级以上党政机关遴选党报通讯

---

① 毛泽东.关于陕甘宁边区的文化教育问题（1944年3年22日）[M]//中共中央文献研究室，中央档案馆.建党以来重要文献选编（1921—1949）：第21册.北京：中央文献出版社，2011：114.
② 黄道炫.如何落实：抗战时期中共的贯彻机制[J].近代史研究，2019（5）：72-87，161.
③ 田中初.革命情境中的大众传媒与乡村民众：以"群众办报（1927—1949）"为视点[M].北京：中国社会科学出版社，2017：44-50.
④ 张衍霞.山东战时邮政的党报党刊发行[J].理论学刊，2008（7）：35-38.

员，职责既有写稿和组织基层通讯网，还包括"帮助报纸扩大发行，建立代派处与推销处；建立读报小组，争取广大的读者"[①]。受限于持续的政治军事压力，通讯员体系在中央苏区未能有效搭建起来，在合法稳定具备文化建设条件的陕甘宁边区，通讯员运动迅猛开展起来。为了宣传、教育和组织群众，边区推行"党报—通讯网—读报组群"的大众化传播体系，通讯员是其中的关键节点，这是一个来源广泛、遍布机关团体和乡村社会的群体，既通过写稿的方式参与办报，也要关心党报的发行，同时还是读报活动的组织者，"在通讯网的外围，形成一个人数众多的读报组网络，每一个通讯员都尽可能地建立一个读报组"[②]。读报组的活动丰富多彩，以阅读和讨论党报为中心，还包括识字扫盲、学习知识、文艺表演、政治宣传以及具体工作或生产任务的布置动员，在边区颇受基层干部和群众的欢迎。

四、作为"方法"的新闻传统

报刊发行在中国共产党历史上发挥了举足轻重的作用，形成了党报的独特传统与可贵经验。在建党初期和大革命时期，党报党刊的发行网和代办员网促动了党组织的创立与发展壮大。在根据地时期，通讯员体系联结了办报与读报环节，使党报成为推动工作的有力武器。实体层面的报刊发行网络，为党报发挥组织作用奠定了物质基础。

报纸的功能不限于传播信息与思想，而且在实际工作中起到组织作用，这是中国共产党新闻事业的特征之一，新闻学界对此一直存有争议。[③]有研究者认为，报纸是精神单位，不具有组织功能，"是党的领导机构在

---

① 任质斌.《红色中华》报始末［J］.新闻研究资料，1986（3）：1-8.
② 胡绩伟.青春岁月：胡绩伟自述［M］.郑州：河南人民出版社，1999：203.
③ 刘继忠."集体的组织者"：一条列宁党报语录的百年政治文化旅行［J］.国际新闻界，2020，42（10）：99-120.

组织、号召，报刊是一种精神中介，报刊发挥的是宣传作用"[①]。从根据地时期的新闻实践来看，报纸实际上被赋予了党政机构的权威，所刊载的内容具有文件的效力，围绕党报的阅读、研究、讨论和执行的过程，接近于实体意义的开会。要而言之，这是将报纸这种现代化大众传播媒介纳入党的组织体系之中，成为政党组织传播的建制化环节、常规化手段。从整体上来看，这也是现代政党工作方式的创新，是对报纸功能的一种创造性开掘。

回望历史，我们发现中国共产党对于报纸或广义的新闻传播事业，并没有本质化、教条化的理解，而是在不同时期依据具体条件进行灵活把握，并创设相应的新闻路线和制度办法。当代关于报刊发行、新闻功能的认知，一定程度上受限于社会分工、市场化运作等专业主义的思考框架，"被市场化的商业传播遮蔽了想象力"[②]。重访这段历史经验的方法论意义，在于解放思想观念、冲破新旧教条的束缚，这也是中国共产党百年奋斗经验的精神财富。

---

① 陈力丹，姚晓鸥.源于俄文的马克思主义新闻观名词原文、中译文和英译文比对分析[J].新闻与传播研究，2017，24（5）：103-125.
② 王维佳.媒体化时代：当代传播思想的反思与重构[M].北京：人民出版社，2020：236.

第三章
新闻大众化：重建新闻公共性的思想资源

"大众化"堪称中国近现代历史中的一个贯穿性的文化主题，一种占据主流支配地位的思潮观念。特别是在中国共产党的文艺宣传工作中，"大众化"自延安文艺座谈会之后成为一个整全性的文化路线。鉴于这种历史显要性，"大众化"议题吸引着众多思想文化学者的关切，尤以"文艺大众化"的学术积累最为丰厚。相比而言，新闻学界对"新闻大众化"的探讨则稍显薄弱。本章从当代世界普遍的新闻公共性危机出发，以当代问题意识为着眼点，重新考察了中国共产党新闻传统中的"大众化"实践。

研究发现，在市场逻辑和专业主义影响之下，当代西方媒体结构性地偏向城市中产阶级和各界精英，忽视普通民众的声音，贬抑社会底层的发言权。这背离了平等进入、广泛参与等公共性原则，使得公共空间等级化、封建化，在一些重大议题上社会不同利益群体的声音无法有效表达，难以通过辩论和博弈形成共同意志和公共决策。延安时期的新闻大众化运动践行"群众路线"理念，致力于呈现底层民众的呼声和需求，构成了一种独特的现代新闻范式，从价值理念到实践操作都更具进步色彩。当前，商品化与职业化已然成为媒体发展的"世界潮流"，正因为这样，我们需要"延安范式"的历史经验，需要回到历史脉络之中重新认识新闻的多样性和复杂性，使之成为我们反思当代媒体处境和知识状态的批判性资源。

一、新闻公共性及其当代挑战

新闻业理想的社会角色是什么？此般"应然性"（should-be）的规范问题，固然难有标准答案，不过社会民众对媒体的期望之一，同时也是新闻界的自我期许，主要是公共性，即"传媒作为社会公器服务于公共利益的形成与表达"[①]。在这个思想脉络里，德国哲学家哈贝马斯关于公共领域的论述影响甚广，他将公共领域的基本原则概括为平等进入、广泛参与和理性对话等，并认为新闻媒体是"公共领域最典型的机制"[②]。从这些原则来看，媒体的公共性指向一个公平开放的平台，所有人都可以自由地参与其中，平等地发出声音、表达意见，而不能是歧视性、排他性或等级性的空间。哈贝马斯是在民主政治的框架下讨论公共领域问题，他认为新闻媒体的政治功能应当是传声筒和扩音机，"它只是公众讨论的一个延伸，而且始终是公众的一个机制"[③]，通过媒体和其他公共领域，不同利益群体的声音得以呈现，并在政治性的辩论和博弈中形成公共决策，使得国家政治不是被少数人所支配，而是在社会自治的空间中运作。

需要注意的是，哈贝马斯讨论的是18—19世纪西欧历史语境中的"资产阶级公共领域"，并且申明这个范畴是一种韦伯式的"理想类型"（ideal type）。[④]亦即是说，公共性并非新闻业的历史真实，更不是天然属性，毋宁是一种考量经验事实的、纯粹的分析建构，或者一个值得不断追

---

① 潘忠党.传媒的公共性与中国传媒改革的再起步[J].传播与社会学刊，2008（6）：1-16.
② 哈贝马斯.公共领域的结构转型[M].曹卫东，王晓珏，刘北城，等译.上海：学林出版社，1999：218.
③ 哈贝马斯.公共领域的结构转型[M].曹卫东，王晓珏，刘北城，等译.上海：学林出版社，1999：220.
④ 哈贝马斯.公共领域的结构转型[M].曹卫东，王晓珏，刘北城，等译.上海：学林出版社，1999：初版序言1.

第三章
新闻大众化：重建新闻公共性的思想资源

求却永远无法抵达的乌托邦。哈贝马斯正是以公共领域为尺度，梳理与评析西欧报刊业的历史演变，指出法国大革命时期的报刊"接近"这个理想类型，而随着资产阶级国家政权的建立，产生了国家的社会化和社会的国家化，政治权力加紧对媒体的操控，加之报刊自身的商业化，以及广告和公关对媒体的侵蚀等繁复变化，使得19世纪中期的报刊"偏离"公共性，迅速"重新封建化"。①

以当代欧美新闻界为例，政治人物与主流媒体的"战争"、民粹运动掀起的"反媒体"热潮引人瞩目，争论的焦点正是媒体的代表性与公共性。比如特朗普从2016年竞选开始就一直抨击美国媒体虚伪、充满偏见、脱离民众等，而且从技术层面提升到民主政治的大框架内，把新闻媒体称作"美国人民的敌人"。《纽约时报》《华盛顿邮报》等主流媒体则宣称，特朗普对媒体的诋毁谩骂损害了新闻业的社会信誉，破坏了美国立国原则之一的"新闻自由"，从根本上说这是攻击"一个主要的民主机制"，严重腐蚀了"民主的支柱"。美国民众方面，盖洛普公司2018年初公布了一项名为《信任、媒体与民主》的民意调查，结果显示80%的受访者认为新闻业对于民主政体至关重要，但美国媒体并没有扮演好这一角色，多达66%的人不信任媒体。② 在大洋彼岸的欧洲，2016年底新闻峰会（News Xchange）上，英国脱欧派领袖法拉奇对整个欧洲媒体提出严厉批评，认为新闻界脱离了广大民众，在诸多重大议题上不倾听民众声音，他呼吁新闻界尽快做出改变，否则这个行业将危在旦夕。③ 法国、

---

① 哈贝马斯.公共领域的结构转型［M］.曹卫东，王晓珏，刘北城，等译.上海：学林出版社，1999：230.

② American views：trust，media and democracy［EB/OL］.（2018-01-16）［2020-04-01］. https://knightfoundation.org/reports/american-views-trust-media-and-democracy.

③ BARNES J. You're completely losing touch，Farage issues warning to establishment over radical Islam［EB/OL］.（2016-11-30）［2020-04-15］. https://www.express.co.uk/news/uk/738343/nigel-farage-challenges-media-immigration-european-union-coverage.

意大利、德国、荷兰等国的民粹运动领导人，无不以嘲讽辱骂媒体为能事。①

西方民粹派批评新闻界脱离民众，并不必然意味着他们能够真正回应社会需求并成为民众利益的合法代言人，有可能只是一种竞争性选举的动员策略。例如曾自诩为"工人阶级领袖"的特朗普以及"工人的政党"的共和党，在竞选结束后推动出台了一系列不利于普通工人和社会民众的税收与监管政策，加剧美国社会的不平等，有研究者称之为"财阀民粹主义"，认为"共和党与'人民'之间象征性的联盟掩盖了他们与财阀之间（真正的）统治联盟"②。不过，关于新闻界脱离民众的指摘，倒是戳中了西方主流媒体的痛点。一个典型案例是美国的"民主之春"（Democracy Spring）。

2016年4月，大批民众聚集在华盛顿的国会大厦前抗议示威。这场社会运动的目标非常清晰：要求国会响应民众的呼声，采取行动解决金钱绑架政治的问题，保护公正的选举权。示威者打出的标语口号包括"让金钱滚出政治""停止肮脏的资本操控""把国会还给民众"等。组织者还发布了一份关于"平等话语权"的简短宣言（The Equal Voice for All），呼吁"政府必须从大财团操控政治的恶劣影响中脱身出来，真正依靠广大民众"，并要求政府官员、两院议员和政治候选人签名。然而，这场声势浩大的抗议运动仅持续了10天左右，超过1000人次的示威者因为"非法集会、妨碍司法"等罪名被逮捕。③"民主之春"最终黯然收场，并未达成

---

① 程同顺.2016国际民粹事件为什么"扎堆"出现［J］.人民论坛，2017（1）：18-22. 王维佳.媒体建制派的失败：理解西方主流新闻界的信任危机［J］.现代传播（中国传媒大学学报），2017，39（5）：36-41.

② 哈克，皮尔森.推特治国：美国的财阀统治与极端不平等［M］.法意，译.北京：当代世界出版社，2020：1.

③ ASRAR S.'Democracy Spring'branching out after D.C. protests［N/OL］. USA Today，2016-04-19［2020-04-18］. https://www.usatoday.com/story/news/2016/04/19/democracy-spring-branching-out-after-dc-protests/83233102/.

第三章
新闻大众化：重建新闻公共性的思想资源

实质性的政治改革目标。美国媒体在运动期间的表现引起广泛批评和质疑，广场示威的第一天（4月11日）超过400人被捕，但福克斯电视台（FOX）和微软全国广播公司有线电视（MSNBC）分别只有17秒和12秒的新闻报道，而且仅仅提及抗议者关心的选举权问题，回避了反对金钱政治这个核心议题，美国有线电视新闻网（CNN）更是没有任何报道，以至示威者后来高喊"CNN在哪里"。[①] 可以说，"民主之春"的草草收场与主流媒体的集体漠视密切相关。在今天这样高度媒介化的社会，新闻媒体创造"现实"，建构人们脑海中的世界，一场社会运动即便规模宏大，如果没有媒体的聚焦就很难获得公共可见性（public visibility），引发讨论进而影响决策的机会更是渺茫。

"民主之春"表明政治和媒体两大公共领域都面临深刻的公共性危机，而且两者紧密关联、相互促成。就政治领域而言，议会架构下的两党或多党竞争制本质上是一种代表性政治，基本假设是政党必须具有清晰的政治纲领，能够代表一定社会群体的利益，并通过政党竞争和议会框架进行协商博弈，形成某种共同意志，这就是经典政治理论中的民主决策机制。然而在当代世界，政党的代表性越来越模糊，无法形成真正意义上的政治论辩和动员，虽然程序民主的制度外壳仍然存在，但四年一度的选举很大程度上沦为政客们在财团支持下争夺权力的表演秀，一种去政治化的权力操控，普通民众实际上被屏蔽在政治之外。[②] 汪晖将这个现象称为"代表性断裂"，认为这是政党政治的危机，也是全球性的政治危机。[③] 伴随着政党日渐服从国家机器的逻辑，并丧失政治价值和代表性，以政党为中心的议会

---

① 张朋辉. 停止损害民众平等参与政治权利［N］. 人民日报，2016-04-18（3）.
② KUHNER T, CAPITALISM V. Democracy: money in politics and the free market constitution［M］. Stanford, CA: Stanford University Press, 2014. DRUCKMAN J, JACOBS L. Who governs? presidents, public opinion, and manipulation［M］. Chicago, IL: Chicago University Press, 2015.
③ 汪晖. 代表性断裂与"后政党政治"［J］. 开放时代，2014（2）: 70-79，7.

同样日益淡化公共机制的特征,与社会公众的联系日渐疏离。"民主之春"期间,一位执勤警察对抗议者的"善意"劝告,典型地表征了政治领域的公共性危机。他说:"快回家吧,你们在这里抗议没有用的,你觉得国会里面的人能听到你的声音吗?"①

不仅是国会山的议员们,编辑部的新闻人同样听不到他们的声音,或者选择性听取乃至有意遮蔽。从2011年的"占领华尔街"到2016年的"民主之春",美国媒体对这两场社会运动明显缺乏报道和阐释的热情,在有限的曝光中则聚焦示威者和警察的冲突、游行造成市政混乱、参与者的奇装异服等琐碎表象,对示威民众真正的吁求视而不见,对运动发生的政治经济根源的深度分析更是寥寥。"占领华尔街"期间,哈佛大学尼曼新闻实验室一项针对编辑记者的调查显示,超过半数的媒体人认为这场运动缺乏新闻价值,"有些人对有些事有些愤怒,除此之外,还有什么值得报道?"②徐开彬研究了"占领华尔街"期间《纽约时报》和《今日美国》的相关报道,发现这两家主流媒体大量引述官方消息源,采用"畸形秀""消极影响""目无法纪""无效目标"等报道框架来边缘化示威活动。通过这样的话语策略,抗议者被塑造成无知的愤怒青年和反常的麻烦制造者,从而消解了这场社会运动的合法性,压制了民众的呼声。③

---

① 张朋辉.停止损害民众平等参与政治权利[N].人民日报,2016-04-18(3).
② 史安斌.CNN们漠视"民主之春"不足为奇[N].环球时报,2016-04-20(14).
③ XU K B. Framing occupy wall street: a content analysis of the *New York Times* and *USA Today*[J]. International journal of communication,2013(7):2412-2432. 这实际上是美国媒体对待社会运动一贯的框架策略。托德·吉特林(Todd Gitlin)研究过20世纪60年代美国左翼学生运动和大众媒介之间的关系,指出媒体普遍使用犯罪新闻的框架来报道运动,并刻意渲染运动中出现的越轨行为和滑稽举止,以引起主流社会的反感。半个世纪过去了,在"民主之春"运动中我们看到了几乎雷同的"媒介镜像"。参见:吉特林.新左派运动的媒介镜像[M].张锐,译.胡正荣,审校.北京:华夏出版社,2007.

▶第三章
新闻大众化：重建新闻公共性的思想资源

在剖析美国媒体在这两场运动中的蹩脚表现时，史安斌指出20世纪90年代美国新闻业进行了"去管制化"（de-regulation）和"跨媒体、集团化"等新自由主义改革，结构重组之后的新闻界逐渐失去独立的基础，日益沦为金融资本和垄断性财团的附庸。实际上，媒体机构恰恰是"民主之春"所针对的金钱政治的主要合谋者、既得利益者，政治竞选广告向来是媒体的重要收入来源，媒体集团也会依据自身利益充当资本或权力的代言人，对公共领域进行殖民和操纵，在这个构造中媒体、资本与权力"三位一体"的态势非常明朗。有鉴于此，史安斌认为美国主流媒体"已经难以履行'社会公器'和'公共领域的守望者'的职能"[1]。

二、专业主义的"结构性偏向"

当"民主之春"在媒体的漠视下即将惨淡退场之际，普利策奖迎来了百年纪念盛典，在长长的获奖名单中主流媒体占据了大多数，媒体也慷慨地将大量版面和时段给予了普利策奖。这无疑是一个极大的讽刺，表明了西方专业主义新闻规范在当代的"异化"，即随着媒体的高度市场化，新闻业日渐顺从于社会分工所划定的权力谱系，而离公共服务的终极目标日渐疏远。在今天的新闻实践中，我们经常看到"中立""客观"等形而下的操作手段，俨然异化成价值本身，例如美国媒体往往以"客观"为由禁止编辑记者参与社会运动。[2]

西尔维奥·韦斯伯德（Silvio Waisbord）关于"新闻专业主义"的剖析，或许有助于我们理解上述媒体状况。在他看来，专业主义在理论上存在诸多难以克服的困境（dilemmas），比如媒体的独立性被认为应该

---

[1] 史安斌. CNN们漠视"民主之春"不足为奇[N]. 环球时报，2016-04-20（14）.

[2] 史安斌. CNN们漠视"民主之春"不足为奇[N]. 环球时报，2016-04-20（14）.

建立在经济自主的基础之上,因而市场化经营被认为理所当然,然而市场有其自身逻辑,为了追逐高消费能力的广告目标受众,在资本主义经济社会模式之下,媒体不可避免地出现城市中心化和中产阶级化倾向,从而在选题取向、风格立场等方面产生"结构性偏向",这就背离了公共性的宗旨。再如,专业主义强调技术门槛、职业资质的重要性,新闻教育越来越正规化、学院化,新闻从业者通常有不错的收入和体面的地位,由此导致这个群体日益精英化,作为既得利益者倾向于维护现存体制(status quo)及其主流价值观,这同样有违"公正""客观"等初衷。[①]20世纪80年代,一批杰出的社会学家通过对西方新闻生产的现象学分析,揭示了西方新闻媒介编辑室在社会阶层和文化意识上的同质化、中产阶级化。[②]

对于欧美新闻业的普遍性危机,王维佳指出传统上西方新闻界与基层民众的"代表—信任关系"已经蜕变为"蔑视—对抗关系",这不仅是其新闻行业的内部险情,而且昭示着其社会文化秩序的深刻危机,原因在于新闻界与主流政治精英、全球商业精英、中产阶级在社会意识和政治属性上高度同构,媒体精英成为"建制派"(establishment)的一部分,与基层民众和社会生活脱节。[③]英国《金融时报》专栏作家西蒙·库珀(Simon Kuper)以"内部人"的身份为上述理论分析提供了生动的经验材料,他认为特朗普、玛丽娜·勒庞(Marine LePen)等民粹主义者对媒体的辱骂具有现实基础,症结在于主流新闻界确实疏远了底层民众,而这个阶层恰

---

① WAISBORD S. Reinventing professionalism: journalism and news in global perspective[M]. Malden, MA: Polity Press, 2013.
② 例如:吉特林.新左派运动的媒介镜像[M].张锐,译.胡正荣,审校.北京:华夏出版社,2007.塔奇曼.做新闻[M].麻争旗,刘笑盈,徐扬,译.北京:华夏出版社,2008.甘斯.什么在决定新闻:对CBS晚间新闻、NBC夜间新闻、《新闻周刊》及《时代》周刊的研究[M].石琳,李红涛,译.北京:北京大学出版社,2009.舒德森.新闻社会学[M].徐桂权,译.北京:华夏出版社,2010.
③ 王维佳.媒体建制派的失败:理解西方主流新闻界的信任危机[J].现代传播(中国传媒大学学报),2017,39(5):36-41.

> 第三章
> 新闻大众化：重建新闻公共性的思想资源

恰构成了特朗普等人的选民基础。① 库珀写到，欧美主流媒体的记者们盘踞在纽约、巴黎、伦敦等少数超级大都市，穿梭于地铁可达的豪华酒店，采访像他们一样的人。英国政府下设的"社会流动性"委员会在2014年公布了一项调查《精英化的英国？》，结果显示约有半数的媒体精英毕业于剑桥和牛津两所名校，90%以上受过高等教育。② 库珀引用了这一报告并调侃道，"记者、政界人士、高级公务员和商界人士同窗求学、结为连理或比邻而居"，采访者与采访对象看起来区别不大，都是一副精英的腔调派头。③

颇有意味的是，对于欧美媒体脱离普通民众和基层社会的弊端，一些论者在思考"解救之道"时纷纷指向了中国共产党的新闻传统。例如库珀

---

① 2016年11月9日，特朗普赢得选举的第二天，《纽约时报》书评栏目推荐了"理解特朗普胜选的六本书"，认为此次大选制造了美国历史上最令人震惊的政治混乱，而这六本书有助于理解其政治的、经济的、宗教的和社会的变迁背景，包括《乡下人的悲歌：一本关于家庭与文化危机的回忆录》(Hillbilly Elegy: A Memoir of a Family and Culture in Crisis)、《本土的陌生人：美国右翼的愤怒和哀伤》(Strangers in Their Own Land: Anger and Mourning on the American Right)、《民粹主义大爆炸：经济大衰退如何改变美国和欧洲政治》(The Populist Explosion: How the Great Recession Transformed American and European Politics)、《白垃圾：美国四百年来被隐藏的阶级真相》(White Trash: The 400-Year Untold History of Class in America)、《下沉年代》(The Unwinding: An Inner History of the New America)、《听着，自由派：或者，人民党发生了什么？》(Listen, Liberal: or What Ever Happened to the Party of the People?)。值得注意的是，这六本风格迥异的著作均以"阶级"(class)的视角论及了美国底层白人工薪群体的衰落、绝望和愤怒。参见 GARNER D. 6 books to help understand Trump's win [N/OL]. The New York Times, (2016-11-09) [2016-11-12]. https://www.nytimes.com/2016/11/10/books/6-books-to-help-understand-trumps-win.html.

② THE SOCIAL MOBILITY AND CHILD POVERTY COMMISSION (SMCPC). Elitist Britain? [EB/OL]. (2014-08-28) [2014-09-01]. https://www.gov.uk/government/uploads/system/uploads/attachment_data/file/347915/Elitist_Britain-Final.pdf.

③ 库珀. 新闻记者应该"下乡"采访 [EB/OL]. 何黎, 译. (2016-05-03) [2016-05-05]. http://www.ftchinese.com/story/001067355.

在痛陈西方记者不接地气的问题后，呼吁记者们走出狭隘的都市精英圈，倾听普罗大众的声音，解决办法是把受过高等教育的年轻记者派往乡村。史安斌分析了西方新闻业的"脱域危机"（dis-embedding），提出重视新闻的"人民性"和"公共性"，"建议西方媒体向中国学学'走转改'"。但强调知识分子与底层民众建立密切联系，开辟一条"现代知识青年的成长之路"[1]，无疑兴起于延安文艺座谈会和整风运动时期，党报和新闻知识分子也在运动中经受洗礼，形成了影响深远的中共新闻理论与实践的"延安范式"。当下中国新闻业的"走转改"等活动，正是对这一历史传统与专业遗产的继承与延续。

这提醒当代新闻人重新思考中国革命的历史遗产，尤其是延安时期的一整套理念、制度和实践。作为革命传统的象征，"延安道路"奠定了新中国政治社会实践的基础，其中蕴含的普遍意义在当前的历史条件下有待重新发掘，[2] 这也是"延安研究"在中外学界经久不衰的现实动因。就新闻业而言，延安时期是中共新闻宣传理论和实践的成形阶段，党管媒体、全党办报、群众办报等原则一直影响至今，在媒体市场化、专业化俨然成为普世图景的当下，这些理念"显示了中国政治体系和传播体系引人注目的特点"[3]。作为一种与当代状况形成鲜明反照的"他者""另类的现代新闻规范"，中国新闻业的"延安范式"应当成为我们反思眼下媒体处境的传统资源。

"延安道路"涉及政治、经济、军事、文化、教育、医疗、新闻等各个领域，一个核心的共同点是"群众路线"，如黄平所言，"……延安道路、中国道路，就是这样一条依靠人民的群众路线，既是工作作风，更是思想路线、政治路线和组织路线"[4]。舒曼在比较中国和苏联的现代化路径

---

[1] 李彬.水木书谭：新闻与文化的交响[M].北京：新华出版社，2016：99.
[2] 甘阳.通三统[M].北京：生活·读书·新知三联书店，2014：23-38.
[3] 王维佳."党管媒体"理念的历史生成与现实挑战[J].经济导刊，2016（4）：28-31.
[4] 本刊编辑部.重建社会核心价值观共识：中国媒体现状检讨（二）[J].经济导刊，2014（6）：8-16.

时较早概括了这个特征，他认为苏联模式高度推崇技术专家和专业知识，从上而下贯彻中央计划指令；中国则在很大程度上赓续了"延安道路"的传统，即发动人民、依赖群众，来推动经济社会建设，突出人民群众的主体地位。[1]

三、延安时期的新闻大众化实践

如同延安时期其他领域一样，新闻业的核心原则同样是"群众路线"，这是党性与人民性相统一的灵魂所在，"党性原则"在很大程度上是一种工具性的政治和组织保证。[2] 概而言之，"群众路线"涵盖两个层面的规范："一切为了群众，一切依靠群众"的思想认识，以及"从群众中来，到群众中去"的实践方法。延安时期新闻业在这两个方面都体现了清晰的自觉意识。就理念而言，《解放日报》改版期间的一系列标志性文献无不宣示着"为人民服务"的终极价值。改版社论《致读者》的表述尤为典范："密切地与群众联系，反映群众的情绪、生活需求和要求，记载他们的可歌可泣的英勇奋斗的事迹，反映他们身受的苦难和惨痛，宣达他们的意见和呼声。报纸的任务，不仅要充实群众的知识，扩大他们的眼界，启发他们的觉悟，教导他们，而且要成为他们的反映者、喉舌，与他们共患难的朋友。"[3] 创刊一千期的社论再次申明："广大的中国人民大众，要建立作为自己喉舌的报纸，报道自己的活动，畅谈自己的意见，真是历经了千辛万苦，求之而不可多得……我们要把人民大众的生活，人民大众的抗战活动，人民大众的意见，在报纸上反映出来。"[4] 这样的宗旨激发了大批新闻

---

[1] SCHURMANN F. Ideology and organization in communist China[M]. Berkeley, CA: University of California Press, 1968.
[2] 王维佳."党管媒体"理念的历史生成与现实挑战[J].经济导刊，2016(4)：28-31.
[3] 社论：致读者[N].解放日报，1942-04-01(1).
[4] 社论：本报创刊一千期[N].解放日报，1944-02-16(1).

知识分子投身于新闻大众化的实践之中，在很多人的一生中刻下了难以磨灭的印记，如曾任《边区群众报》记者的李迢在多年后深情回忆道："群众，是一个庄严伟大的字眼。同他们共呼吸、同命运，为他们的美好未来而工作，是至今使我思念不止的——而且越来越觉得那样的人生是美好的。"①

如何将上述理想付诸行动？也就是说，怎么真正地实践新闻大众化的理念？新闻工作者在内的知识分子如何为工农群众代言？大众能否自我表达？知识分子如何与大众结合？回溯历史可以发现，解决这些难题的努力贯穿整个延安时期乃至新中国成立之后。从当事人的回忆中，我们可以体会到这样的挑战，比如周扬在谈及初到延安"新社会"的知识分子时说："他们还是上海时代的思想，觉得工农兵头脑简单，所以老是想着发表东西，要在重庆在全国发表，要和文艺界来往，还是要过那种生活。身在延安，心在上海，心在大城市，这怎么成呢？你以为这个问题简单吗？可不简单啊。结合，你怎么结合？"②实际上，解决知识分子与工农群众的结合问题，是整顿"三风"、召开文艺座谈会等一系列举措的要旨。

作为"整风运动的一部分"③，《解放日报》改版首先要处理的问题同样是转变新闻工作者的思想立场。改版前的《解放日报》呈现的是"主流大报"模样，头版每天一篇社论，配以欧洲战场消息或重大新闻，二版报道远东新闻，三版为国内新闻，以敌占区为主，四版是陕甘宁边区要闻和副刊，大部分稿件来自国内外通讯社，原创的言论报道则显露出报馆同人指点江山的派头。这样的内容编排显然脱离实际、脱离群众，与

---

① 李迢.思绪如丝［M］//陕西日报社，延安时期新闻出版工作者西安联谊会.延安时期新闻出版工作者回忆录.［出版地不详］：［出版者不详］，2006：137.
② 周扬.与赵浩生谈历史功过［M］//艾克恩.延安文艺回忆录.北京：中国社会科学出版社，1992：36.
③ 陆定一.关于延安《解放日报》改版（代序）：在《解放日报》史座谈会上的讲话摘要［M］//丁济沧，苏若望.我们同党报一起成长：回忆延安岁月.北京：人民日报出版社，1989：1.

▶第三章
新闻大众化：重建新闻公共性的思想资源

延安时期革命斗争尤其是组织和动员群众的形势格格不入，不过当时很多新闻工作者却习以为常。事实上，时任社长博古（秦邦宪）的办报思路就是效仿中外著名"大报"。陆定一回忆说他刚任总编辑时，博古要求他每天写一篇社论。[①]不难想见，对于那些过去在城市学习工作、通过《大公报》等"大报"来熟悉新闻报刊的知识分子来说，要想转变"报馆同人"意识，适应一种全新的新闻规范，绝非易事。改版之初，相当一部分文件和社论正是致力于批判"旧社会的一套思想意识和一套新闻学理论"[②]，先从思想上破除新闻工作者的自命不凡，消解编辑部的专业壁垒，使得扎根群众、开门办报成为可能。[③]在这方面，社论《政治与技术：党报工作中的一个重要问题》呼吁党报记者"不为旧的'理论'所束缚"，创造"真正为群众服务的新闻理论"，书写"新闻学史上新的光荣的一页"。在具体要求方面，社论号召新闻工作者不应把眼光局限于模仿那些"在某些阶层中"声名响亮的所谓"名记者"，要丢掉"无冕之王"的思想，摈弃对"技术"（业务知识）的绝对崇拜，"立定志向做一个工农兵的记者，一个新型的记者"，这种新型记者"比以前的名记者更伟大得多，因

---

① 陆定一. 关于延安《解放日报》改版（代序）：在《解放日报》史座谈会上的讲话摘要［M］// 丁济沧，苏若望. 我们同党报一起成长：回忆延安岁月. 北京：人民日报出版社，1989.
② 陆定一. 我们对于新闻学的基本观点［N］. 解放日报，1943-09-01（4）.
③ 黄旦认为改版期间对记者身份角色的改造和重塑，打破了专业主义的自豪感，毁掉了专业主义"自身凝望的绝对主体"。然而，如果跳出专业主义的思考框架，那么这种新闻人的"主体性"是否还有其他可能？例如汪晖认为20世纪中国革命的独特性之一，正是政党、知识分子和群众在运动中深度结合、相互塑造，从而生成一种新的政治主体性——不是"你"和"我"，而是全新的"我们"。参见：黄旦. 从"不完全党报"到"完全党报"：延安《解放日报》改版再审视［M］// 李金铨. 文人论政：知识分子与报刊. 桂林：广西师范大学出版社，2008：250-280. 黄旦，周叶飞. "新型记者"：主体的改造与重塑——延安《解放日报》改版之再考察［M］// 李金铨. 报人报国：中国新闻史的另一种读法. 香港：香港中文大学出版社，2013：325-354. 汪晖. 代表性断裂与"后政党政治"［J］. 开放时代，2014（2）：70-79，7. 汪晖. 汪晖："业余"是一个伦理性问题［J］. 庄稼昀，整理. 南风窗，2015（1）：103.

为他们的名字是与占人口最大多数的工农兵联系在一起的"。①陆定一稍后发表的长文《我们对于新闻学的基本观点》延续了上述论断，他批评新闻记者对于"无冕之王""先知先觉"的专业认同，认为那是唯我独尊的"报阀"思想，要求新闻工作者树立"群众观点"，"做人民的公仆"，从而"开中国报界的新纪元"。②

这种前所未有的新闻理念给当时的许多记者编辑带来了巨大的思想冲击，用时任《解放日报》记者田方的话说："延安整风给所有参与者留下的印象是永生不灭的……作为当时青年一代新闻工作者，就是在整风教育中，开始走上联系实际，深入群众，和工农兵相结合之路的。"③博古的思想转变很有意味。在一次记者下乡的送别会上，博古叮嘱大家："要以小学生的态度，虚心请教的精神去接近群众，丢掉旧新闻记者的架子。我们不是无冕之王，不是居高临下的社会舆论的指导者。"参加这次送别会的田方回忆说："我们根本看不出博古同志像某些同志犯错后那种精神不振的忧郁状态，而是精神振奋地带领我们改正错误，开创工作的新局面。"④从改版之后博古起草的一些社论文章中，如《党与党报》《本报创刊一千期》《党报记者要注意些什么问题》等，可以发现他对"群众路线""党性原则"的理解和把握相当深刻。⑤结合田方的回忆，我们能够推断，博古是心悦诚服地认可了新的话语秩序和新闻规范。

整风之后，延安的新闻大众化运动发展迅猛，涵盖"党报—通讯员—读报组"三个部分的宣传组织体系日益完善，⑥并扩展到其他革命根据地。

---

① 政治与技术：党报工作中的一个重要问题[N].解放日报，1943-06-10（1）.
② 陆定一.我们对于新闻学的基本观点[N].解放日报，1943-09-01（4）.
③ 田方.延安的记者生涯[M]//丁济沧，苏若望.我们同党报一起成长：回忆延安岁月.北京：人民日报出版社，1989：154-155.
④ 田方.延安的记者生涯[M]//丁济沧，苏若望.我们同党报一起成长：回忆延安岁月.北京：人民日报出版社，1989：148-150.
⑤ 吴葆朴，李志英，朱昱鹏.博古文选·年谱[M].北京：当代中国出版社，1997.
⑥ 郑育之.《边区群众报》诞生前后[M]//陕西日报社，延安时期新闻出版工作者西安联谊会.延安时期新闻出版工作者回忆录.[出版地不详]：[出版者不详]，2006：7.

▶ 第三章

新闻大众化：重建新闻公共性的思想资源

在这套体系之中，党报无疑是枢纽，此时的记者编辑不再是高高在上的"同人"，轮流走入田间地头、与群众同吃同住同劳动成为一项制度，是否符合群众需要、代表群众利益、受到群众欢迎，也成为评价报纸工作的一项重要依据。李迢1946年刚进入《边区群众报》时，第一件事就是跟随闻捷住进农民家里，听取他们对生产生活、形势政策的看法以及对报纸的意见。当时报社规定：采访必须深入群众中去，反映他们的要求和呼声，稿子写完后要经过当地群众认可，发表后要听取群众意见。[①] 读报组的活动在今天几乎消失殆尽，但在延安时期极为活跃，在报社和各级党委的努力下，读报组的网络基本囊括了所有县、区、村、机关、学校，以至各行各业，差不多围绕每位基层通讯员都成立一个读报组。这是一个以阅读报纸为中心的功能丰富的群众组织，通讯员结合读报组织宣传讨论，群众向通讯员反映情况，也可以自己动手给报社写稿，或者集体讨论和写作，由此产生了更多的通讯员，许多读报组逐渐发展成为通讯组。一些基层干部常常利用读报会进行宣传动员或布置任务，不少农村读报组还组办夜校，学习文化，扫除文盲，有的还组织文艺表演，丰富娱乐生活。[②] 读报组的兴旺发展，说明延安时期的报刊工作深入基层，也从一个侧面反映出当时的基层社会生机勃勃，组织化程度很高，这与当代中国城乡社会普遍的"原子化"状况判然有别。

通讯员制度无疑是延安时期引人注目的新闻实践，集中体现了"群众路线""党性原则"等中国共产党新闻理念的特点。如前所述，遍布基层社会几乎每一个角落的读报组通常是由通讯员牵头，这也说明通讯员数量之多、分布之广。从人员构成来看，各级党委、机关、部队的宣传部门必须安排专人或多人担任通讯干事，给报纸写稿之外，还负责配合报纸发展群众通讯和读报活动；各行各业的知识青年，农村、部队读报组中粗通文

[①] 李迢.思绪如丝[M]//陕西日报社，延安时期新闻出版工作者西安联谊会.延安时期新闻出版工作者回忆录.[出版地不详]：[出版者不详]，2006：135.

[②] 胡绩伟.青春岁月：胡绩伟自述[M].郑州：河南人民出版社，1998：204.

字的农民、士兵，都被动员起来给报社写稿。例如米脂县农民罗加雄从文盲成长为模范通讯员，县委通讯干事经常以他的事例鼓励群众，消除他们对写稿的畏惧感和自卑感；①吴堡县农民张国宝组织的读报组发展为著名的通讯组，《解放日报》专门做过长篇报道。②各家报社和各级党委宣传部门都把群众通讯工作看作头等大事，进行深入细致的组织、培养和指导，投入了大量的人力物力。曾任米脂县委通讯干事的常天禄回忆说："对那些初学写稿的同志和农民通讯员的来稿，要像老师给学生批改作业本一样，把一个个错别字、标点符号都改正过来，附上介绍写稿方法和鼓励他们继续努力写作的信件，把稿件退回。"③《解放日报》改版之后也大力开展通讯工作，在各个专区设立通讯处，特派记者必须兼顾采写新闻和培养通讯员等多项任务，博古对此有过一段生动的指示："我们不仅是带了笔自己去写，更需要培植当地的通讯员。只有依靠广大通讯员，报纸才能有群众基础……作为一个党报记者到地方上去采访，千万不要像公鸡那样跳到墙头上，咯咯咯地高啼几声，就拍拍翅膀跑掉了，而要像母鸡那样，每到一个地方就要下蛋孵小鸡。"④此外，报社还经常组织通讯员开会，由编委会报告形势，讲解新闻业务；编辑部认真修改通讯员稿件，来信必复；报纸推出新闻通讯专栏，指导写作，交流经验，评选优秀通讯员和通讯组。⑤

---

① 常天禄. 米脂的通讯工作［M］//陕西日报社，延安时期新闻出版工作者西安联谊会. 延安时期新闻出版工作者回忆录．［出版地不详］：［出版者不详］，2006：281.
② 薛文华. 我与《抗战报》［M］//陕西日报社，延安时期新闻出版工作者西安联谊会. 延安时期新闻出版工作者回忆录．［出版地不详］：［出版者不详］，2006：316.
③ 常天禄. 米脂的通讯工作［M］//陕西日报社，延安时期新闻出版工作者西安联谊会. 延安时期新闻出版工作者回忆录．［出版地不详］：［出版者不详］，2006：281.
④ 田方. 延安的记者生涯［M］//丁济沧，苏若望. 我们同党报一起成长：回忆延安岁月. 北京：人民日报出版社，1989：150.
⑤ 王敬. 博古与延安《解放日报》改版［M］//丁济沧，苏若望. 我们同党报一起成长：回忆延安岁月. 北京：人民日报出版社，1989：14.

▶第三章
新闻大众化：重建新闻公共性的思想资源

尤为重要的是，报社和党委之所以对群众通讯工作如此殚精竭虑，并非出于扩大新闻源的技术考虑，而是有着推动新闻大众化的理论自觉，正如曾任《晋绥日报》编辑的阮迪民所说："发展通讯队伍，依靠群众办报，绝不是编采力量薄弱情况下的补救措施或权宜之计，而是党的群众路线的工作作风和工作方法在报纸上的具体运用。归根到底，人民群众是报纸的主人，而报纸工作人员则是为人民群众服务的。"① 在这方面，陆定一的诠释尤为精练透彻，他明确提出必须"把专业的新闻工作者与非专业的新闻工作者结合起来"，"结合的方法就是：一方面，发动组织和教育那广大的与人民血肉相联的非专业的记者，积极地为报纸工作，向报纸报道他自己亲身参与的事实……另一方面，教育专业的记者，做人民的公仆，对于那广大的与人民血肉相联的人们，要做学生又做先生。做学生，就是说，要恭敬勤劳，向他们去请教事实的真相，尊重他们用书面或口头告诉你的事实真相；做先生，就是在技术上帮助他们，使他们用口头或书面报告的事实，制成为完全的新闻，经过这种结合，报纸就与人民密切结合起来了"。②

四、想象另一个新闻图景的可能性

上文从美国媒体漠视"民主之春"的案例切入，探讨了当代西方媒体普遍的公共性危机，即在市场逻辑和专业主义规范下，媒体结构性地偏向城市中产阶级和各路精英，忽视普通民众的声音。作为反例，上文描述和分析了延安时期呈现普通民众声音和意见的新闻大众化实践。

从上文的描述中可以发现，无论是改版期间的理论斗争还是改版后的

---

① 阮迪民.《晋绥日报》的主要经验和教训［M］//陕西日报社.延安时期新闻出版工作者西安联谊会.延安时期新闻出版工作者回忆录.［出版地不详］：［出版者不详］，2006：65-79.
② 陆定一.我们对于新闻学的基本观点［N］.解放日报，1943-09-01（4）.

组织动员，政党都发挥了关键作用，是延安新闻实践的核心角色。在延安时期，发动文化水平欠佳、政治意识薄弱的社会民众，尤其是数量庞大的农民群体，使他们从结构性的自在阶级转变为能动性的自为阶级，真正成为具有阶级自觉的革命的主体，无疑是当时革命斗争最核心的任务。为了实现这样的目标，报刊的大众动员能力必然为政党所倚重，新闻知识分子与社会民众的结合也是势在必行。

在延安时期，新闻工作者的角色和职能可以概括为"既当记者，又做工作"，他们的活动并没有局限在劳动分工所规定的专业畛域内，而是在政党的组织下深度参与社会生活和群众运动。在这一过程中，理论与实践、知识分子与底层之间的鸿沟趋于消弭，新闻工作者与政党、群众紧密结合、相互塑造，在运动中融合成一种新的"政治主体性"，由此超越了基于职业独立和自治的专业主义"主体性"。比如《解放日报》记者田方在绥德分区驻站期间，就与地方干部一起参与移民工作，并负责起草整体工作方案，甚至扮演了乡村医生的角色，从城里带回碘酒、红药水等常用药物，帮助妇女儿童治疗脓疮、头癣等疾病。"农民也不知道新闻记者是干什么的，都以为我是医生，我因此结交了好几位贫农朋友。"[①] 事实上，打破这种劳动分工（如消灭"三大差别"），将各个阶层组织到同一场运动之中，生成一种超越各自局限的主体性，恰恰是 20 世纪中国革命的宏伟目标之一，"发千古未有之大宏愿"[②]。也正是在这样的历史实践中，延安新闻人创造了上文所述的独特新闻范式。

我们在今天重提中国革命新闻业的"延安范式"，并不是要回到过去。实际上，当代中国和世界经历了深刻转型，构成"延安范式"的历史条件已经发生了巨大变化，简单重复延安时期新闻知识分子通过政党与大众结

---

① 田方.延安的记者生涯［M］//丁济沧，苏若望.我们同党报一起成长：回忆延安岁月.北京：人民日报出版社，1989：153.
② 韩毓海.人间正道是沧桑：纪念《在延安文艺座谈会上的讲话》发表 67 周年［N］.中国社会科学院报，2009-06-02（2）.

合的经验，在当前的政治环境和社会结构下并不现实。

不过，对于我们这个时代，"延安范式"或许仍然具有重要意义。这种新闻大众化的努力是中国新闻人在现代革命的历史实践中探索出的一种独特新闻规范，从价值理念到实践操作上更具民主进步的色彩。借用阿兰·巴迪欧（Alain Badiou）的说法，这个媒体世界的最大问题是不能想象另外一个世界，"不能想象这个世界之外的世界"[①]。正因为这样，我们需要"延安范式"这样的"他者"，需要回到历史脉络之中重新认识新闻的多样性和复杂性，使之成为我们反思当代媒体处境和知识状态的批判性资源。在很大程度上，对历史的认知状况，深刻影响着我们想象未来与改变世界的能力。

---

① 转引自：汪晖.别求新声：汪晖访谈录［M］.2版.北京：北京大学出版社，2010：51.

第四章
群众路线：党报根本理念的逻辑与实践

"党性原则"和"群众路线"是中国共产党理论中最为核心的一对概念范畴，新闻学界的既往研究更为侧重"党性原则""党管媒体"的面向，对"群众路线""群众性"的学术关注度略显不足。实际上，"群众路线"是中国共产党新闻宣传理念中的核心部分，也是新闻领域"党性与人民性相统一"的灵魂所在。"党性原则"的刚性规范必须与"群众路线"的价值诉求结合在一起，方能发挥其制度活力与效率。

本章以延安时期政党政治的革新为线索，对新闻领域群众路线的内在理路与运作机制进行梳理和分析。研究认为，延安时期中国共产党完善了群众路线的理论与实践，达成对列宁主义建党模式最重要的突破创新。作为党的宣传体系和组织体系的重要一环，党报在致力于推动群众路线的同时，新闻生产本身的逻辑也按照群众路线的原则进行了重构，形成新闻领域的群众路线，不仅在报道内容上以群众活动为中心，形式上符合群众口味，更为关键的是打破编辑部的专业壁垒，专业的新闻知识分子深入群众，参加实际工作，与社会大众深度结合，非专业的工农干部和群众被动员起来参与新闻活动。延安时期新闻业的群众路线蕴涵丰厚，涉及新闻报道的内容与形式、职业记者与业余通讯员、知识分子与工农干部、先锋队政党与群众等多重关系，不仅有成熟完备的理论作为指导，而且形成了一系列行之有效的新闻操作规范。

一、学术版图中的"群众"身影

党性与群众性是中国共产党新闻传统中一对重要的概念范畴,既往研究更偏重党性原则,而对群众路线的关注较为薄弱。以"延安新闻学"为例,晚近二十年关于延安时期中共新闻事业的研究侧重《解放日报》整风改版这一历史事件的探究,其中尤甚偏爱"党性"维度。这个学术脉络的代表性观点是,党报改造的目标是使报纸从形式、内容到体制完全成为党组织的喉舌,"真正的党报"与"完全的党报"意味着服从党的领导,即"党性"是构成中国新闻业"延安范式"的核心。[1] 其他学科研究者的延安论述中,在涉及新闻传播问题时同样瞩目"党性原则",强调政党意志对新闻业的主导。[2]

这样一幅学术图景,难免总体上给人一种新闻工作者处在政治高压下的刻板印象。[3] 但其实,当事人记忆中的景观却迥异其趣,如"令人陶醉的时期"、"充满欢乐和幸福的清凉山"[4]、"在党的哺育下奠定人生基础的美好时光"[5],等等。从诸多回忆录观之,这种愉悦感主要源自"为

---

[1] 黄旦.从"不完全党报"到"完全党报":延安《解放日报》改版再审视 [M] // 李金铨.文人论政:知识分子与报刊.桂林:广西师范大学出版社,2008:250-280.

[2] 朱鸿召.延安缔造 [M].西安:陕西人民出版社,2013:518-535.

[3] 这样的总体性评价,并不否认前述研究的真实性和学术洞见。实际上,上文列举的著述多为近年来该领域的佳作,对于各自讨论的问题均有经验史料的支撑,逻辑上也大多严谨合理,例如黄旦对《解放日报》改版的"再审视",广泛利用中共文件、报纸文本、回忆录、传记等多元史料,梳理颇为细致,阐释尤为精彩。此处的总体性评价意在说明,众多视角相近的研究叠加起来构成了一幅特征鲜明的学术图景。

[4] 乔迁.峥嵘岁月 [M] // 陕西日报社,延安时期新闻出版工作者西安联谊会.延安时期新闻出版工作者回忆录.[出版地不详]:[出版者不详],2006:129.

[5] 吴冷西.增强报纸的党性:清凉山整风运动回忆 [M] // 丁济沧,苏若望.我们同党报一起成长:回忆延安岁月.北京:人民日报出版社,1989:16.

> 第四章
群众路线：党报根本理念的逻辑与实践

人民服务"的职业伦理和群众性的新闻实践。① 以时任《边区群众报》记者李迢的话来说："群众，是一个庄严伟大的字眼。同他们共呼吸、共命运，为他们的美好未来而工作，是至今使我思念不止的——而且越来越觉得那样的人生是美好的。"② 实际上，走向民间、群众路线构成了延安时期新闻业引人瞩目的特色，这种独特的新闻范式正是通过整风改版确立起来的，如《解放日报》记者田方时隔多年之后回望道："延安整风给所有参与者留下的印象是永生不灭的……作为当时青年一代新闻工作者，就是在整风教育中，开始走上联系实际，深入群众，和工农兵结合之路的。"③

由上述粗略比照可知，眼下延安时期新闻史研究的学术版图，在一定程度上是失衡的。总体而言，延安时期的新闻业主要不是在政党与报社、新闻知识分子之间的关系上展开，彼时政党及其领导下的政权致力于动员民众参与抗战、建立新中国，在1942年春夏之际短促而有效地确立了新闻宣传领域的治理规范之后，余下五年"漫长"新闻实践的主题是全党办报、群众办报，最受推崇的新闻活动主体是工农兵通讯员。

关于当前学术表达与历史实践之间的脱节，已有研究者指出学界过于偏重党性原则而忽略群众性原则的问题。④ 在两者的关系上亦有新看法提出，认为群众性、群众路线才是形塑于延安时期的中共新闻传统的灵魂，是"更原始、也更根本的部分"，党性原则毋宁是一种工具性的

---

① 例如《延安时期新闻出版工作者回忆录》（2006），该书收录的80余篇文章充满着对延安时期的深情缅怀，"群众"是高频语汇。另可参见《我们同党报一起成长：回忆延安岁月》、《延安记者》（田方、午人、方蒙主编，1993）、《五十年华（1940—1990）》（陕西日报社编印，1990）等回忆性文集。
② 李迢.思绪如丝［M］//陕西日报社，延安时期新闻出版工作者西安联谊会.延安时期新闻出版工作者回忆录.［出版地不详］：［出版者不详］，2006：137.
③ 田方.延安的记者生涯［M］//丁济沧，苏若望.我们同党报一起成长：回忆延安岁月.北京：人民日报出版社，1989：154-155.
④ 王润泽，余玉.群众：从"教育"，"反映"到"学习"的对象——党报群众性原则嬗变轨迹解读［J］.国际新闻界，2014，36（12）：68-83.

政治要求与组织保障。①不过，迄今为止对于延安新闻业群众性理念与实践的学术考察仍然有待深化，尤其是群众性、群众路线与党性、政党政治之间复杂关系的探析。本章尝试以中国共产党作为一个马克思列宁无产阶级政党的进化革新为线索，梳理和分析延安时期《解放日报》整风改版以及由之带来的党报范式裂变，重点考察新闻领域群众路线的内在机理。

二、《解放日报》改版的党性和群众性

《解放日报》改版的显著特征是增强党性，如前所述，学界对此已有较多探讨。党性原则并非本章论述的重点，但由于关涉一些重要背景，仍然有必要从政党政治的角度加以扼要交代。党性原则的集中化含义，典型地体现在1942年8月29日的政治局决议中，即报纸"应当在党的统一领导下进行"②。对于这一要求，毛泽东在当年的中共中央西北局高级干部会议上作出解释，"党是管一切的……党以外的一切其他组织，通过他的党员，一切要归党领导"③。

"党是管一切的"，即明确了问题的关键。军队、政府、群众团体、文学艺术、新闻宣传等领域及组织，"一切要归党领导"，这是列宁式政党民主集中制之"集中"方面的要求，也是延安时期党报改造和整风运动的一个要旨。延安整风在很大程度上正是中国共产党的自我强化过程，如毛泽东在中共中央西北局高级干部会议上的演讲，是让全党"更加布尔什维克化"。朱德也曾概括说，整风运动的目标是"使全党走上完全布尔什维克化的

---

① 王维佳."党管媒体"理念的历史生成与现实挑战［J］.经济导刊，2016（4）：28-31.
② 王敬.延安《解放日报》史［M］.北京：新华出版社，1998：40.
③ 毛泽东.布尔什维克化十二条：在西北局高干会议上的报告（1942年11月23日）［M］//战无不胜的毛泽东思想万岁：第二册.［出版地不详］：［出版者不详］，1967：229.

第四章
群众路线：党报根本理念的逻辑与实践

道路"①。

在这次演讲中，毛泽东反复提及两个中央文件——《中共中央关于增强党性的决定》（1941年7月1日）和《关于统一抗日根据地党的领导及调整各组织间关系的决定》（1942年9月1日），这是指导整风运动的"二十二个文件"之两篇，高度体现了列宁主义的建党原则，甚至非常接近列宁的表述。如，"更进一步的成为思想上、政治上、组织上完全巩固的布尔塞维克的党，要求全党党员和党的各个组成部分都在统一意志、统一行动和统一纪律下面，团结起来，成为有组织的整体……把个人利益服从于全党的利益，把个别党的组成部分的利益服从于全党的利益，使全党能够团结得像一个人……在党内更加强调全党的统一性、集中性和服从中央领导的重要性……严格遵守个人服从组织，少数服从多数，下级服从上级，全党服从中央的基本原则"②。再如，"党是无产阶级的先锋队和无产阶级组织的最高形式，他应该领导一切其他组织，如军队、政府与民众团体"③。

延安整风使中共在思想和行动上更具统一性，形成了强大的"组织的整体性"（organizational integrity）④，这是列宁无产阶级政党的显著特征。不同于议会框架下的选举型政党，列宁无产阶级政党是阶级"先锋队"或曰"先进部队"，具有明确的意识形态目标和政治价值，并以此凝聚职业革命家，形成纪律严明的政治组织，凭借组织的力量调动群众，酝酿势

---

① 朱德.纪念党的二十一周年[N].解放日报，1942-07-01（1）.
② 中共中央关于增强党性的决定（1941年7月1日）[M]//中共中央组织部，中共中央党史研究室，中央档案馆.中国共产党组织史资料：第8卷 文献选编（上）.北京：中共党史出版社，2000：571-573.
③ 中共中央关于统一抗日根据地党的领导及调整各组间关系的决定（1942年9月1日）[M]//中共中央组织部，中共中央党史研究室，中央档案馆.中国共产党组织史资料：第8卷 文献选编（上）.北京：中共党史出版社，2000：604.
④ JOWITT K. Soviet neo-traditionalism：the political corruption of a Leninist regime [J].Soviet Studies，1983（3）：275-279.

能，改造传统社会，创造理想的新世界。[1] 列宁式政党强调意识形态的纯洁性和组织纪律的严密性，使成员忠诚于组织的价值和目标，无条件服从组织安排，成为"超个人化"和"非个人化"的"齿轮和螺丝钉"。[2] 在政治学家塞缪尔·亨廷顿（Samuel Huntington）看来，由于具有超强的组织与社会动员能力，列宁式政党在许多后发国家成为推动现代化的一种历史选择，具有内在的合理性。[3]

从政党的角度而言，《解放日报》改版是延安整风的一部分[4]，也是整风初期的"第一个战役"[5]，实质上是调整报纸在党的组织体系中的位置，确立党对报纸在思想和组织上的领导，使之成为革命机器的有机组成部分，这也是中国共产党"布尔什维克化"改造的重要组成部分，如毛泽东所说："要达到改造党的目的，必须首先改造党报的工作。"[6] 改造的效果是显著的，就后来新闻业的群众路线而言，整风改版的确提供了重要的思想基础和组织保证，例如报社和新闻知识分子能够顺利接受政党要求的角色转换，从"无冕之王""启蒙教师"变为密切联系群众、向群众学习的"理发员"，从台前指点江山转到幕后组织通讯员、为工农干部修改稿件，这在以往是难以想象的。吴冷西曾回忆说，在《解放日报》改版之前，"个人主义、自由主义很厉害。对事对人都从个人的

---

[1] 修远基金会.群众路线：人民民主的当代实践形式［J］.文化纵横，2014（6）：18-26.
[2] 吕晓波.关于革命后列宁主义政党的几个理论思考［M］//周雪光.当代中国的国家与社会关系.台北：桂冠出版社，1992：196.
[3] 亨廷顿.变化社会中的政治秩序［M］.王冠华，刘为，等译.沈宗美，校.上海：上海人民出版社，2015：332-359.
[4] 陆定一.陆定一同志谈延安解放日报改版：在解放日报史座谈会上的讲话摘要［J］.新闻研究资料，1981（3）：1-8.
[5] 马驰，张喜华，黎辛.回望延安整风初期（上）：访谈前延安党中央《解放日报》文艺编辑黎辛［N］.社会科学报，2009-11-26（8）.
[6] 中共中央文献研究室.毛泽东年谱（1893—1949）：中卷［M］.修订本.北京：中央文献出版社，2013：367.

> ▶ 第四章
> 群众路线：党报根本理念的逻辑与实践

兴趣、利益、得失出发，自高自大，有的甚至可以说相当狂妄，自己写的稿子别人改一字都不答应。许多人自由散漫，毫无纪律观念，想干什么就干什么，想说什么就随便说，个人服从组织，下级服从上级的观念很差"。①

党性原则固然是《解放日报》改版的显性诉求，不过群众性原则同样是重要指向，而且在延安后期蔚然成为新闻业的主流，这是既往关于改版的"事件史"研究较为忽视的。事实上，《解放日报》改版的直接导火索，恰与脱离群众有关。1942年1月，任弼时的秘书师哲给党中央写去一封长信，批评《解放日报》过于"洋"派，国际新闻繁多，边区实际和群众生活稀少。1月24日，第一次集中讨论《解放日报》问题的政治局会议上，毛泽东让人念了师哲的意见书。②这次会议拉开了党报改版的序幕，在此后的几次关键节点上，群众性与党性往往相提并论。例如在2月11日的政治局会议上，毛泽东对《解放日报》的缺陷症结与改造办法做出详细阐述，批评报纸大量转载国内外通讯社稿件，"对我党政策与群众活动的传播，则非常之少"，今后应调整注意力，更多地"反映群众的活动，充实下层消息……成为贯彻我党政策与反映群众的党报"。③在3月8日四版的国际妇女节专刊上，毛泽东题词"深入群众，不尚空谈"，虽然是应蔡畅之邀而作，主要针对当时妇女运动脱离实际、脱离群众的问题，④但对革新

---

① 余振鹏，陆小华.新形势与党的新闻工作优良传统：吴冷西同志答问录[M]//田方，午人，方蒙.延安记者.西安：陕西人民教育出版社，1993：7.

② 吴葆朴，李志英.秦邦宪（博古）传[M].北京：中共党史出版社，2007：365.中国延安干部学院.延安时期大事记述[M].北京：中央文献出版社，2010：240.诸多回忆录和传记均采用这个说法，不过师哲本人并未提及此事，参见：师哲，李海文.在历史巨人身边：师哲回忆录[M].北京：九州出版社，2014.

③ 中共中央文献研究室.毛泽东年谱（1893—1949）：中卷[M].修订本.北京：中央文献出版社，2013：362.

④ 中国共产党史人物研究会.中共党史人物传：民运卷[M].精选本.北京：中共党史出版社，2010：460.

前夜的党报来说不无警示意味。在 3 月 11 日讨论博古改革方案的政治局会议上，毛泽东再次强调："报纸必须地方化，要反映地方情形。党报要反映群众，执行党的政策。"①

3 月 14 日致周恩来的电报，最能体现毛泽东这一时期的党报改造思路，他将《解放日报》改版的目标概括为一句话："使之增强党性与反映群众。"②由此可见，在全党整风的节点上，对党报进行实用化和集中化改造自然是当务之急，但这种改造从一开始就具有双重指向。毛泽东后来的一段话清晰地表明他对报纸"群众性"的看法，1944 年他与晋绥分局代理书记林枫谈话时，批评晋绥《抗战日报》大量刊载新华社文章，指出："不能给新华社办报，而是给晋绥边区人民办报，根据当地人民的需要（联系群众，为群众服务），否则便是脱离群众，失掉地方性的指导意义。"③

除了党中央和毛泽东的三令五申，希望党报更加反映群众、联系实际也是读者的要求。在正式改版前的二三月份，《解放日报》的《信箱》栏目刊登了多篇读者来鸿，而且在版面形式上给予较高规格，例如配发"编者按"，其中一则的措辞堪称恭敬之至："李微同志的意见，是完全正确的，我们也正是准备朝着这个方向走。"作者李微是一位机关职员，在他"完全正确"的意见中，对于报纸的批评与师哲相似，即国际消息"异常

---

① 中共中央文献研究室.毛泽东年谱（1893—1949）：中卷[M].修订本.北京：中央文献出版社，2013：367.
② 毛泽东.党报应吸收党外人员发表言论（1942 年 3 月）[M]//中共中央文献研究室，新华通讯社.毛泽东新闻工作文选.北京：新华出版社，2014：111.
③ 山西省出版史志编纂委员会，内蒙古《晋绥边区出版史》编委会.晋绥边区出版史[M].太原：山西人民出版社，1997：160.《晋绥日报简史》编委会.晋绥日报简史[M].重庆：重庆出版社，1992：13.

▶ 第四章
群众路线：党报根本理念的逻辑与实践

丰富"，不过"对于我日常工作和生活的联系，是少了一些"。①李微建议党报应该把实际工作中的经验和模范报道出来，以指导和推动工作，应当多反映群众情况，解决实际问题。这封读者来信很有代表性，其他几篇在内容上与之接近。②

改版前几天，记者莫艾在3月28日访问延安各界对报纸改革的意见，访问对象多达25种类型50余人次，报道开头说明《解放日报》是中共中央机关报，这次报道没有列举党中央的批评和建议，可见调查的定位是采集民意或曰"舆论"。在见报的篇章中，多有要求报纸反映群众的呼声，

---

① 关于国际报道的问题，有必要单独予以说明。重国际、轻边区，这是改版酝酿期间对《解放日报》最集中的批评之一，正如改版社论《致读者》所作的自我批评："我们以最大的篇幅供给了国际新闻，而对于全国人民和根据地的生活、奋斗，缺乏系统的记载。"这样的办报思路有一定的必然性。一方面，中国战场是世界反法西斯战争的组成部分，苏德战争与太平洋战争密切影响着中国局势，因此突出国际新闻不无道理。吴冷西回忆说，改版期间解放日报社内部曾讨论过这个缺点，一致认为版面上偏重国际问题有上述客观原因。另一方面，改版前报社的人员构成也导致了这样的局面，博古、杨松、余光生等主要负责人均为留洋归国的知识分子，对国际问题的知识和兴趣超过中国实际。杨松曾对张仲实说："我们对于外国事情，还可谈几句；对于本国情形，的确一点都不熟悉。"加之采访通讯科力量薄弱，总共不到10人，基层通讯员又少，边区版时常出现稿荒。因此，弱化本地、突出国际也是办报条件所迫。改版后确立了以本国事务、边区实际为主的办报思路，大力开展通讯员运动，上述情形得以扭转。需要特别指出的是，改版后国际报道依然在《解放日报》占有相当篇幅和重要地位，不仅整个二版全为国际新闻，而且在"二战"结束之前仍有多达三分之一的头版头条为苏德战场、太平洋战场的进展。有研究者指出改版后国际新闻不能上党报头条，拒用国外通讯社稿件，认为这是新的教条主义、非此即彼的二元化思维，这样的判断与实际情况相去甚远。参见：吴冷西.增强党报的党性：清凉山整风运动回忆[M]//丁济沧，苏若望.我们同党报一起成长：回忆延安岁月.北京：人民日报出版社，1989：18.张仲实.悼杨松同志[N].解放日报，1942-11-27（4）.王润泽.重塑党报：《解放日报》改版深层动力之探析[J].国际新闻界，2009（4）：105-111.

② 参见《解放日报》相关文章：李微.一个机关职员对于本报的意见[N].解放日报，1942-02-08（3）.张宣.关于党八股[N].解放日报，1942-03-20（3）.牟原.对于本报改进的几点意见[N].解放日报，1942-03-22（3）.罗李王.对本报的一些意见[N].解放日报，1942-03-30（3）.

比如一位识字农民说"党报并没有说出老百姓的内心话",萧军建议报纸应该"群众化些,党的消息可占三分之一,群众性消息应占三分之二",延安大学在读生章铁认为反映农村生活的文章太少。[①]

林林总总的读者意见中,有一条值得特别注意,那就是读者温金德在给编辑部的信中写道:"我们党报的基本特点与外边报纸是完全不同的,我们党报是真正代表群众的喉舌,它是'眼睛向下'倾听群众的意见的。"[②]这封意见书刊登在正式改版前的3月22日,大概是关于党报"群众性"最早的规范性表述,而且出自一般读者之手,[③]不得不让人惊奇,或许可以说明延安时期理论思考的普遍性。直至4月1日改版社论《致读者》,由博古起草了一段关于报纸"群众性"的权威阐释,"密切地与群众联系,反映群众的情绪、生活需求和要求,记载他们的可歌可泣的英勇奋斗的事迹,反映他们身受的苦难和惨痛,宣达他们的意见和呼声。报纸的任务:不仅要充实群众的知识,扩大他们的眼界,启发他们的觉悟,教导他们,组织他们,而且要成为他们的反映者、喉舌,与他们共患难的朋友"[④]。在此后的一系列社论和专论中,这一观点被不断地申述和阐发。

明确"群众性"是党报整风改版的一个重要面向之后,仍有一些看似寻常却颇堪深究的问题——政党为什么如此强调报纸的群众性?如何"反映群众",通过什么途径,何种方式?例如仅就后者而言,20世纪80年代佳亚特里·斯皮瓦克(Gayatri Spivak)发出"底层能否说话"以及"知识

---

① 莫艾.本报革新前夜访询各界意见[N].解放日报,1942-04-02(2).
② 温金德.怎样发动更多人向党报踊跃投稿[N].解放日报,1942-03-23(3).
③ 该期报纸并未说明作者温金德的身份职务,当时有位抗大学员名叫温金德,为炮兵团指导员,新中国成立后曾任沈阳炮兵学院政治部副主任,参见:政协洪洞县文史资料研究委员会.洪洞文史资料:第14辑[M].[出版地不详]:[出版者不详],2002:57.
④ 社论:致读者[N].解放日报,1942-04-01(1).

▶第四章
群众路线：党报根本理念的逻辑与实践

分子能否为底层代言"的著名质问，[①]当代世界的劳动分工、知识分化更加细密，理论与实践、言说与行动、知识生产与社会生活之间愈发隔裂，斯皮瓦克的质问俨然成为难解谜题。在这样的历史时刻，重访延安时期新闻业的群众性实践，应能对当前的理论思考和政治行动有所启发，具有一定的现实意义。

三、群众路线的运作机理及党报角色

延安时期的中国共产党为何极为重视报纸的群众性？这个问题应从两方面解析：一是政党为何重视群众？二是在政党与群众的交往互动中为何凸显报纸的重要性？两者均指向延安时期中国共产党的政治创新——群众路线。

前文在讨论报纸的党性改造时，论及延安整风是一个列宁无产阶级政党的自我强化过程。在延安时期，中国共产党不仅推进了政党组织的集中化改造，而且通过群众路线实现了对列宁无产阶级政党建党模式的突破创新。关于列宁无产阶级政党尤其是苏联模式，海外学者较多持批评质疑立场，认为是"一个脆弱的政治组织"[②]，其致命缺陷是政治精英垄断权力，排斥群众的政治参与，造成信息流动的滞塞和决策体系的封闭，因而无法有效回应社会需求，很难适应环境的变化。[③]不过，一些研究中国共产党历史的学者发现，列宁无产阶级政党体制下仍有民众政治参与的成功经验，

---

① SPIVAK G. Can the subaltern speak? [M] //NELSON C, GROSSBERG L. Marxism and the interpretation of culture. London, UK: Palgrave Macmillan, 1998: 271-314.
② 闫健.中国共产党转型与中国的变迁：海外学者视角评析[M].北京：中央编译出版社，2013：75-85.
③ DICKSON B. Democratization in China and Taiwan: the adaptability of Leninist parties [M]. Oxford: Clarendon Press, 1997: 2. DICKSON B. Red capitalists in China: the party, private entrepreneurs, and prospects for political change [M]. New York: Cambridge University Press, 2003: 10.

典型就是延安时期的群众路线。尽管有论者认为马克思、列宁已经为群众路线奠定了理论基础，[1]但更多的研究者强调毛泽东的群众思想、中国共产党的延安实践与苏联列宁主义体制的差异。[2]无论如何，一个公认的事实是，群众路线在延安时期达到理论和实践上的成熟完善，对中国革命乃至第三世界产生巨大影响，群众路线也成为毛泽东对马克思主义最具原创性的贡献。[3]

群众路线包含双重内涵：一个是"一切为了群众，一切依靠群众"的群众观点，另一个是"从群众中来，到群众中去"的工作方法。[4]前者是群众路线的政治哲学基础，源自历史唯物主义世界观。在马克思主义学说中，那些被社会心理学描绘为"乌合之众""暴民"的普罗大众[5]，第一次成为代表人类社会发展方向的历史主体，人民群众构成"历史的真正的最

---

[1] MEISNER M. Dazhai：the mass line in practice［J］. Modern China，1978，27（1）：27-62. SELDEN M，EGGLESTON P. The People's Republic of China：a documentary history of revolutionary change［M］. New York：Monthly Review Press，1979：16-18. 马克思、恩格斯、列宁关于群众路线的论述，参见：中共中央文献研究室.论群众路线：重要论述摘编［M］.北京：中央文献出版社，党建读物出版社，2013：1-16.

[2] 例如魏斐德.历史与意志：毛泽东思想的哲学透视（插图本）［M］.李君如，等译.北京：中国人民大学出版社，2005：320-324. 费正清，费维恺.剑桥中华民国史（1912—1949）：下卷［M］.刘敬坤，叶宗敏，曾景忠，等译.北京：中国社会科学出版社，1994：935-937. 关于群众路线与马克思主义传统的关系，毛泽东本人也有过不同的表述，有时强调是中国共产党的独特发明，有时则强调是对苏联经验的继承发展，参见：斯塔尔.毛泽东的政治哲学［M］.曹志为，王晴波，译.北京：中国人民大学出版社，2006：118.

[3] ZARROW P. China in war and revolution（1895-1949）［M］. New York：Routledge，2005：333-335.

[4] 景跃进."群众路线"与当代中国政治发展：内涵、结构与实践［J］.湖南科技大学学报（社会科学版），2004（6）：5-14.

[5] 群众心理学代表性理论家包括柏克、托克维尔、勒庞、塔尔德、弗洛伊德、加塞特、莫斯科维奇等，代表性著作如：勒庞.乌合之众［M］.陆泉枝，译.上海：上海译文出版社，2019. 莫斯科维奇.群氓的狂欢［M］.许列民，薛丹云，李继红，译.北京：中国法制出版社，2019. 加塞特.大众的反叛［M］.张伟劼，译.北京：商务印书馆，2021.

第四章
群众路线：党报根本理念的逻辑与实践

后动力的动力"①，"决定历史结局的是广大群众"②。毛泽东尤为重视人民群众的首创精神，赞颂"群众是真正的英雄"③，理论上的群众路线和实践中的群众运动也是延安时期引人瞩目的特点。这样的历史观与世界观引出群众路线中的群众观点，即作为无产阶级先锋队的中国共产党"是人民群众在特定历史时期完成特定历史任务的一种工具"④，"共产党是为民族、为人民谋利益的政党，它本身绝无私利可图"⑤。延安时期，刘少奇在七大所作修改党章的报告中，对群众观点作出了系统阐述："一切为了人民群众的观点，一切向人民群众负责的观点，相信群众自己解放自己的观点，向人民群众学习的观点，这一切就是我们的群众观点，就是人民群众的先进部队对人民群众的观点。"⑥

作为一种工作方法的群众路线，虽然在江西时期甚至更早的井冈山时已经初具雏形，⑦但第一次形成系统表述并大规模付诸实践，是在延安整风期间。1943 年，在为中共中央起草的一份关于领导方法的文件中，毛泽东对群众路线作出了经典的诠释⑧：

> 在我党的一切实际工作中，凡属正确的领导，必须是从群众中

---

① 恩格斯.路德维希·费尔巴哈和德国古典哲学的终结（1886 年）[M]//中共中央马克思恩格斯列宁斯大林著作编译局.马克思恩格斯文集：第 4 卷.北京：人民出版社，2009：304.
② 列宁.俄共（布）中央委员会的政治报告（1922 年 3 月 27 日）[M]//中共中央马克思恩格斯列宁斯大林著作编译局.列宁专题文集：论社会主义.北京：人民出版社，2009：333.
③ 毛泽东选集：第 3 卷[M].2 版.北京：人民出版社，1991：790.
④ 邓小平文选（一九三八——一九六五年）[M].北京：人民出版社，1989：206.
⑤ 毛泽东选集：第 3 卷[M].2 版.北京：人民出版社，1991：809.
⑥ 刘少奇选集：上卷[M].北京：人民出版社，1981：354.
⑦ 群众路线的渊源流变并非本书论述重点，可参见：施拉姆.毛泽东的思想（插图本）[M].田松年，杨德，等译.北京：中国人民大学出版社，2005：29-47. 李里峰."群众"的面孔：基于近代中国情境的概念史考察[M]//王奇生.新史学（第 7 卷）：20 世纪中国革命的再阐释.北京：中华书局，2013：31-60.
⑧ 毛泽东选集：第 3 卷[M].2 版.北京：人民出版社，1991：899-900.

来，到群众中去。这就是说，又到群众中去将群众的意见（分散的无系统的意见）集中起来（经过研究，化为集中的系统的意见），作宣传解释，化为群众的意见，使群众坚持下去，见之于行动，并在群众行动中考验这些意见是否正确。然后再从群众中集中起来，再到群众中坚持下去。如此无限循环，一次比一次更正确、更生动、更丰富。

从群众中集中起来又到群众中坚持下去，以形成正确的意见，这是基本的领导方法。

由这段表述可见，群众路线的核心是规范政党（先锋队）与群众之间的关系，强调两者之间的交往互动，党的政策路线的合理性和合法性，必须奠定在广泛吸纳群众意见的基础之上，而且要在群众实践之中进行检验和修正，因此蕴含着群众的政治参与。不过，这种政治参与并没有消解政党的先锋性，政党仍是实践群众路线的主体，领导干部必须积极主动地联系群众、深入实际。国统区记者赵超构1944年在延安实地观察之后，曾做出一个敏锐的比较："倘若说我们社会的人才流动，有如选手制度，向大都会集中，则共产党的干部政策恰是相反。他们的方针是优秀干部向群众中去，向四方分散开来。"[1]

从实践层面而言，群众路线是一个典型的信息（意见）流动过程。在延安时期，政党和行政机构的职责权限有着清晰的区分，政党的主要任务在于宏观把握而非具体执行——对整体情况进行调查研究，在此基础上制定政策及实施办法，并检验政策方针的实际执行情况，因地因时加以修正或推进。如一篇重要社论所说："党的领导机关的任务，在于了解情况，掌握政策……应和政府建立正确的关系，不代替政府工作……要从琐事堆中解放出来，要多进行调查研究，多思考，多解决有关政策的问题。"[2] 在延安时期，事务主义和官僚主义在政党内部是被严厉批判的，调查研究则

---

[1] 赵超构.延安一月[M].北京：中国国际广播出版社，2013：91-92.

[2] 社论：提高领导改造作风[N].解放日报，1942-11-10（1）.

第四章
群众路线：党报根本理念的逻辑与实践

被提升到非常高的地位，全党大兴调查研究之风。[1]可见，在政党的基本任务和日常工作中，信息（意见）的获取与传达至为关键，而群众路线实际上正是一种独特的信息（意见）流动过程。在这个过程中，作为当时最主要的现代化大众传播媒介，报纸的作用至关重要。正如《解放日报》采访通讯部部长裴孟飞所说："（党报）是'集中起来坚持下去'的最有力武器之一……因为它集中的意见最广泛，发行范围也最广泛，时间上也最迅速。"[2]

关于报纸对党的群众路线的作用以及运作方式，社论《新闻必须完全真实》曾作出详细解释[3]：

> 党对群众运动的领导，就是"集中起来，坚持下去"，或者是"从群众中来，到群众中去"。所谓集中起来，或者从群众中来，对于运动来说，就是从当时当地的群众中，发现每一项工作的好的典型或坏的典型，好的办法或坏的办法，研究其所以好或所以坏的原因，从这里来发现运动的规律。所谓坚持下去，或到群众中去，就是研究出规律与办法之后，把它传布出去，在工作中实行起来。这种领导方法，与教条主义或狭隘经验主义的领导根本不同。在党的这种领导之下，我们的记者、通讯员，我们的报纸，担负了很大的任务。我们的记者与通讯员写来的新闻，经过报纸传出去，使大家有所效法，有所警戒，这个过程就是集中起来、坚持下去的过程中的重要的一部分，也就是党对于运动的领导的工作过程中的重要一部分。

---

① 中共中央关于调查研究的决定（1941年8月1日）[M]//中共中央文献研究室，中央档案馆.建党以来重要文献选编（1921—1949）：第18册.北京：中央文献出版社，2011：530-533.
② 裴孟飞.贯彻全党办报与培养工农通讯员的方针[N].解放日报，1943-08-08（4）.
③ 社论：新闻必须完全真实[N].解放日报，1945-03-23（1）.

概言之，在群众路线的信息流动过程中，报纸是关键的媒介和渠道，也正是在这个意义上，社论提出新闻报道必须实事求是，"求得新闻的完全真实"。从"集中起来"即信息上达的角度而言，"党的领导机关，把报纸上的材料作为决定政策的依据材料之一，甚至有时作为主要材料，如果我们反映的材料不够真实，党的决策就可能发生错误"①。毛泽东也表达过类似的观点，1944 年他对解放日报社和新华社全体人员说："中央了解国内外情况有许多来源，但是，主要靠你们，别的方面来的东西也有一些，但是不多，主要还是靠你们。"② 从"坚持下去"即信息下达的角度来说，由于党报文章接近于官方文件的权威地位，也要求新闻报道做到"完全诚实完全负责"，如果报道失实，"那么读报的人就会在工作中走错路……影响到工作和党的领导"。③

四、新闻领域群众路线的多重蕴涵

上文剖析了中国共产党重视报纸"群众性"的诸般原因，紧接而来的是具体操作问题，即报纸如何反映群众，如何做群众的喉舌？在延安时期，作为政党宣传和组织体系的重要一环，党报在致力于推动群众路线的同时，新闻生产本身的逻辑也按照群众路线的原则进行了重构，形成了新闻领域的群众路线。下文结合当时的文字论述和实际运作，对延安时期新闻业群众路线的内涵进行简要概括。

---

① 本报采访通讯工作简略总结［N］.解放日报，1945-03-23（4）.
② 岳颂东，王凤超.延安《解放日报》大事记（续）（1941.5.14—1947.3.27）［J］.新闻研究资料，1984（Z1）：74-120.胡乔木在 20 世纪 80 年代介绍过中国领导层获得信息的诸多渠道，包括党政机关工作汇报、开会、实地考察、咨询机构报告、专家研究成果、群众信访、新闻媒体等，这个介绍或许有助于了解延安时期情形。参见：胡乔木.中国领导层怎样决策：1989 年 3 月 4 日在美国访问时所作的学术讲演［M］//胡乔木.胡乔木文集：第 2 卷.北京：人民出版社，2012：282-289.
③ 社论：新闻必须完全真实［N］.解放日报，1945-03-23（1）.

▶ 第四章

群众路线：党报根本理念的逻辑与实践

第一，在报社方面，新闻工作者的使命是为群众代言。记者莫艾与一位农民的对话，生动地体现了这种职业规范①：

> 南区居民老杨虽然扶着锄头，仰天的哈哈大笑把他的身体也扭弯了："咱一个字也不识问，怎提咱对报纸的意见来？"
>
> "不，老乡！"我对他说，"报纸不仅是给大家看的，并且是给大家说话的。譬如你种地有些什么困难，你对公家人有些什么意见，你告诉报馆，报馆就把你的话在报上发表，等到大家知道了，不是问题就容易解决了么？你是和报纸有关系的呵！"
>
> "哦！真的么，报纸会发表咱们的意见，替咱们言传吗？真是好极了！那末……"
>
> 老百姓肚皮里有意见，需要报纸帮他"言传"。

莫艾这种"替群众言传"的认识，以及在这种认识指导下深入群众的实践，在改版之前的新闻知识分子之中并不多见，因此在整风改版、走向民间的氛围中，莫艾成了新闻界领风气之先的模范人物。4月4日改版后的第一次编委会上，博古和余光生强调记者要深入民间，反映工农兵生活，特别表扬莫艾扎根群众的采访作风。②4月30日，莫艾对普通农民吴满有的报道，破天荒地登上了《解放日报》的一版头条，引起强烈反响，莫艾也获誉"首席记者"③，并在文艺座谈会上得到朱德的专门表扬，被赞为知识分子与工农群众相结合的典型。④整风改版之后，新闻工

---

① 莫艾.本报革新前夜访问各界意见［N］.解放日报，1942-04-02（2）.
② 王凤超，岳颂东.延安《解放日报》大事记（1941.5.14—1947.3.27）［J］.新闻研究资料，1984（7）：125-175.
③ 吴葆朴，李志英.秦邦宪（博古）传［M］.北京：中共党史出版社，2007：390.
④ 黄钢.八次见到毛泽东（节录）［M］//齐志文.记者莫艾.北京：光明日报出版社，2010：213.

作者为了准确地反映群众生活和实际工作情况，确立了走出编辑部、深入田间地头的工作作风。党对领导干部的"三同"（与群众同吃、同住、同劳动）要求，也成为延安时期记者的采访准则。《解放日报》记者杨永直多年后回忆道："我习惯了在老百姓家里睡滚烫的热炕，学会了用树枝削成的筷子吃荞麦面，我与老乡一起聊天，很有兴趣地吸着他们的旱烟袋。我放下了大学生的架子，不嫌脏、不怕苦……我在党报的工作中，磨练成长起来。"[1]

与此同时，记者也并非"客观""中立"的观察者、记录者，而是"既当记者，又做工作"，[2] 从躬身参与的实际工作之中发现材料、反映报道，如《解放日报》记者田方参与习仲勋领导的绥德分区移民工作，在组织发动中采写了米脂县移民的新闻报道和《马丕恩在召唤》等通讯。[3] 延安时期还强调职业记者编辑以主要精力组织通讯员，教会群众写稿，帮助通讯员修改稿件。以整风的观点看，"给工农同志的文章做'理发员'，实际上也是向工农同志学习的一种方法"[4]。

不光是报社的新闻知识分子，在开门办报的方针下，所有知识分子都应当"替百姓言传"，如《解放日报》社论曾发出号召："散布在全边区各个角落里的小学教师和分派到县区乡上去参加党政工作的知识分子同志……请尽量使用自己的笔来替群众讲出他们所要讲的话吧！"[5] 需要指出的是，相比五四新文化运动及"左联"时期左翼知识分子描写底层、创作通俗作品等文化实践，延安新闻业的群众路线及大众化运动具

---

[1] 杨永直.我在延安《解放日报》的日子[N].解放日报，2004-04-27（8）.杨永直在延安时期曾任《解放日报》记者、采访通讯部主任，新中国成立后曾任上海《解放日报》社长兼总编辑、中共上海市委宣传部部长。

[2] 《晋绥日报简史》编委会.晋绥日报简史[M].重庆：重庆出版社，1992：77-79.

[3] 田方.延安的记者生涯[M]//丁济沧，苏若望.我们同党报一起成长：回忆延安岁月.北京：人民日报出版社，1989：150-154.

[4] 柯仲平.在写作上帮助工农同志[N].解放日报，1942-10-17（4）.

[5] 社论：展开通讯员工作[N].解放日报，1942-08-25（1）.

▶第四章
群众路线：党报根本理念的逻辑与实践

有质的差异。借用延安整风的术语，群众路线一方面是政党鼓励和帮助工农群众提高文化水平，实现这个阶级的"知识化"；另一方面是知识分子在政党的引导下走向民间，在思想观念、伦理道德和行为方式上趋向与群众"真正的结合"，完成自身的"革命化""无产阶级化"，这与五四和"左联"时期知识分子以启蒙教师的"客居心态"[①]下乡采风相去甚远。

第二，在群众方面，鼓励和帮助群众自己发言。为了反映群众的真实情况、解决群众问题，新闻报道不能成为少数职业新闻人的"个人创作"。时任军委秘书长兼总政治部宣传部部长的陶铸曾撰文呼吁"必须打破知识分子能孤立地把报纸办好的才子式幻想"，相反，"应该大胆信任群众的能力，着重发动群众积极写稿，组织广大的群众通讯员，使报纸成为群众自己的舆论机关"。"机关报"因此成为一个贬义词，"战士们嘲笑这样由少数机关人员办的脱离群众的报纸"。[②]在胡乔木看来，群众性构成了新党报与旧观念的根本分野，"旧的传统是：报纸只谈上层人物的活动，或者登载仅供消遣的社会新闻……因此，报纸只是报馆工作人员的工作……现在已经到了彻底改变这种旧传统旧观念的时候了。要使报纸成为我们改进工作的工具，就要使报纸的工作带有深厚的群众性；每个机关、每个乡村、每个部队、每个学校、每个工厂，都有报纸的通讯员、撰述员、热心关切报纸的人"[③]。

在文化教育极端落后的陕甘宁边区，边区政府大力推动正规的国民教育以及夜校、冬学、识字组等社会教育，致力于"消灭文盲，提高大众

---

① 这是整风期间周立波的自我批评，参见：立波.后悔与前瞻［N］.解放日报，1943-04-03（4）.
② 陶铸.关于部队的报纸工作［N］.解放日报，1944-12-21（4）.本节关于陶铸的引文均来自此处，此后不再赘列。
③ 社论：报纸和新的文风［N］.解放日报，1942-08-04（1）.

政治文化水平"[①]。1944年边区政府发动乡村建设"十一运动"[②],甚至提出了"每人识一千字"的宏伟目标,"要办到每乡一个民办学校、夜校、识字组、读报组、黑板报、秧歌队……在五年十年之内,我们如能达到边区每个人识一千个字的目标,那末全中国任何大城市(如上海、广州、天津等)所从来没有做到的事情,就可以在文化素质素来落后的边区首先实现了"。[③] 在新闻实践中,一些能为报纸写稿的工人、农民和战士获得报社和党组织的隆重嘉奖,被树立为工农通讯或学文化的模范典型,在地方党报甚至《解放日报》上予以报道推介。[④] 经过不断的尝试,延安时期逐渐摸索出大众黑板报这个群众发言的最有效途径,并在基层社会以群众运动的方式加以普遍推行。不过鉴于边区的实际文化状况,延安时期更侧重于培养出身工农、参与实际工作的基层党政干部学习写作。

第三,在管理方面,实行首长负责制。群众路线作为一种领导方法,宗旨是回应群众需求,形成正确意见,更好地开展工作。对群众分散的、无系统的意见进行调查研究,形成集中的、系统的"正确意见",职业新闻人、业余通讯员固然是重要中介,但"先锋队"的党政军首长无疑负有

[①] 陕甘宁边区政府教育厅.边区教育宗旨和实施原则(草案)(1940年)[M]//陕西师范大学教育研究所.陕甘宁边区教育资料:教育方针政策部分(上卷).北京:教育科学出版社,1981:134.关于延安时期普及教育的研究,参见:王玉钰.抗战时期陕甘宁边区社会教育研究[M].北京:中国社会科学出版社,2015.朱庆葆,陈进金,孙若怡,等.中华民国专题史:第10卷 教育的变革与发展[M].南京:南京大学出版社,2015:270-301.

[②] "十一运动"包括:一、每户有一年余粮;二、每村有一架织布机;三、每区有一处铁匠铺,每乡有一个铁匠炉;四、每乡有一处民办学校和夜校;五、每人识一千字;六、每区有一处卫生合作社,每乡有一个医生,每村有一个接生员;七、每乡有一处义仓;八、每乡有一副货郎担;九、每户有一牛、一猪;十、每户种一百棵树;十一、每村有一眼水井,每户有一处厕所。参见:延安市政协文史资料委员会.延安文史资料:第2辑[M].[出版地不详]:[出版者不详],1985:136.

[③] 社论:十一运动[N].解放日报,1944-09-15(1).

[④] 例如:薛文华.张国保读报组[N].解放日报,1945-10-08(4).马少堂.农妇通讯员李锦秀[N].解放日报,1946-09-08(2).

▶第四章
群众路线：党报根本理念的逻辑与实践

重要责任。在延安时期，各级领导干部尤其是基层负责同志，对辖区的新闻通讯工作直接负责，不仅组织发动通讯员写稿、布置写作计划、签字审稿，而且对于本地重要的、综合性的稿件往往亲自动手。

全党办报、群众办报都依托党的组织系统加以推动，这也要求各级党委负起领导责任，各地通讯组织的开展情况以及写稿的数量和质量，被列为考核干部的依据，成为上级组织给予的任务。报纸工作因此不仅仅是专门的党政宣传部门的业务，还是各级党政首长的分内之事。解放日报社设立在各分区的通讯站，仅在业务上接受报社指导，在组织和政治上则服从地方党委管理。如前所述，这也是列宁式政党一元化领导的题中之义。

第四，报道内容和形式贴近群众。内容上以群众为中心对象，改版前《解放日报》的边区报道"生活于会议当中，对广大群众性的事情却少注意"[1]，记者的眼睛"向上看，向会议记录看，向文件报告看"[2]。改版期间，解放日报社采访通讯部曾与"青记"（中国青年新闻记者学会）联合召开座谈会，讨论的主题之一就是新闻的主要内容应该是群众生活还是会议。经过整风改版后，党报确立了新闻采写的群众路线，即以群众生活和工作为中心，如陶铸所言："最有价值的报道乃是群众的创造和群众运动中的典型事物。群众的创造才能是丰富的，从这里经常能出现'伟大的事物'。问题是我们如何去发现，反映报道出来，做到'从群众中来，到群众中去'，这要求我们深入群众，熟悉群众，与群众心心相印，看出并重视群众的创造的萌芽，加以发扬光大，使它条理化、系统化，然后散播到群众中去。"《解放日报》的一篇重要文章，曾以一连串的惊叹号发出动员："'等电话通知'的时代过去了！'坐在机关里抄决定'的时代也过去了！主动地深入群众采访的时代到了！我们必须真正实行新闻下乡！新闻入伍！"[3]

---

[1]　西北局宣传委员会　检讨本栏和群众报［N］.解放日报，1942-03-20（4）.
[2]　邓仪.新闻观点与采访路线［N］.解放日报，1943-04-08（4）.
[3]　邓仪.新闻观点与采访路线［N］.解放日报，1943-04-08（4）.

形式上则要求通俗朴素,为群众喜闻乐见。陶铸认为,报纸"不仅要给群众以需要的内容,并给群众以需要的形式,才能达到目的,完成职责。所谓群众的形式,就是群众看得懂并看得有味的形式"。他提倡《边区群众报》的做法,即学习群众的语言,多用俗语,减少抽象无味、晦涩难懂的术语。时任《边区群众报》编辑的郑育之曾回忆说,报社当时订了一条规矩,每出一期报纸都将稿件念给不识字或识字少的本地同志(如烧饭师傅、勤杂人员),他们听懂了才算定稿,如果他们说"一满解不下"(陕北方言,大意为"完全听不懂"),就得重写或大修改,所以报纸办得生动活泼、通俗易懂。[1] 也就是说,改版前《解放日报》令人"望洋兴叹"的文风必须革新,应照顾到大多数工农出身的读者的口味,而不以记者编辑等少数知识分子的趣味为标准。陶铸打了一个比喻,既然在"群众的菜馆当厨子,就绝不能弄只有少数编辑者所爱吃的那样做法的菜,强迫大家吃,反之,他应服从大家的口味"。

上述实践层面的规范要点之中,其实蕴含着群众史观的思想底色。例如,开展工农通讯员运动的前提是"大胆信任群众的能力",即认为写稿、作文章乃至广义上的文化活动并非知识分子的苑囿,劳动人民完全有能力在革命进程中接受教育,成长为文化生活的主人。而且"从文化的历史意义上说",劳动人民成为"堂奥"的主人,"是使人类生活达到合理的,幸福的必经的道路"。[2] 又如,新闻报道的内容和形式以群众为中心,乃是出于人民群众是历史的主体,"事业是群众的事业,历史是群众的历史",而不是少数英雄豪杰的丰功伟业,因此"我们的记者"不能走聚焦领袖、高层、元帅、将军的上层路线,相反,"萦绕于他们胸怀和笔端的是千千万万的群众,特别是群众中涌现出的富有创造力和勇敢精神的真正

---

[1] 郑育之.《边区群众报》诞生前后 [M] // 陕西日报社,延安时期新闻出版工作者西安联谊会.延安时期新闻出版工作者回忆录. [出版地不详]: [出版者不详],2006:8.

[2] 陈企霞."理发员"和他的工作 [N].解放日报,1942-10-08(4).

的群众英雄"。①

  概言之，由于报纸在中国共产党宣传和组织体系中的重要性，政党工作思路的调整，势必要求新闻操作模式的改变，形成新闻宣传领域的群众路线。从上述提炼可知，延安时期新闻业的群众路线蕴涵丰厚，涉及内容与形式、职业记者与通讯员、知识分子与工农干部、先锋队政党与群众等多重关系，不仅有成熟完备的理论作为指导，而且形成了一系列行之有效的新闻操作规范。

---

① 总政宣传部.苏联的军事宣传与我们的军事宣传［N］.解放日报，1943-03-03（4）.

第五章
全党办报：概念起源与早期实践新考释

"全党办报"可谓中国特色新闻学的一个标识性概念，对当代新闻宣传实践仍有深刻的影响。不过迄今为止，关于"全党办报"仍有一些基本问题有待厘清和开掘，比如概念的起源问题。学界的一个共识是将概念的文本来源追溯至1944年2月16日，认为当天《解放日报》社论《本报创刊一千期》"首次正式公开提出"这个专有名词。实际上，此前半年间"全党办报"早已频繁见诸报端。即此一端，可知相关研究至少在材料方面尚存粗疏之处，进而妨碍话题讨论的深入推进。

本章重新考证了"全党办报"的概念起源问题，指出该固定表述"首次提出"的时间早于学界公认的《本报创刊一千期》，在此前的半年间"全党办报"已经成为《解放日报》的一个常用语汇，同时也在陕甘宁边区的党政系统中广为流行。考察新整理的材料发现，"全党办报"早期实践的着眼点在于党组织自身，运作机制是党报的平台化，报纸扮演党政系统交流经验的平台角色，发挥指导和推动实际工作的功能。"全党办报"兴起的深层逻辑是党的领导方法的革新，在"一般与个别相结合""领导和群众相结合""群众路线""一元化"等领导方法的开展过程中，作为当时最先进的现代化传播手段，报纸被赋予了特殊而重要的角色，由此带来党报实践的深刻变化。

一、重探经典概念的文本源头

"全党办报"是中国共产党新闻理论中最具特色的概念之一,也是中国共产党党报理论的精髓,这个形成于20世纪革命新闻实践的指导性原则,时至今日仍然深切影响着当代中国的新闻、舆论、宣传事业。比如,习近平总书记提出的"大宣传"理念,强调"做好宣传思想工作必须全党动手""动员各条战线各个部门一起来做",就体现着鲜明的"全党办报"的思想底色。[①] 在社会分工高度专业化、技术统治主义蔚为风行的时代,对"全党办报"理念的继承和创新发展,显现出中国新闻事业与政治传播的独特经验。

在新闻学界的研究中,"全党办报"同样是一个高频概念,新闻史、新闻理论与新闻业务的讨论对此多有涉及,堪称一个显要的研究话题。有学者以"如雷贯耳""无人不晓""震天价响"等词语,来描述"全党办报"在学术版图中的认知状况。[②] 不过迄今为止,关于"全党办报"仍有一些基本议题尚待厘清,比如概念的起源问题,既往研究在材料发掘和使用上即存在明显的粗疏之处,进而妨碍话题讨论的深入推进。本章以《解放日报》文本脉络为中心,重新考辨"全党办报"这一概念的提出与运用情形,并对历史背景和运作逻辑加以阐释,期冀为相关研究补益新的材料和视角。

学界过往关于"全党办报"的研究,主要凭借的史料有三份:一是1944年2月16日,《解放日报》刊登博古执笔的社论《本报创刊一千

---

① "大宣传"与"全党办报"的历史与理论渊源,已有研究者做过阐发,可参见:皇甫晓涛,王龙珺. 中国共产党大宣传工作理念的理论基础与历史实践 [J]. 当代传播,2022(4):43-47. 涂凌波. 中国共产党新闻工作观念的产生、制度化与历史实践 [J]. 人民论坛·学术前沿,2021(19):86-96.

② 黄旦. 党组织办报与"手工业"工作方式:"全党办报"的历史学诠释 [J]. 新闻大学,2004(3):14-19.

第五章
全党办报：概念起源与早期实践新考释

期》，文章对1942年4月改版以来的"重要经验"做了精练总结，"一言以蔽之，就是'全党办报'四个字"[①]。二是1944年3月22日，毛泽东在中共中央宣传委员会召开的宣传工作会议上发表讲话，从报纸、学校、艺术、卫生四个方面纵论陕甘宁边区的文化教育问题，其中报纸位列第一，毛泽东肯定了《解放日报》和《边区群众报》在边区起到的组织和指导工作、教育和发动群众的作用，要求地委、县委以及所有机关首长都应掌握报纸这种"工作方式"，并提倡试办县级党报，强调办好机关墙报，"这样来办报，全边区可以有千把种报纸，这叫做全党办报"。[②]三是1948年4月2日，毛泽东会见晋绥日报社、新华社晋绥总分社的编辑记者，谈话中涉及办报方针的问题，"我们的报纸也要靠大家来办，靠全体人民群众来办，靠全党来办，而不能只靠少数人关起门来办"[③]。

这三份材料构成了学界梳理和阐释"全党办报"的核心论据，有研究者指出，"'全党办报'在党报历史上被明确提及的情况，我们只能找到三处"[④]。其中，《本报创刊一千期》被公认为"全党办报"这一概念最早的文本来源，从20世纪90年代出版的百科全书、新闻学词典到新世纪以来的研究著作、新闻学教科书，已经形成一种标准化的叙述，认为"全党办

---

① 吴葆朴，李志英，朱昱鹏.博古文选·年谱［M］.北京：当代中国出版社，1997：326-330.
② 毛泽东.关于陕甘宁边区的文化教育问题（1944年3月22日）［M］//中共中央文献研究室.毛泽东文集：第3卷.北京：人民出版社，1996：113.值得注意的是，学界过去引用这份材料时，通常指出这是毛泽东在陕甘宁边区文化教育工作座谈会上的讲话，源头为新华出版社1983年版《毛泽东新闻工作文选》第112页的注释。实际上，毛泽东发表这次讲话的场合是1944年3月22日中共中央宣传委员会召开的宣传工作会议，而非这年11月11日—16日召开的陕甘宁边区文化教育工作大会。《毛泽东文集》《建党以来重要文献选编（1921—1949）》（中央文献出版社2011年版，第108页）均有说明，新华出版社2014年版《毛泽东新闻工作文选》已做更改，详见第160页。
③ 毛泽东选集：第4卷［M］.2版.北京：人民出版社，1991：1319.
④ 林羽丰.与"同人办报"相对的"全党办报"［J］.新闻春秋，2018（2）：45-50.

报"四个字乃由这篇社论"最早提出"、"首次提出"或"正式提出",抑或认为直至《本报创刊一千期》,"全党办报"第一次成为"专有的名词"、"明确的语言"或"固定的表述"。[1] 新近关于"全党办报"的专题性研究论文也无不沿袭这样的说法。[2] 总之,将"全党办报"的概念起源追溯至1944年2月16日的《本报创刊一千期》,是学界长期以来的基本共识。

然而,翻阅延安时期《解放日报》可以发现,"全党办报"这个概念表述实际上在此前已然广泛使用。1943年8月8日,解放日报社编委、通讯采访部主任裴孟飞的长文《贯彻全党办报与培养工农通讯员的方针》(后文在需要处简称"裴文"),将"全党办报"放进标题加以强调,正文当中也4次出现这个术语。[3] 裴孟飞的身份是党中央机关报通讯工作的负责人,他在文章中明确将"全党办报"和"培养工农通讯员"概括为党报的方针路线,要求各地党委从思想上认清"全党办报"的意义,在实际工作中注意组织和发展工农同志写稿。"裴文"发表后收到热烈反馈,不少地委、县委着手整顿辖区通讯组织,制定培养工农通讯员的具体办法。《解

---

[1] 百科全书与词典类,例如廖盖隆,孙连成,陈有进,等.马克思主义百科要览:下卷[M].北京:人民日报出版社,1993:274.中国大百科全书总编辑委员会《新闻出版》编辑委员会,中国大百科全书出版社编辑部.中国大百科全书:新闻出版[M].北京:中国大百科全书出版社,1998:239.陈力丹.马克思主义新闻学词典[M].北京:中国广播电视出版社,2002:84.夏征农,陈至立.大辞海:第25卷 文化新闻出版卷[M].上海:上海辞书出版社,2015:61.教科书类,例如刘家林.中国新闻史[M].武汉:武汉大学出版社,2012:632.童兵.马克思主义新闻观读本[M].上海:复旦大学出版社,2018:112.研究著作类,例如朱国圣,林枫.马克思主义新闻观研究[M].北京:新华出版社,2010:156.宁树藩.中国地区比较新闻史:下卷[M].上海:复旦大学出版社,2018:1125.

[2] 近年来关于"全党办报"的代表性论文,例如朱清河,王青."全党办报"与"群众办报"的历史缘起与逻辑勾连[J].国际新闻界,2021,43(5):142-157.王莹,黄珊.全党办报:中国共产党对马克思主义新闻观的创新发展[J].中国出版,2021(22):8-11.艾红红,强若琳.延安《解放日报》的"全党办报""群众办报"实践探究[J].新闻爱好者,2022(1):69-74.

[3] 裴孟飞.贯彻全党办报与培养工农通讯员的方针[N].解放日报,1943-08-08(4).

▶第五章
全党办报：概念起源与早期实践新考释

放日报》报道了这些动态消息，"全党办报"这个概念由此频繁见诸报端（详见表1）。

表1 《解放日报》使用"全党办报"情况举例[①]

发表时间	标题	文中表述（粗体为引者所加）
1943年9月16日第2版	安塞县委整顿通讯组织	此间县委为贯彻**全党办报**与培养工农通讯员的方针，重新整理通讯员，吸收大批工农同志参加通讯工作
1943年10月1日第2版	志丹整顿通讯工作	自西北局"九一"决定发布后，**全党办报**，加强通讯工作，成为各级党的经常重要任务之一 同志们对于**全党办报**这一工作，在思想上尚未彻底弄通正确认识**全党办报**的重要性，每个同志都要为党报写稿
1943年10月2日第1版	延属地委关于党报通讯工作的指示	对西北局所指示"**全党办报**"的思想尚未贯彻必须进一步的从思想上贯彻"**全党办报**"的精神 如无广大的群众来参加，则"**全党办报**"以指导我们工作之目的便无法达到
1943年10月22日第2版	造成对党报写稿热潮 安塞县委总结通讯工作	党委在思想上给了干部以教育，使明确认识到这是党的任务，要贯彻**全党办报**方针
1943年11月18日第4版	关于志丹通讯工作的转变	不论在领导上，在通讯员、干部们的思想上，大都缺乏"**全党办报**"重要性的认识 思想上认识了"**全党办报**"的重要性
1943年11月18日第4版	我对通讯工作认识的检讨	党在号召我们积极的给党报写稿子，以反映工作和推进工作，以求达到"**全党办报**"的目的
1943年11月18日第4版	两位乡长所写的新闻	编者按：自从本报积极提倡**全党办报**与培养工农通讯员方针后，工农干部、区乡级同志为本报写稿者日增

---

① 表格统计的时间范围，上限为1943年8月8日，下限为1943年底。1944年初，在《本报创刊一千期》发表之前，另有多篇文章使用了"全党办报"的概念，比如《延属地委召集延安县通讯员举行通讯工作座谈会》（1944年1月10日第2版）、《绥德地委宣传部指示各县 具体领导党报通讯工作》（1944年2月11日第2版）等。

续表

发表时间	标题	文中表述（粗体为引者所加）
1943年11月23日第2版	工农通讯一束	编者按：自从本报提出"培养工农通讯员"与"**全党办报**"的方针以来，区乡级工农同志向本报投稿数目日有增加
1943年12月14日第4版	延县区乡干部写稿积极	从这一个例子又可以证明，**全党办报**与培养工农通讯员的方针是合乎实际的，是正确的
1943年12月14日第4版	关中党报通讯工作改进	必须进一步的贯彻"**全党办报**"的思想
1943年12月15日第2版	绥德分区两月内工农同志写稿百廿篇	在发动工农通讯员写稿，达到"**全党办报**"的目的下，吴堡的工作做得最好

从表格举例来看，"全党办报"在1943年下半年已然成为一个相当常见的固定表述，《解放日报》几次在一个版面的不同文章中使用该术语，如11月18日和12月15日的新闻通讯专栏；有时会在一篇文章中多次出现，如10月1日的新闻稿件《志丹整顿通讯工作》和10月2日的转发文件《延属地委关于党报通讯工作的指示》，正文均3次使用"全党办报"的表述。《解放日报》甚至使用了由"全党办报"衍生而来的概念"全军办报"，如12月29日一则消息的导语中写道："为使《部队生活》报能真正给留守兵团各部队起一定的指导作用，实行'全军办报'，把通讯工作提高一步，深入到广大的战士群众中去，留守兵团政治部特于日前给各部政治委员、政治部主任，发出通讯工作的指示。"[1] 以上情形，足见"全党办报"这个概念的普及与流行程度。

综上所述，"全党办报"的概念源头早于1944年2月16日的社论《本报创刊一千期》，据现有材料可知，至少在1943年8月8日裴孟飞的文章《贯彻全党办报与培养工农通讯员的方针》中已经明确提出"全党办报"这个概念表述，并很快在1943年下半年成为《解放日报》的常用词语，同时也是陕甘宁边区党政系统的重要政治术语之一。

---

[1] 留政指示各部队 发动干部与战士写稿[N].解放日报，1943-12-29（1）.

▶第五章
全党办报：概念起源与早期实践新考释

二、集体组织者与全党办报的兴起

近年来学界关于"全党办报"概念内涵的阐释，大多以毛泽东的两次讲话为中心，也就是上节所引的后两份史料。李良荣的观点颇具代表性，他认为"全党办报"应有两种解释，"一是强调办报的规模，二是强调办报的工作路线"①，前者即毛泽东1944年倡导的各级党委、机关单位都要办报，后者即毛泽东1948年要求的依靠全党和人民群众来办报。黄旦对两份材料进行了细致分析，指出1944年讲话的重点在于"办"（层层"办"、直接"办"），属于党报体制层面的方针；1948年讲话的重点则是"全"，属于办报工作层面的路线。②

从上文整理的新材料来看，"全党办报"概念提出与应用的最初语境主要关乎"指导工作"和"培养干部"等党组织的重要业务，党报体制的建设或办报路线的改进并非核心关切。换言之，形成和塑造"全党办报"这一概念的着眼点，在于党组织自身而不是党报或新闻业。就此而言，王敬更早提炼的"全党办报"概念内涵更贴近历史原貌，她提出"全党办报包括两方面的内容：一、是从中央到各级党委、党的领导机关，都高度重视对报纸的领导，充分利用报纸推动工作，并为报纸撰写稿件；二、动员全党办好党报，发动党员和基层群众为党报写稿"③。不过，这里仍有问题尚需细致分析，比如两者有何关系？"充分利用报纸推动工作"为何一定要"动员全党"？亦即是说，"全党办报"究竟因何而起？为什么"党报必须全党来办"？新整理的材料有助于解答上述问题，有益于进一步理解"全党办报"兴起的背景与逻辑。

裴孟飞的长篇论述首次使用了"全党办报"这个概念，文章的立足

---

① 李良荣.新闻学概论［M］.5版.上海：复旦大学出版社，2013：310.
② 黄旦.党组织办报与"手工业"工作方式："全党办报"的历史学诠释［J］.新闻大学，2004（3）：14-19.
③ 王敬.延安《解放日报》史［M］.北京：新华出版社，1998：42-43.

105

点是"党报的作用",即整风改版以后重新确立的党报角色和功能,据此向党内同志解释"全党办报"特殊而重要的意义。"裴文"着重引用了西北局的两份文件:1942年9月9日《关于〈解放日报〉工作问题的决定》(简称"党报决定")和1943年3月20日《关于〈解放日报〉几个问题的通知》(简称"党报通知"),指出"全党办报"与"培养工农通讯员"的思想自1942年4月改版以来"便明确的提出",西北局的"党报决定"出台之后"更加使这一思想逐渐走向实际","党报通知"发表以后"情形更加进步"。可见,这两份文件是理解"全党办报"的重要线索。

"党报决定"对《解放日报》的角色功能做出规范性界定:是"宣传鼓动与组织工作的锐利武器",也是"指导工作的主要工具",要求各级党委和机关学校的负责同志"帮助与利用《解放日报》",担任通讯员、为党报写稿,研究和执行《解放日报》发表的社论、党和政府的指示、领导人讲话或文章。[1]"党报通知"强化了上述理念,并就《解放日报》对于边区工作发挥"集体的宣传鼓动者和集体组织者"作用的具体办法和路径给出了更加详细的说明,"对于各种政策的执行,各种运动和工作的进程,开始如何计划和布置,进行中有什么困难,怎样克服困难,有些什么典型例子,犯过一些什么错误,有什么可取的经验,足供大家借镜等等",各级党委负责同志应把这些"经历和经验"写成文章,及时反映在党报上,"这就是利用党报来指导工作的一个重要办法"。[2]

从两份文件可以看出,在延安时期的实践中,党报扮演"集体组织者"角色、发挥"组织实际工作"作用的运作机制,并不仅仅通过登载文件的常规路径,也不只是上级与下级、政党与群众之间的沟通桥梁,更关键的角色是扮演党内交流工作经验的开放性平台。因此,各级党委对党报的主动"接近"

---

[1] 中国社会科学院新闻研究所.中国共产党新闻工作文件汇编:上卷(1921—1949)[M].北京:新华出版社,1980:132-134.

[2] 中国社会科学院新闻研究所.中国共产党新闻工作文件汇编:上卷(1921—1949)[M].北京:新华出版社,1980:142.

第五章
全党办报：概念起源与早期实践新考释

和"利用"便成为决定性因素，既要全体党员尤其是领导干部为党报写稿、提供工作经验，又要各级党委重视阅读和讨论党报上的经验做法，以改进本部门工作。是以，党报工作就远非报社自身的努力所能涵盖，"而必须依靠边区全党同志，特别是各级党委负责同志的力量"，于是"帮助"党报（写稿、供给材料）和"利用"党报（读报、研究执行）被西北局明确规定为各级党委"经常的重要业务之一"，"全党办报"以及通讯员运动、读报运动由此勃兴。①

"裴文"依据西北局两份文件的指示精神，从纠正错误观念和态度的反向角度，进一步阐发"全党办报"的重要性。文章批评的"毛病"包括：在党政干部方面，"有的同志以为做了就算，何必宣传，或以为自己的经验不足为奇"，"有的同志以为给党报写稿是附带工作，不是本份工作，或以为这是个分外负担，不是自己应有的任务"，"有的同志以为写东西是知识分子的事"等；在报社人员方面，"如说边区文化落后不可能培养工农通讯员，或者说要得十年还不见得能行"，"个别编辑同志，对通讯员与写稿同志是有点看不起"，"对通讯员稿子的批评，有的随便加以'空洞'、'党八股'的帽子"等。裴孟飞指出，这些"毛病"的思想根源在于"没有了解报纸是'集体的宣传鼓动者、集体的组织者'的意义，没有了解党报是宣传解释党的策略、路线、政策、工作方针和反映全党的工作动态的最有力武器，也就是'集中起来坚持下去'的最有力武器之一"，导致的严重后果是"使很多有丰富内容的实际经验，不能及时反映到党报上来"，报纸"缺乏系统的介绍边区各地的经验"，因此"对于这些地区的工作推动上"是个严重的损失。文章最后从正面重申了"全党办报"的要求，"要把党报办好，就必须依靠各地党委与各方面工作的干部"。整篇文章的思想底色与论证逻辑，与西北局的文件精神可谓一脉相承。

继裴孟飞首倡"全党办报"概念后，呼应之作频繁见诸《解放日报》报端。在这些文章中，各方行动者同样是从"指导工作"的角度来理解"全

---

① 中国社会科学院新闻研究所.中国共产党新闻工作文件汇编：上卷（1921—1949）[M].北京：新华出版社，1980：133，141-142.

党办报"的重要意义。例如，延属地委明确指出，"如无广大的群众来参加，则'全党办报'以指导我们工作之目的便无法达到"。[1]一位基层工作者在自述中写道："党在号召我们积极的给党报写稿子，以反映工作和推进工作，以求达到'全党办报'的目的。"[2]有意思的是，提出"全党办报"响亮口号的裴孟飞本人，之所以能够从事新闻工作、开启革命人生中短暂的党报生涯，本身就与"指导工作"的办报路线密切有关。1942年《解放日报》改版后，原有的以知识分子和文宣干部为主的报社人员结构暴露出缺乏实际工作经验、不了解边区情况的缺陷，难以有效应对组织和指导边区工作的党报新角色，中央组织部决定调派一批"在根据地搞过领导工作"的同志去充实报社力量。[3]裴孟飞即在这年10月调至解放日报社，担任编委兼管通讯采访部，此前曾任晋中特委书记、太南地委书记等职，属于实际工作经验丰富的"地方上的党政领导"。[4]1945年离开《解放日报》后，裴孟飞继续从事党政工作，担任太岳区委副书记、许昌地委书记等职。[5]

正如有研究者指出的，"全党办报"经历了从"理念"到"概念"两个阶段，在"概念"正式提出之前，"理念"已经产生并付诸实践。[6]作为"理念"的"全党办报"，甚至可以追溯至20世纪20年代建党前后的新闻宣传实践。[7]从裴孟飞的个人经历来看，延安时期"全党办报"兴起的关键节点，肇始于《解放日报》改版及其带来的办报路线的调整——这在既往

---

[1] 延属地委关于党报通讯工作的指示［N］.解放日报，1943-01-22（1）.
[2] 北群.我对通讯工作认识的检讨［N］.解放日报，1943-11-18（4）.
[3] 高扬文.我在清凉山的新闻工作［M］// 田方，午人，方蒙.延安记者.西安：陕西人民教育出版社，1993：459.
[4] 田方.延安的记者生涯［M］// 丁济沧，苏若望.我们同党报一起成长：回忆延安岁月.北京：人民日报出版社，1989：149.
[5] 河南省地方史志编纂委员会.河南省志：第60卷 人物志（传记上）［M］.郑州：河南人民出版社，1993：196-197.
[6] 王莹，黄瑚.全党办报：中国共产党对马克思主义新闻观的创新发展［J］.中国出版，2021（22）：8-11.
[7] 黄旦.党组织办报与"手工业"工作方式："全党办报"的历史学诠释［J］.新闻大学，2004（3）：14-19.

研究中已有阐发，例如黄旦指出"改版"绝非简单的版面变化，而是"办报理念的根本调整，从新闻传递和政策表述，变为对具体工作的指导、发动和组织"[①]。1942年酝酿党报改造的二三月间，毛泽东双线出击：一方面向报社人员反复强调"集体的宣传者和组织者"的党报角色，要求报纸反映党的活动，推动实际工作；另一方面屡屡批评党政机关和干部应为报纸的缺点负责，要求各级领导同志为党报提供材料，学会利用报纸开展工作。[②] 这些观点其实已经涵盖"全党办报"的基本要义。"裴文"开篇就写到，"全党办报"早在1942年改版时"便明确的提出"，指的正是"理念"或"思想"的层面。西北局两份文件出台后，各级党委纷纷响应指示精神、检讨和改进辖区的党报工作，制定各自阅读和讨论党报、组织或整顿通讯小组的规章条例，《解放日报》对这些工作动态和经验进行了大量的报道[③]，这些文章及其反映的内容，也已经显现出"全党办报"的浓厚色彩。只是在"裴文"发表之前，尚未出现"全党办报"这样精练的概念表述，可以说有"全党办报"之"实"而无其"名"。

---

① 黄旦.从"不完全党报"到"完全党报"：延安《解放日报》改版再审视［M］//李金铨.文人论政：知识分子与报刊.桂林：广西师范大学出版社，2008：269.
② 中共中央文献研究室.毛泽东年谱（1893—1949）：中卷［M］.修订本.北京：中央文献出版社，2013：356-371.
③ 这类工作消息数量繁多，难以尽数赘列，此处仅举数例：西北局1942年9月9日出台《关于〈解放日报〉工作问题的决定》后，《解放日报》发表了《利用党报为党报写稿！ 志丹干部认真实行》（1942年9月24日第2版）、《延长县级同志讨论西北局"党报决定" 决设专人帮助干部读报》（1942年9月28日第2版）、《子长通讯小组讨论西北局党报决定 县委将定具体实施办法》（1942年10月3日第2版）等消息；西北局1943年3月20日发布《关于〈解放日报〉几个问题的通知》后，《解放日报》发表了《关中整顿党报通讯组织 马栏淳耀首先完成》（1943年5月11日第2版）、《绥德地委宣传部召集党报工作座谈会 绥县区级干部反省对党报认识》（1943年6月5日第2版）、《延川县委宣传部号召县区干部为党报写稿》（1943年6月24日第2版）。《解放日报》不厌其烦地发表各地党报工作的动态和经验，实际上正是扮演交流平台的角色，发挥组织和推动工作的功能，只不过这里的"工作"并非生产、整风、选举等党政系统的业务，恰是党报自身的工作。

三、全党办报的短暂曲折与展开

过去学界援引较多的两份延安时期材料即1944年2月16日社论《本报创刊一千期》和1944年3月22日毛泽东关于边区文化教育问题的讲话，确实对于"全党办报"的实践及其发展演变具有重要意义，但这种"意义"此前揭示得并不充分，有的并不准确。"全党办报"的固定表述并非《本报创刊一千期》"首次提出"，而是在这个概念流行了近半年之后，《解放日报》以社论的规格予以重申，将其命名为改版以来党报的四字方针，"由于实行了这个方针，报纸的脉搏就能与党的脉搏呼吸相关了，报纸就起了集体宣传与集体组织的作用"。该社论同样是从组织和指导党的工作的角度来解释"全党办报"的重要性。对于已经蓬勃开展的"全党办报"实践来说，这篇社论的作用非但不是"首倡"和推动，反而引起了一定程度的负面效果，使"全党办报"遭遇短暂的顿挫。

社论对党报的发展态势做出一个新的判断，认为"过去新闻的毛病，在于没有内容或内容贫乏"，因此通讯工作的重点是"发动在职干部与工农通讯员来为党报写稿"，但经过普遍发动之后，"现在的情形又不同了，现在我们报纸上充满了内容丰富的新闻"，因此"现在我们要求技巧，要求讲文艺性，要求讲新闻的表现形式"，"学会把平铺直叙的形式提到更高的形式上去"。自改版以来，追求新闻技巧特别是"文艺性"一直是批判的对象，典型如社论《政治与技术：党报工作中的一个重要问题》中严厉指摘的，"有些同志把技术的作用过分夸大，有些记者同志把技术神秘化，造出种种名词，如'文艺性'、'趣味性'之类，作为对新闻事业的最高要求"[①]。在"全党办报"和通讯员运动的发起阶段，《解放日报》倡导的是一种朴素的写作观，"做什么写什么"，例如"你日常工作中所遇到的新的情

---

① 政治与技术：党报工作中的一个重要问题［N］.解放日报，1943-06-10（1）.

▶第五章
全党办报：概念起源与早期实践新考释

况、新的问题，并不需要什么特别费劲的去摹拟新闻笔调，或装进什么一定的格局，只要如实的、具体的（把时间、地点、人物和情节交代清楚）就好"[1]，"文字上应该怎样写得出色，那还是其次的问题了"[2]。进而言之，自1942年5月毛泽东在延安文艺座谈会上厘清了"提高"与"普及"的关系之后，"特别着重普及方面"成为文宣领域的总体性指导原则，中宣部曾对此做出明文规定。[3] 在这样的大背景下，《本报创刊一千期》提出新闻稿件应讲究文艺性的"提高"要求，无疑是一个新奇的表述。

延续《本报创刊一千期》的形势判断，通讯采访部在7月给边区各县委发出一份领导通讯工作的意见，文章首先肯定过去一年"全党办报"获得很大成绩，已经建立起1000多人的通讯网，供给五分之四的边区新闻，然后话锋一转，指出"普遍发动的时期已经过去了"，现在的缺点是内容一般化、千篇一律、枯燥无味等，今后的重点是"积极提高质量"。[4] 同期的新闻通讯专栏还发表了记者穆青的文章。针对过去报道的文风枯燥问题，穆青提倡以"生动的形象的手法"采写"综合报道"，"一种高级的新闻报道形式"。[5] 报社的意见和倡议导致的后果是，"在提高的口号下，部分通讯员畏缩不前"[6]，"对所有通讯员提出'提高质量'的要求，使大家写稿失去信心，大大影响来稿数量"[7]。编辑部很快体察到问题的严重性，通讯采访部9月重新发文指导通讯工作，承认对文化程度普遍不高的通讯员队伍"直接而性急"地要求"提高"，"是不恰当的"，"是一种主观的想法"，

---

[1] 展开通讯员工作［N］.解放日报，1942-08-25（1）.
[2] 把我们的报纸办得更好些［N］.解放日报，1942-07-18（1）.
[3] 中央宣传部关于执行党的文艺政策的决定（1943年11月7日）［M］//中央档案馆.中共中央文件选集：第14册（1943—1944）.北京：中共中央党校出版社，1992：107-110.
[4] 通讯采访部.对于县委领导通讯工作的意见［N］.解放日报，1944-07-23（4）.
[5] 穆青.谈综合报道［N］.解放日报，1944-07-23（4）.
[6] 通讯工作动态［N］.解放日报，1944-09-01（4）.
[7] 通讯小组和广大通讯网的建立：关中通讯工作经验之二［N］.解放日报，1945-09-01（2）.

111

指出当前仍处于"普遍发动"的"普及阶段",对于一般通讯员的要求依然是"大量写作,有闻必录"。①至此,由《本报创刊一千期》的新判断所引发的"全党办报"短暂的挫折方才告一段落。此后,"全党办报"的主导方针始终是组织和发动基层干部提笔写作。及至延安晚期,县区级干部成为各级党报的供稿主力,乡级干部则并未普遍动员起来,这是"全党办报"在参与规模上的限度。②

毛泽东关于边区文化教育问题的讲话,对"全党办报"的意义在于县级党报与机关墙报的兴办,为"全党办报"增添了平台,扩充了层次。在1944年3月22日的这次宣传工作会议上,毛泽东指出边区的政治经济建设已取得成绩,但文化教育并不理想,"妨碍了我们的经济、政治、军事的发展",由此提议"从现在起,我们就要提出发展文化这个问题"。在毛泽东所谈的边区文化教育的四个问题中,报纸排在学校、艺术、卫生之前,他首先称赞《解放日报》"在边区已成为一个组织者",然后肯定了西北局的《边区群众报》以及关中、绥德、三边和陇东四个地委办的报纸,要求地委同志"把报纸拿在自己手里,作为组织一切工作的一个武器"。此后,毛泽东重点谈及县报问题。他说,"各县还没有"报纸,"这点还毫无经验",建议先从一两个县办起来试一试,有条件的县委可以出版油印报纸。墙报的情形略有不同,此前已有广泛实践,但毛泽东认为"现在有些墙报办得不好,只有写文章的人才看",提议各机关单位"首长负责,亲自动手",办好墙报,使之成为"组织各机关工作的一种工作方式"。正是在这样的语境中,毛泽东重新解释了"全党办报"的意涵,即在已有的几份大中型党报之外创办小型县报、办好机关墙报,拓展办报层次,"这

---

① 怎样把通讯工作做的更好一些?[N].解放日报,1944-09-01(4).
② 1946—1947年,各地检查通讯工作进展时,往往谈及发动程度不够,乡级干部较少写稿。例如,通讯工作模范单位志丹县在1946年初的一次总结中指出,"写稿的同志还只局限于县、区的主要负责同志,没有普遍的发动区乡干部写稿",改进的重点是"仍以各区区委书记为培养的主要对象"。参见:志丹组织科长会上 讨论改进通讯工作[N].解放日报,1946-03-15(2).

▶第五章
全党办报：概念起源与早期实践新考释

样来办报，全边区可以有千把种报纸，这叫做全党办报"。延续此前的理念，毛泽东依然从"指导工作"的集体组织者角度强调"全党办报"的重要性，强调"报纸可以起很大的作用"，要求"各机关首长负责，把报纸当做自己很好的工作方式"。①

毛泽东的讲话精神很快获得贯彻落实，引发了边区的文化教育建设热潮。4月15日，西北局宣传部"为具体实现毛泽东同志关于开展边区文化建设的指示"，约集各分区的地委书记和延安各机关负责人召开座谈会，对毛泽东谈及的报纸、学校、艺术、卫生四个问题制定出具体的实施办法。其中，报纸方面的举措包括：各分区选择一个有适当条件的县，创办油印小报，以取得经验，将来做到每个县都有自己的报纸；在各县的城镇和集市创办黑板报；各分区选送两个有工作经验的干部参加解放日报社和群众报社的工作等。②借由西北局的鼎力推动，一些县委开始试办不定期的四开油印报纸，《解放日报》的一则消息显示，截至7月底共出版6份县报，分别为米脂县的《米脂报》、淳耀县的《群众生活》、安塞县的《安塞群众》、鄜县的《鄜县通讯》、延安县的《农村生活》和延川县的《延川报》，报道特别表扬《农村生活》"对于推动全县工作有相当影响，此种典范值得各县报纸学习"。③10月中旬，全面检阅毛泽东讲话以来文化教育建设成果与经验的陕甘宁边区文教大会召开，此时县报增加至11份，为全国性的《解放日报》、边区性的《边区群众报》、4种分区报、11种县报写稿的通讯员共1952人，其中"有1114个区乡村工农干部成为报纸的通讯员"，另外全边区共有大众黑板报668块。④

创办县报的目的在于"组织与指导全县工作，及时具体传达上级决

---

① 中共中央文献研究室.毛泽东文集：第3卷［M］.北京：人民出版社，1996：106-113.
② 西北局开会决定 开展边区文化建设［N］.解放日报，1944-04-23（1）.
③ 边区各县创办小型报多种［N］.解放日报，1944-07-31（2）.
④ 刘漠冰.边区文教工作的阵容：从文教陈列室看到的［N］.解放日报，1944-11-16（2）.

定，反映每一时期政策实施的具体情况，交换工作经验"①，"交换各区乡的工作经验与传达上下级的意见"②，读者对象以区乡干部为主，辅以部分县级干部，作者包括县级干部、知识分子以及部分区乡干部，编报方针上特别注重采用区乡干部的稿件。③1945年底，《解放日报》刊登了《延川报》创刊30期的纪念专文，配发的编者按指出，自西北局提出各县试办报纸以来，已有不少县报出版，但办报的经验与问题尚缺乏系统检视，因此发表《延川报》的文章以资参考。该报编辑、延川县宣传科科长张弗予在文中写道："报要办得好，起决定作用的是如何利用报纸成为指导与推进工作的武器。"并详细介绍了三种方法：一是刊载文件，区乡干部通过读报获得指令并讨论执行，"也就不等县上再发什么正式的指示和命令就行动起来了"；二是创造典型，吸收工作经验写成专门文章，或将工作中发现的重要问题写成稿件提出纠正；三是从通讯员来稿中掌握各区工作情况，将其集中起来，再利用县报贯彻下去。④这段出自基层文宣干部之手的经验总结，简明扼要地揭示了"全党办报"的目标宗旨与操作路径，可谓深得"全党办报"理念的精髓。

四、全党办报与领导方法的革新

从前文梳理和分析可知，"全党办报"在延安时期的兴起与展开，核心要旨在于组织和指导实际工作。结合历史背景来看，这实际上是新确立的政党领导方法在新闻宣传领域的应用，由此带来党报实践的显著变化。在"裴文"发表两个月之前，《解放日报》刊载了毛泽东起草的《中共中央关于领导方法的决定》⑤，后以《关于领导方法的若干问题》为题收

---

① 延县推行三大文教工作[N].解放日报，1945-05-13（2）.
② 张弗予.延川报创办三十期[N].解放日报，1945-11-02（2）.
③ 张弗予.延川培养工农通讯员[N].解放日报，1945-09-05（2）.
④ 张弗予.延川报创办三十期[N].解放日报，1945-11-02（2）.
⑤ 中共中央关于领导方法的决定[N].解放日报，1943-06-04（1）.

▶第五章
全党办报：概念起源与早期实践新考释

入《毛泽东选集》。文件从马克思主义认识论的哲学高度，阐明了党的领导工作的方法论原则，并就改进与革新全党工作方法的具体问题做出详尽论述。这篇兼有理论创新性和实践指导性的经典文献，对党的领导方法与工作机制产生了重要而持久的影响。"全党办报"与之密切相关，文件的主要内容"两个结合"和"一个中心"在"裴文"以及此后"全党办报"的使用场景中均有清晰体现，是整体上把握"全党办报"的关键所在，但在既往研究中未能获得足够的重视。

首先是一般与个别相结合。毛泽东指出，任何工作任务的实行，一方面需要"一般号召"以广泛动员，另一方面需要"个别指导"以取得经验，两者必须密切结合起来。亦即是说，在提出一般号召（如全年整风计划）之外，领导人员应当选取若干单位深入实施、解决实际问题，借以取得经验，然后利用这种具体经验向其他单位做普遍的指导。[1] 在这个过程中，党报被赋予了重要角色，不仅通过刊载文件、密集报道来传递信息、营造声势，还要起到扩散和交流工作经验的平台作用。《解放日报》的改版与"全党办报"的开展，均发端于这种新的工作理念。正如毛泽东在《解放日报》改版座谈会上所说："经过报纸把一个部门的经验传播出去，就可以推动其他部门工作的改造。"[2] 这种工作方法还引发了新闻文体的变革，"典型报道"由此勃兴，例如《延川报》经验总结中的"创造典型"以推动和指导该县工作。需要指出的是，"取得经验"与"创造典型"并非主观的建构，而是深入实际进行调查研究的结果。毛泽东在延安时期反复申说调查研究的极端重要性，调查研究在全党上下蔚然成风。[3]《延川报》在介绍"创造典型"的经验时，以县委书记高朗山的一次调查研究为例。1944年，高朗山在某乡调研11天，以个别谈话和召开座谈会的方式从乡

---

[1] 毛泽东选集：第3卷[M]. 2版. 北京：人民出版社，1991：897-898.
[2] 在本报改版座谈会上 毛泽东同志号召整顿三风要利用报纸[N]. 解放日报，1942-04-02（1）.
[3] 靳铭. 延安时期共产党人的调查研究工作[J]. 中国延安干部学院学报，2012，5（1）：132-136.

长、村长、小组长、行政主任、支部书记等处广泛了解情况，在此基础上给报纸写了一篇春耕生产的工作经验。实际上，"全党办报"自开展以来就兼有培养干部的目标，既包括工农干部的文化学习，也强调所有基层干部通过采访与写作养成细密的调查研究能力。[1]

其次是领导与群众相结合。在这份文件中，毛泽东一方面从政策执行的层面说明了领导骨干和广大群众相结合的办法，另一方面从认识论的层面论述了"集中起来"与"坚持下去"的辩证关系，即将群众中分散的意见集中起来，经过研究形成系统的意见，再到群众中宣传解释，化为群众的意见，使群众坚持下去，并在行动中考验意见是否正确，然后从群众中集中起来，再到群众中集中下去，如此无限循环。[2] 后者通常被认为是党的群众路线最为经典的论述，也是群众路线达到成熟理论形态的标志性文本，体现出毛泽东对正统的马克思列宁主义的原创性贡献。[3] 在这个涵盖信息采集、问题取舍、政策形成、信息扩散、政策执行与政策评估的完整的群众路线过程中，作为当时最先进的大众传播手段，报纸同样被寄予了很高的期望。裴孟飞正是从这个角度论证党报的重要作用和"全党办报"的必要性：报纸是"'集中起来坚持下去'的最有力武器之一"，"因为它（报纸——引者注）集中的意见最广泛，发行的范围也最广泛，时间上也最迅速"，所以各级党委和全党同志要把"帮助和利用解放日报，当成自己经常的重要的业务之一"。1944年4月，邓拓为《晋察冀日报》撰写社论《贯彻全党办报的方针》，立足点也是群众路线，"真正做到'从群众中来到群众中去'，就必须依靠全党进一步的深入工作，密切与群众的联系，经常把各地群众斗争与工作经验，有系统地反映与报道，并不断从群众的创造中，发掘出大量宝贵的东西，把它总结提高到理论的水平，再拿

---

[1] 看报可学得经验办法 写稿能养成细密作风：子长县书谈通讯工作[N].解放日报，1946-07-22（2）.
[2] 毛泽东选集：第3卷[M].2版.北京：人民出版社，1991：898-899.
[3] 李勇军，黄丽坤.政策过程中的群众路线研究[J].湖南大学学报（社会科学版），2016，30（5）：117-122.

▶ 第五章
全党办报：概念起源与早期实践新考释

来指导各地的群众斗争与实际工作"，而要完成这样的目标，"没有全党办报方针的实现，那是很难通过其他办法来达到的"。① 从这些表述来看，群众路线的实施主体其实是政党及其干部，强调决策者必须主动联系群众、深入实际，本质上属于一种"干部决策模式"②。也是在这个意义上，"全党办报"在群众路线的政策过程中的特殊意义得以彰显。群众路线理论在此后的发展完善中，在"从群众中来，到群众中去""集中起来，坚持下去"等领导方法之外，增加了"一切为了群众，一切依靠群众"等唯物史观的内容，新闻学界往往依据后面的含义将"全党办报"与"群众办报"并提，认为这八字方针是"群众路线在新闻工作中的具体运用"。③ 就延安时期的早期实践而言，"全党办报"与"群众办报"的内在逻辑实际上有所区别。

最后是聚焦中心工作。毛泽东指出，一个地区在一定时间内只能有一个中心工作，辅以第二位、第三位的工作，领导人员应当依照具体地区的历史条件和环境条件统筹全局，正确地决定每一时期的工作重心和工作秩序，避免陷入凌乱的、不分轻重缓急的状态。④ 与之相应，"全党办报"与通讯员运动中关于选题的要求是，"中心工作就是写稿中心"⑤。例如，解放日报社编辑部通常会依据党中央和边区当前的工作中心，在报纸上向通讯员发出指示信，说明报道中心和选题要点。⑥ 基层党委组织和推动通讯员

---

① 邓拓. 邓拓全集：第5卷［M］. 广州：花城出版社，2002：284.
② 王绍光. 毛泽东的逆向政治参与模式：群众路线［J］. 学习月刊，2009（23）：16-17.
③ 林枫. 马克思主义新闻观：中国视角的系统阐释［M］. 北京：新华出版社，2005：224.
④ 毛泽东选集：第3卷［M］. 2版. 北京：人民出版社，1991：901.
⑤ 靖边县委. 谈谈靖边组织通讯工作的几点经验［N］. 解放日报，1943-09-15（1-2）.
⑥ 例如：为反映征粮征草运动给各地通讯员的信［N］. 解放日报，1942-10-27（2）. 报道群众的丰衣足食［N］. 解放日报，1943-08-08（4）. 目前报道些什么？——致各地记者和通讯员的一封信［N］. 解放日报，1945-07-26（2）. 报道什么？——给机关、学校、工厂等通讯员［N］. 解放日报，1946-03-31（2）.

写稿，在党报和上级宣传部门的布置之外，还需要"依据当地情况，适时的、机动的、制订灵活的写稿计划"，但着眼点仍然离不开"中心工作"。①值得一提的是，"全党办报"在1944年下半年遭遇的短暂挫折便与背离这个写稿原则有关。通讯采访部在这年7月向各地党委发出的"提高质量"要求中，指出"过去的主要缺点，就是报道范围的狭小和内容的一般化"，比如农村报道局限于生产，忽略手工业、文化教育、卫生等。②同期发表的编辑邓友星的文章，也批评"开荒时期，大家都写开荒；各地组织变工队，大家都写变工队"，呼吁通讯员"注意新的事情"，首当其冲的便是"中心工作以外的新事情"。③编辑部的"审美疲劳"给基层通讯员带来了困扰，影响了写稿情绪和数量，仅在一个多月之后，编辑部就叫停了"提高"计划，此后仍然提倡"通讯工作与各时期中心工作密切配合"④，强调围绕"报道中心"布置稿件。⑤不唯党报如此，在毛泽东关于文化教育的讲话之后，各地掀起兴办墙报、黑板报热潮，其主要内容同样是"配合与推动政府各时期的中心工作"⑥。

　　另外，毛泽东在文件中还阐述了"一元化"的领导方法，这也成为"全党办报"在管理制度上的突出特点。毛泽东指出，任何工作任务（如宣传或组织）不能仅在个别部门（如宣传部或组织部）之间传达和执行，应当使下级机关的总负责人（如书记、主席）和分负责人（如宣传部部长或组织部部长）都知晓、都负责，"这样分工而又统一的一元化的方法，

---

① 靖边县委.谈谈靖边组织通讯工作的几点经验［N］.解放日报，1943-09-15（1-2）.
② 通讯采访部.对于县委领导通讯工作的意见［N］.解放日报，1944-07-23（4）.
③ 友星.注意新的事情［N］.解放日报，1944-07-23（4）.
④ 李树仁.延安市通讯员座谈会决定 布置工作同时布置写稿［N］.解放日报，1945-03-11（2）.
⑤ 目前报道些什么？——致各地记者和通讯员的一封信［N］.解放日报，1945-07-26（2）.
⑥ 张孝雍，申玮.新市场口的黑板报［N］.解放日报，1945-09-23（2）.

▶ 第五章
全党办报：概念起源与早期实践新考释

使一件工作经过总负责人推动很多干部、有时甚至是全体人员去做"①。从根本上说，"全党办报"正是这种领导方法的直接体现，即党报工作越出编辑部和宣传部这样的"个别部门"的专业范围，成为全党尤其是各级党委负责同志的常规化重要业务和"分内之事"，这也是西北局关于党报的两份文件的指示精神。在各地组织和开展通讯工作的过程中，被反复提及的"首要经验"往往就是"首长负责，具体领导"，相关"典型报道"经常描述的先进事例是，县委书记亲自负责该县的党报通讯工作，甚至直接担任通讯小组的组长。②

五、重思媒介技术的进步主义叙事

本章重新考证了"全党办报"这一中国特色新闻学关键概念的起源问题，认为该专有名词"首次提出"的时间早于学界公认的1944年2月16日社论《本报创刊一千期》，1943年8月8日解放日报社编委裴孟飞的文章《贯彻全党办报与培养工农通讯员的方针》已经明确使用了这个概念表述。此后半年间，"全党办报"频繁见诸《解放日报》版面，成为党报的一个常用语汇，同时在陕甘宁边区的党政系统中广为流行。凭借新整理的材料考察"全党办报"概念的早期应用情境，可以发现"全党办报"的着眼点在于党组织自身，主要目的是指导和推动实际工作，兼以培养干部的文化水平和业务能力。"全党办报"兴起的宏观背景是党的领导方法的革新，在"一般与个别相结合""领导和群众相结合""群众路线""党的领导"等方法的开展过程中，作为当时最先进的现代化传播手段，报纸被赋予了特殊而重要的角色，由此带来党报实践的深刻变化。

在媒介技术与传播生态日新月异的当代，重访"全党办报"的这段早

---

① 毛泽东选集：第3卷［M］.2版.北京：人民出版社，1991：900-901.
② 例如：张蓓.安塞县委领导通讯工作的经验［N］.解放日报，1944-03-18（4）.
胡绩伟.边区各分区报纸 关中报办得最好［N］.解放日报，1944-12-09（2）.

119

期历史实践，仍有一些方法论层面的启发。比如，新闻、宣传、舆论工作与党的其他工作的关系并非割裂地、孤立地各自为政，而是密切相连的统一整体，这个党报传统延续至习近平总书记提出的"大宣传"工作理念之中，"把宣传思想工作同各个领域的行政管理、行业管理、社会管理更加紧密地结合起来"[①]。再如对媒介技术的创造性开掘与使用，"全党办报"最核心的运作机制是使报纸成为党政系统交流工作经验的开放性平台。这样的历史经验有助于重新思考简单化的进步主义叙事，一种媒介技术并非天然地带有单向性、封闭性、集中性或者双向性、参与性、互动性等本质化的属性，特定的政治文化、社会条件和制度创新可以使报纸这种"传统媒介"具有开放性和参与性。反之，各种新媒介技术如互联网，也有可能产生集中化、封闭化的情形。正如有研究者指出的，中国革命现代性的知识品格"以创造性地打破常规和持续地提炼基层经验为特征"[②]。在这个意义上，党报过去的"经验"仍然可以作为一种活着的"方法"。

最后需要说明的是，本章在材料使用上以《解放日报》文本脉络为中心，辅以其他文献史料，主要是因为关于"全党办报"、通讯员运动的经验材料，《解放日报》最为丰富与集中。这恰是"全党办报"的一个意外后果：正如前文所述，延安时期党报发挥组织与指导工作的作用，扮演交流工作经验的平台角色，而"全党办报"、党报通讯也是当时党的重要工作之一，《解放日报》为此刊载了难计其数的文件、指示以及各地组织通讯工作的消息、经验性文章。关于这些材料的可靠性，社论《新闻必须完全真实》提供了一条理解线索，文章从毛泽东提出的"集中起来，坚持下去""从群众中来，到群众中去"的领导方法入手展开论述，指出"在党的这种领导中"报纸"担负了很大的任务"，因为"记者与通讯员写来的

---

① 习近平.论党的宣传思想工作[M].北京：中央文献出版社，2020：18.
② 方晓恬，王洪喆.从"群众路线"到"人的现代化"："北京调查"与传播学在中国的肇始（1982-1992）[J].新闻与传播研究，2019，26（2）：96-109，127-128.

新闻,经过报纸传布出去,使大家有所效法,有所警戒,这个过程就是集中起来坚持下去的过程中重要的一部分,也就是党对于运动的领导的工作过程中的重要的一部分",正是在这种整体视野中,社论呼吁"求得新闻的完全真实",要求新闻事业"对党对人民完全诚实,完全负责",否则会"影响到工作和党的领导"。[①] 这也是对延安时期"全党办报"内在理路的一个精炼概括。

---

① 社论:新闻必须完全真实[N].解放日报,1945-03-23(1).

第六章

典型报道：社会主义"新人"及其主体性[*]

"典型报道"是中国共产党的一项重要新闻传统，也是中国现代新闻业的一个独特景观，对于理解党报以及政党政治本身均有重要意义。中国共产党团结带领人民进行革命、建设和改革的伟大事业是国际共产主义运动的重要组成部分，这必然要求新闻事业倡导新人新事新思想，以探索和建设一个社会主义新世界，典型报道因此在历史逻辑与理论逻辑上是统一的。即便在西方，社会运动媒体也必然是倡导型媒体，而不是所谓的客观中立的超然化媒体。

本章首先从国际共产主义运动的历史脉络出发，回溯了典型报道的起源与演变。研究发现，典型报道的理念源起于社会主义想象，实践过程扎根于社会主义探索和建设的过程。典型报道通过形塑"新人"的方式引导和教育人民群众，从而将更多的人民形塑为社会主义"新人"。在新的时代环境下，典型报道远没有走向消亡，而是通过形塑多元的、更适合时代需要的、模范榜样式的"新人"，继续为锻造社会主义新人、发展社会主义作出贡献。

随后的一项个案研究，以延安时期《解放日报》的"吴满有报道"为中心，将典型报道置于社会主义革命政治的大框架下进行重新考察，从一种更为宏观的整体性政治逻辑来把握作为微观新闻样式的典型报道。研究认为，"吴满有报道"所呈现的媒介景观凸显了劳动群众的中心地位，为工农群体提供了主体性的表达形式，有助于思考当下的城市中心主义媒体状况。

---

[*] 本章与华东师范大学传播学院硕士研究生袁欣远、赵嘉欣合作完成。

一、社会主义运动"特有"的新闻样式

1942年4月30日,中共中央机关报《解放日报》在头版头条的显要位置报道了陕甘宁边区的一个普通农民的勤劳故事。这样的做法,在中国新闻史上无疑是破天荒之举。这篇报道名为《模范农村劳动英雄吴满有 连年开荒收粮特多 影响群众积极春耕》,由记者莫艾采访和写作,描述了农民吴满有的先进事迹:依靠勤劳耕作改变自身和家庭命运,并积极缴纳公粮。该期头版还配发高规格的社论《边区农民向吴满有看齐!》,呼吁边区群众在春耕期间勤于开荒和播种。第二年1月11日,《解放日报》再度刊发社论《开展吴满有运动》,将这位劳动英雄所垂范的大生产运动提升到"吴满有方向"的高度。报道此事的记者莫艾曾回忆,《解放日报》的吴满有报道时间长达15个月。[①]

在一般的新闻史通史著作和通行的新闻史教科书中,《解放日报》的吴满有报道通常被认为是典型报道的发端。近年来,有研究者考辨认为,中央苏区时期的《红色中华》已然出现过关于先进个人或集体的典型报道。[②] 虽然如此,"吴满有报道"对于典型报道这一新闻样态依然具有里程碑意义,也是理解中国共产党新闻传统的重要历史资源。一方面,在"吴满有报道"的新闻实践之后,"英雄""模范"人物的新闻塑造模式日渐成熟,通过媒体塑造和宣扬各个领域的先进模范,以此引领和带动普通民众的"典型教育法",成为政党及其领导下的政府的重要工作方法。在吴满有之后,更多的"典型"频繁现身《解放日报》和其他党报党刊,如杨朝臣、赵占魁、三五九旅等大生产运动的先进人物或单位,以及卫生运动、识字运动、扫盲运动等其他领域的典型人物。另一方面,"吴满有报道"

---

① 齐志文.记者莫艾[M].北京:光明日报出版社,2010:199.
② 熊国荣.中共党报典型报道源考[J].现代传播(中国传媒大学学报),2016,38(10):67-71.

▶ 第六章
典型报道：社会主义"新人"及其主体性

出现在1942年整风运动的特殊时期，莫艾的首创性报道刊发在《解放日报》整风改版与延安文艺座谈会之间。这段时间正是全党整风、思想解放和理论创新的蓬勃时期，中国革命和中国共产党正在形成和完善自身的理论表达。经由《解放日报》的整风改版，中国共产党的新闻理论与党报实践也基本成型。"吴满有报道"堪称这一时期中国共产党新闻实践的范例，并为新中国成立后一系列的典型报道提供了至为重要的历史参照。

本章立足于《解放日报》的"吴满有报道"，从"社会主义新人"的视角重新审视"典型报道"这个经典概念。文章首先回顾关于典型报道的研究状况，并在国际共产主义运动的历史脉络中追溯典型报道的渊源与流变，继而将中国共产党新闻传统中的典型报道置于革命政治的视野下进行重新审视，以一种更为宏观的整体性政治逻辑来把握作为微观新闻样式的典型报道。

学术界关于典型报道的讨论，自20世纪80年代以来颇为丰赡。甘惜分主编的《新闻学大辞典》对"典型报道"的界定是："典型报道是对具有普遍意义的突出事物的强化报道"，是一种"用来引导舆论、指导工作、催人奋进的常用报道形式"[1]。这个权威性的定义，在相关研究中被频繁引用。陈力丹认为，典型报道的特点是"循着鲜明的主观意识，去发现和报道适于推动工作的典型"[2]。陈力丹还指出，典型报道最早起源于空想社会主义时期，在苏联将社会主义由理想变为现实后，典型报道得到了充分的发展。[3] 中国共产党的典型报道，师承列宁的"典型宣传"理念，受到苏联的斯达汉诺夫运动的直接影响。[4] 吴廷俊等人持有不同的观点，认为中

---

[1] 甘惜分.新闻学大辞典[M].郑州：河南人民出版社，1993：154.
[2] 陈力丹.陈力丹自选集：新闻观念——从传统到现代[M].上海：复旦大学出版社，2004：167.
[3] 陈力丹.陈力丹自选集：新闻观念——从传统到现代[M].上海：复旦大学出版社，2004：157-165.
[4] 高海波.斯达汉诺夫运动与典型报道[J].国际新闻界，2011，33（11）：25-31.

国党报典型报道的源头并非来自列宁的"典型宣传"主张，而是一种本土化、原创性的发明，灵感主要出自毛泽东的"典型论"思想方法。吴廷俊等进一步指出，中国共产党的典型报道有一套自洽的思想理论，包含两个层面：首先，毛泽东的思想理念和党报理论是指导方针，这是典型报道理论的基石；其次，毛泽东倡导的创造典型的工作方法构成了报道样式的内在规定，这是典型报道理论的主体内容。进而言之，第一层面的党报理论成熟于 20 世纪 40 年代延安整风和党报改造的过程中，此后落实在中国共产党的党报党刊实践；第二层面的典型方法起源于大革命时期毛泽东使用的典型调查实践，贯彻于毛泽东领导中国革命和建设的全过程，称得上一种具有方法论意义的思想理论。二者的结合催生了典型报道理论，理论付诸实践，产生了中国共产党党报的典型报道样式。[1]

以上两种溯源的研究结论虽有不同，但都肯定了典型报道的理论和实践与社会主义运动密不可分。"典型"的理论来源于社会主义理论家，实践扎根于探索和建立社会主义的行动当中，服务于社会主义探索和建设的目标。正如张威所说，在新闻报道和写作的文体方面，中西方新闻界的大多数新闻体裁较为接近或相似，唯有典型报道这种新闻文体是苏联特别是中国新闻业独有的景观。[2] 也就是说，典型报道具有社会主义的意识形态属性，其渊源和流变应该置于国际共产主义运动的脉络中加以审视，如此方能既在微观层面详细审视中国与苏联典型报道实践的细微差异，又能在一个更宏阔的视野中，将典型报道作为社会主义特有的一种新闻报道样式进行考察，探析典型报道的起源和演变与社会主义运动的历史脉络之间的相互关联，为理解典型报道的历史与现状提供新的思考资源。本章引入"社会主义新人"的理论视角，尝试从一个新的维度考察社会主义历史与理论中的典型报道。

---

[1] 吴廷俊，顾建明.典型报道理论与毛泽东新闻思想［J］.新闻大学，2001（4）：5-8.
[2] 张威.典型报道：渊源与命运［J］.新闻与传播研究，2002（2）：38-49，96.

▶第六章
典型报道：社会主义"新人"及其主体性

二、国际共运历史脉络中的典型报道

19世纪初，空想社会主义运动的创始人相信，未来美好社会的蓝图只要被社会公众知晓和理解，就会产生信仰行动。当时，欧文、傅立叶和圣西门等早期空想社会主义者创办了一批新型合作社、幼儿园、工厂等共产主义试验点，他们主持的报刊对试验点的做法和经验进行了大规模的报道和宣传，树立典型、宣传典型的"典型报道"观念和实践应运而生。从20世纪20年代到40年代，典型报道风行一时，成为社会主义报刊的重要内容。[1]在《共产党宣言》中，马克思和恩格斯对这段历史做过分析，"他们（早期空想社会主义者——引注）拒绝一切政治行动，特别是一切革命行动；他们想通过和平的途径达到自己的目的，并且企图通过一些小型的、当然不会成功的试验，通过示范的力量来为新的社会福音开辟道路"。[2]这里讲的"示范的力量"或"榜样的力量"，揭示了典型报道的运作机制。正如马克思和恩格斯所分析的，因为拒绝政治行动，空想社会主义运动最终失败，依托运动产生的典型报道实践也是昙花一现。不过我们可以看到，典型报道最早是在西方社会主义理论家探索建立社会主义的背景之下发端的，一开始便与社会主义的探索和实践有着不可分割的血肉联系。可以说，典型报道自诞生之日起，便是通过树立典型、达成示范效应、形成大范围模仿效果的路径来为社会主义运动服务的。

1917年，十月革命胜利，社会主义从理论变成现实。不同于马克思和恩格斯设想的在西欧发达资本主义国家发动革命，第一个苏维埃政权建

---

[1] 陈力丹.陈力丹自选集：新闻观念——从传统到现代[M].上海：复旦大学出版社，2004：157-165.
[2] 马克思,恩格斯.共产党宣言（1848年）[M]//中共中央马克思恩格斯列宁斯大林著作编译局.马克思恩格斯选集：第1卷.北京：人民出版社，2012：430.

立在经济文化落后的俄国。列宁指出，在无产阶级夺取了政权、镇压了剥夺者的反抗等革命任务基本完成之后，提高劳动生产率、发展社会生产就成为首要的、根本的任务，特别是在生产力落后的俄国，这是巩固国家政权和发展国民经济的内在要求。① 列宁大力提倡典型报道，特别注重用榜样的力量来唤起民众，"让那些向全国居民介绍我国少数先进的劳动公社的模范事迹的报刊广泛销行几十万几百万份吧"，苏维埃报刊的主要内容应当是发表这些"模范事迹"，"这样我们就能够而且一定会使榜样的力量在新的苏维埃俄国成为首先是道义上的、其次是强制推行的劳动组织的范例"。② 在《怎样组织竞赛？》《伟大的创举》《论我们报纸的性质》等文章中，列宁反复倡导和阐发典型报道的操作手法，指出从资本主义到共产主义的过渡时期，报刊的首要任务是用实际生产生活中鲜活生动的具体事例来教育群众，通过典型模范的力量来推动和指导工作。

1919年春天，苏维埃政权还面临着内忧外患的严重困难，国内反对者和国外资产阶级联手发起进攻，试图绞杀新生的苏维埃共和国。③ 紧张的军事压力，激发了苏维埃政权的生存斗争，列宁和布尔什维克号召共产党员和工会成员行动起来，到前线去或参加劳动。1919年5月10日，莫斯科-喀山铁路调车站的共产党员和工人发起了"共产主义星期六义务劳动"，205个工人奋战1014个工时，修好了4个机车和16个车厢，装卸了9300普特（普特是俄国使用的计量单位，1普特≈16.38千克）材料。④《真理报》敏锐地抓住了这次事件，发表了《用革命精神从事工作》的著名文章。列宁得知这一事迹后，给予了高度的评价，并且大力推广。他对这一事件的

---

① 列宁.列宁全集：第34卷［M］.中共中央马克思恩格斯列宁斯大林著作编译局，编译.2版（增订版）.北京：人民出版社，2017：168-169.
② 列宁.列宁全集：第34卷［M］.中共中央马克思恩格斯列宁斯大林著作编译局，编译.2版（增订版）.北京：人民出版社，2017：136-137.
③ 黄浵霖.国际共产主义运动史简明教程［M］.济南：山东人民出版社，1986：272.
④ 夏征农.社会主义辞典［M］.长春：吉林人民出版社，1985：240-241.

> **第六章**
> 典型报道：社会主义"新人"及其主体性

意义看得很深远，认为"共产主义星期六义务劳动"是伟大的英雄主义，是具有世界历史意义的转变的开端，"它向我们表明了工人自觉自愿提高劳动生产率、过渡到新的劳动纪律、创造社会主义的经济条件和生活条件的首创精神"。列宁指出，"普通工人起来承担艰苦的劳动，奋不顾身地设法提高劳动生产率，保护每一普特粮食、煤、铁及其他产品，这些产品不归劳动者本人及其'近亲'所有，而归他们的'远亲'即归全社会所有，归起初联合为一个社会主义国家然后联合为苏维埃共和国联盟的亿万人所有，——这也就是共产主义的开始"。①

在写作《伟大的创举》这个阐发"共产主义星期六义务劳动"历史意义的著名小册子之外，列宁还在俄共（布）莫斯科市代表会议上发表了《关于星期六义务劳动》的演讲，发表了《从莫斯科-喀山铁路的第一次星期六义务劳动到五一节全俄星期六义务劳动》和《从破坏历来的旧制度到创造新制度》等报刊文章，盛赞"星期六义务劳动"这一共产主义新事物，《消息报》和《真理报》先后刊载几十篇赞扬的报道和评论。经由这次大规模的宣传造势，"用革命精神从事工作"从口号变为行动，布尔什维克领导下的群众战胜了巨大的困难，社会生产和建设获得迅速恢复和发展，并最终取得了军事上的胜利。1919年11月，俄共（布）中央在一份文件中强调："应当更经常地、更积极地、更有系统地、更有组织地进行星期六义务劳动……党员在遵守劳动纪律和发挥劳动干劲方面应当走在大家的前面。"②1920年5月1日，全国性的星期六义务劳动在苏联各地蓬勃展开，社会主义劳动竞赛由此发端。

"共产主义星期六义务劳动"的宣传报道，是典型报道在苏联的早期实践之一，在一定程度上可以视为典型报道在苏联的重要开端。从这个追

---

① 列宁.列宁全集：第37卷［M］.中共中央马克思恩格斯列宁斯大林著作编译局，编译.2版（增订版）.北京：人民出版社，2017：15-19.
② 列宁.列宁全集：第37卷［M］.中共中央马克思恩格斯列宁斯大林著作编译局，编译.2版（增订版）.北京：人民出版社，2017：303.

溯可以看到，典型报道的早期实践诞生于苏联社会主义政权不稳固、国家经济文化落后的背景之下，产生于以列宁为核心的苏维埃社会主义政权力量的大力推动下，对苏维埃社会主义政权发展社会经济、提高劳动生产率，以及帮助苏维埃政权抵抗旧统治势力复兴和外国资本主义侵略、巩固苏维埃政权发挥了重要的作用。树立"共产主义星期六义务劳动"的典型，并把这个典型推广至全国，甚至使这个典型事迹发展成为国家的一项传统，显然达到了列宁所提出的目标，也验证了列宁倡导的典型报道理念的实际效果。

中国现代新闻史上的典型报道通常追溯至1942年4月30日《解放日报》头版的吴满有报道。此前的中国报刊实践中虽然有过正面的人物报道，如中央苏区的党报《红色中华》，不过一方面这些报道并非报刊上经常性、主体性的内容，多数只是偶然为之，另一方面这些报道的社会影响力也较为有限。《解放日报》的吴满有报道则全然不同，这是由大生产运动的政治号召催生的、产生了石破天惊影响力的重头报道，典型报道这一新闻文体由此获得大规模的应用。延安时期典型报道实践的兴起，与整风运动和党报改造密切相关。《解放日报》在改版之前，有意效仿《大公报》《真理报》等城市大报，以较多的篇幅刊登国际新闻和高头讲章，对党的工作和边区的实际关注不够，宣传重心存在一定程度的偏离。[1]在全党整风即将开启的大背景下，党报率先经历了改造，而且由毛泽东亲自领导，他在1942年3月31日《解放日报》改版座谈会上指出，"利用《解放日报》，应当是各机关经常的业务之一。经过报纸把一个部门的经验传播出去，就可以推动其他部门工作的改造。我们今天来整顿三风，必须好好利用报纸"[2]。这段言简意赅的讲话中，毛泽东实际上已经指明了典型报道的

---

[1] 陆定一.陆定一同志谈延安解放日报改版：在解放日报史座谈会上的讲话摘要[J].新闻研究资料，1981（3）：1-8.

[2] 中共中央文献研究室，新华通讯社.毛泽东新闻工作文选[M].北京：新华出版社，2014：109-110.

▶第六章
典型报道：社会主义"新人"及其主体性

操作手法，即"经过报纸把一个部门的经验传播出去，就可以推动其他部门工作的改造"。《解放日报》改版之后，"全党办报，群众办报"成为新的办报方针，党报的主要任务是宣传党的政策、贯彻党的方针，并且反映、教育和引导群众。

当时陕甘宁边区的一个客观现实是日军和国民党封锁造成严重的经济困难，为了克服危机，党中央号召边区军民自力更生、丰衣足食，大生产运动如火如荼开启。[①]1942年4月30日，《解放日报》的头版刊登《模范农村劳动英雄吴满有 连年开荒收粮特多 影响群众积极春耕》，毛泽东读过这篇报道后打电话给报社编辑部，肯定了这样的报道，随后党中央和边区政府将吴满有树立为一个劳动英雄的先进人物，通过各种方式进行公开表彰和宣扬，号召广大群众学习，吴满有成为陕甘宁边区第一个通过党报传播出去的典型人物，产生了积极的社会效果。毛泽东说："开了三天会，搞清楚了一个吴满有，才晓得边区能增加多少万石，用什么办法增加。"[②] 典型报道由此成为党报的一种重要报道方式，《解放日报》此后几年报道了600多个典型人物和单位。以典型报道来组织和推动工作，成为一种基本的报道模式。

新中国成立后，百废待兴，土地改革、"三反五反"、抗美援朝、五年计划建设等一系列运动相继开展，党和国家亟须调动人民群众建设新社会的热情，并且将一些典型人物和工作经验进行宣传和推广，典型报道由此迎来了大发展。1954年，中共中央《关于改进报纸工作的决议》的重要文件明确提出了典型报道的重要性，"报纸应该积极支持工人阶级和农民群众的一切创举，把先进生产单位、先进生产者的典型经验和重要成就推广

[①] 宋金寿，李忠全.陕甘宁边区政权建设史［M］.西安：陕西人民出版社，1990：335-350.
[②] 中共中央文献研究室.毛泽东文集：第3卷［M］.北京：人民出版社，1996：114.

到整个建设战线上去"①。第一个"五年计划"建设期间，全国报纸普遍使用典型报道的手法，发掘和报道了工业战线的孟泰、王进喜、王崇伦，农业战线的李顺达、徐建春、陈永贵等劳动模范。②"三反五反"运动期间，毛泽东指出，"将各地典型的好人好事加以调查分析和表扬，使全党都向这些好的典型看齐，发扬正气，压倒邪气"③。

从前文梳理可见，中国的典型报道兴起于革命战争年代，在社会主义建设时期获得大范围运用。在典型报道的实践中，中国共产党及其领导的社会主义政权是非常重要的推动力量，呈现出典型报道的强度和范围随着社会主义政治力量而起伏的特点。

三、形塑"新人"：典型报道的内在理路

从理论脉络上看，典型报道在国际共产主义运动中的兴起，与"社会主义新人"这一思想传统密切相关。马克思和恩格斯提出了人的全面发展理论，列宁结合俄国革命和社会主义建设的实践，提出了"社会主义新人"理念，认为俄国无产阶级在革命夺权之后，需要培养大批具有共产主义理想信念、先进道德品质和科学文化知识的"一代新人"。④

塑造社会主义新人，既是马克思主义学说的落实和发展，又具有重要的现实意义，因为苏维埃建立在经济文化落后的条件之上，建设经济、发展生产力离不开人的提高，同时终极目标也指向人的全面发展。1919年，列宁为俄共（布）起草的新党纲中指出，"有计划地组织社会生产过程来

---

① 中共中央关于改进报纸工作的决议（1954年7月17日）[M]//中国社会科学院新闻研究所.中国共产党新闻工作文件汇编：中卷（1950—1956）.北京：新华出版社，1980：319-329.
② 薛国林.形象塑造与社会认同：正面人物宣传报道的社会效果研究[M].广州：暨南大学出版社，2012：58-60.
③ 新华社.毛泽东论新闻宣传[M].北京：新华出版社，2000：128.
④ 周建超.论列宁的社会主义新人思想[J].江苏社会科学，2020（5）：35-43.

保证社会全体成员的福利和全面发展"[①],"培养共产主义社会的全面发展的成员"[②]。关于社会主义新人的理想人格，列宁丰富了马克思和恩格斯"自由而全面发展的人"的理论，提出苏维埃"新人"应该掌握必要的知识和技术、懂得生产建设和社会管理，"全面发展的和受到全面训练的人，即会做一切工作的人"。[③]也就是说，列宁对"新人"做了具体化的阐述，不仅停留在理想信念、道德品格、文化知识的抽象层面，而是特别强调从事社会生产的劳动技能和管理技能，并且在教育、训练和培养的过程中使人的本质力量和丰富个性获得充分展现。

关于塑造社会主义新人的途径和方法，列宁提出辩证看待人类文化的一切优秀成果，包括资产阶级的文明长处，以更好地建设社会主义新文化。在《关于无产阶级文化》和《青年团的任务》等著名文章中，列宁批评了"空想社会主义者"和"无产阶级文化派"，认为他们夸大了无产阶级文化的特殊性，全盘否定了人类文化的历史遗产，"从前的空想社会主义者设想社会主义可以由另外的人来建设，可以先培养出一批优秀的、纯洁的、受过良好训练的人，然后再由这些人来建设社会主义。我们一向嘲笑这种想法，并且说过，这是玩木偶戏，这是酸小姐拿社会主义消遣取乐，而不是严肃的政治"[④]。在列宁看来，必须善用既有条件，"我们要用那些由资本主义培养出来、被资本主义败坏和腐蚀、但也为资本主义锻炼得能进行斗争的人来建设社会主义"，资本主义社会遗留下来一些积极遗产，特别是"科学、技术、知识和艺术"，必须继承和发展，"我们必须利用这个文化来建设社会主义。我们没有别的材料。我们要立刻用资本主义昨天

[①] 列宁. 列宁全集：第36卷［M］. 中共中央马克思恩格斯列宁斯大林著作编译局，编译. 2版（增订版）. 北京：人民出版社，2017：79.

[②] 列宁. 列宁全集：第36卷［M］. 中共中央马克思恩格斯列宁斯大林著作编译局，编译. 2版（增订版）. 北京：人民出版社，2017：413.

[③] 华东师范大学教育系. 列宁论教育：修订本［M］. 北京：人民教育出版社，1990：209.

[④] 列宁. 列宁全集：第36卷［M］. 中共中央马克思恩格斯列宁斯大林著作编译局，编译. 2版（增订版）. 北京：人民出版社，2017：47.

留下可供我们今天用的那些材料来建设社会主义，马上就着手建设"。[1] 列宁强调，苏维埃的文化教育工作者应该摒弃刻板成见，以灵活开明的心态对待旧社会的遗产，以巩固无产阶级专政，发展社会主义新文化，培养优秀的社会主义新人。

在五四新文化运动的时代浪潮中，青年毛泽东形成了"造就新人"的理想，在此后的中国革命和建设时期，这一理想逐步发展和落实。1937年11月，在《为陕北公学成立与开学纪念题词》一文中，毛泽东指出："要造就一批人，这些人是革命的先锋队，这些人具有政治的远见，这些人充满着斗争精神和牺牲精神，这些人是胸怀坦白的、忠诚的、积极的、正直的，这些人不谋私利，唯一的为着民族与社会解放。"[2] 随后在《在延安文艺座谈会上的讲话》《纪念白求恩》《为人民服务》的著名文章中，毛泽东反复阐发"新人"思想，呼唤无产阶级"新人"的大量涌现。张放认为，毛泽东对社会主义新人的期许，重点并非体现在个人修养的层面，必须从新中国发展的整体结构出发来理解社会主义新人，其核心特征包含四个方面，分别是在精神上破除西方迷信，在身份上实现人人平等，弘扬集体主义原则，倡导艰苦奋斗精神。[3]

"锻造新人"的政治理念落实在新闻采访和写作的业务实践中，一种常见的方法是诉诸道德模范的人物形象塑造。道德作为人类社会通用的评价体系，容易引起社会民众的共情，通过道德感召来鼓舞人心是团结群众、凝聚力量的重要途径。典型报道往往将典型人物与崇高道德联结在一起，以此帮助社会主义政权凝聚人心。在典型报道中，阶级敌人通常在道德上是有问题的、负面的，社会主义新人则是在道德上合乎人的自然情感

---

[1] 列宁.列宁全集：第36卷［M］.中共中央马克思恩格斯列宁斯大林著作编译局，编译.2版（增订版）.北京：人民出版社，2017：47-48.

[2] 人民教育出版社.毛泽东同志论教育工作［M］.北京：人民教育出版社，2000：38.

[3] 张放.毛泽东锻造社会主义新人思想及其当代价值［J］.毛泽东邓小平理论研究，2020（12）：35-46，104.

第六章
典型报道：社会主义"新人"及其主体性

的、正当的。例如，在《苦孩子成长为优秀人民战士》这篇典型报道中，在描写雷锋的童年经历时写道："刚满六岁的雷锋，沦落在地主的手里。"似乎地主天然就是剥削人的恶势力，是道德败坏的阶级，而后文章以"优秀人民战士"来形容雷锋，将人民战士天然地与优秀、正义等美好品德联系在一起。[①]这样的话语策略，在新中国初期的典型报道中比比皆是。典型报道通过赋予典型人物美好品德，引起人民群众的道德向往，从而在人民群众中产生影响。

典型报道还注意突出人民群众在建设社会主义过程中的主体性地位，从人生价值的层面上给予人民以意义感和崇高感，从而唤起群众建设社会主义的自觉性和主动性。在《想象的共同体》一书中，安德森提出一个著名观点，即所谓"现代民族—国家"本质而言是一种"想象的政治共同体"，"它是被想象为本质上有限的，同时也享有主权的共同体"。[②]这一"想象"的过程也就是政治共同体的形塑过程，生物学意义上的"个体"被设想为社会学意义上的"公民"，平等享有社会提供的各种资源以及建设国家的权利和义务。因此，现代民族—国家的建构过程，同时也是个体改造的过程，使社会民众从封建社会的"臣民"转化为现代的"公民"。进一步来说，无产阶级是社会主义革命和建设的主体力量，因此，在社会主义革命和建设的过程中，"无产阶级"必须是一个在场者，这需要在新闻报道尤其是典型报道中凸显出来。只有新闻媒体将无产阶级作为典型来广泛宣传，才能够体现出无产阶级在建设社会主义中的重要作用。

1935年，苏联的一名普通采煤工人斯达汉诺夫，在新闻媒体一系列典型报道的宣传之下，成为轰动全世界的新闻人物，他的名字成为先进劳动工作者的代名词。一场社会主义劳动竞赛运动——斯达汉诺夫运动，在

---

① 苦孩子成长为优秀人民战士[N].人民日报，1961-05-05（4）.
② 安德森.想象的共同体：民族主义的起源与散布[M].吴叡人，译.上海：上海人民出版社，2005：5.

全苏联轰轰烈烈地展开了。① 在"斯达汉诺夫工作者"第一次会议上，斯大林发言指出，"斯达汉诺夫工作者没有某些工程师、技师和经济工作人员的那种保守主义和顽固思想；他们勇敢地前进，打破旧的技术定额，创造新的更高的技术定额；他们对我国工业领导者制定的设计能力和经济计划提出修改，他们往往补充和修改工程师和技师的意见，他们时常教导工程师和技师，并推动工程师和技师前进，因为他们是完全掌握了本行技术并善于最大限度地利用技术的人才"。② 斯大林在讲话中淡化了工程师和技师等知识分子的作用，强调普通工人即纯粹的无产阶级在建设工业化过程中的重要作用，这确立了无产阶级在建设社会主义过程中的主体性地位，提升了无产阶级的主人公意识，并由此提升了无产阶级建设社会主义的积极性。高海波认为，20世纪40年代的延安大生产运动实质上就是一场"中国式的斯达汉诺夫运动"，陕甘宁边区的众多典型人物如吴满有、赵占魁、刘建章等的共同原型就是斯达汉诺夫。③ 无论是苏联还是中国的典型报道，都努力通过构建人民群众的主人翁身份和主体性地位，来提升群众建设社会主义的积极性，并以此提升劳动生产率、发展社会主义。

如前所述，典型报道并不是像其他报道形式一样，仅仅起着"报道事实"的作用，而是担当着锻造新人新事物、巩固社会主义政权和建设社会主义目的的重任。典型报道是通过形塑社会主义新人来实现这样的目标。在一篇典型报道中，可能仅仅突出一个或者一批典型人物，通过对这个或这批典型人物形象的刻画，展现社会主义新人的面貌。不过，典型报道的实践到此并没有结束，形塑新人的任务也并没有到此达成，典型报道要实

---

① 郝宇青，田雨. 政治动员议题的建构、实施与效果评析：对斯达汉诺夫运动的考察［J］. 党政研究，2016（1）：60-68.
② 斯大林. 在全苏斯达汉诺夫工作者第一次会议上的讲话（节选）（1935年11月17日）［M］//共青团中央团校. 马克思恩格斯列宁斯大林论青年. 北京：中国青年出版社，1980：268.
③ 高海波. 斯达汉诺夫运动与典型报道［J］. 国际新闻界，2011，33（11）：25-31.

现形塑新人继而推动社会主义建设，需要经过一系列的复杂运作，这个模式可以简化为：寻找新人—报道新人—推广新人—形塑新人。① 只有完成这一系列的完整运作过程，典型报道才能够完成预期的政治目标。

挖掘和寻找新人是前提，记者必须要找到符合"新人"要求的典型人物，这就要求记者深入基层，观察和体验基层人民群众的生活。在找到符合"新人"特征的典型人物之后，接下来就是对"新人"进行大规模的报道，并在报道中突出他"新"在哪里。之后，要通过大规模重复多次报道，以及开展学习活动等形式，将典型报道中的"新人"推广开来，要让"新人"在群众中享有知名度并产生影响力。最后，要让人民群众在"新人"的道德感召下，在社会主义建设主人翁主体意识的觉醒下，学习"新人"的思想和观念，模仿"新人"的行动，并最终完成自身向"新人"的接近和转变。这样，完成了这最后一步的惊险一跃，典型报道才最终发挥出了它全部的力量，改变人民群众的旧思想，将"旧人"形塑为"社会主义新人"，完成动员和教育的政治过程。

四、社会主义"新人"与文化领导权

典型报道形塑新人的内在逻辑，是用道德感召和构建群众主体意识的方式，唤起人们建设社会主义的自觉性和主动性。从这个意义上说，典型报道确实是社会主义运动所"特有"的新闻样式，它与资本主义逻辑存在着根本性的冲突。② 从理念上看，社会主义的终极目标是要达到人人劳动、人人平等，集体主义是内含在社会主义理想之中的。然而在资本主义世界，特别是在新自由主义氛围中，原子化的个人主义是社会的基本价值观和社会组织的前提③，人民的主体性地位很难建立起来，资本主义社会的新

---

① 周海燕.记忆的政治[M].北京：中国发展出版社，2013：204-221.
② 哈维.世界的逻辑[M].周大昕，译.北京：中信出版社，2017.
③ 哈维.新自由主义简史[M].王钦，译.上海：上海译文出版社，2010：6-45.

闻媒体通过"揭丑报道"监督社会的运作，却难以有直接建设国家的主体意识。

在国际共产主义运动的新闻实践中，形塑新人的典型报道之所以绵延不断，深层原因在于葛兰西所说的文化领导权问题。意大利共产党领导人、理论家葛兰西，通过比较苏俄革命的成功与意大利、德国等国革命的失败，由此提出了"文化领导权"（也译作"文化霸权"）理论。葛兰西认为，十月革命前的俄国是资本主义统治的薄弱地带，资产阶级的统治主要通过军队、警察等硬性方式来实现，因此冲垮国家机器就能带来革命胜利；而德国、意大利等发达资本主义国家的阶级统治和社会结构存在较大差异，资产阶级不仅通过军队、警察等国家机器实现对工人阶级的剥削和统治，而且通过市民社会进行意识形态统治，使工人阶级认同和服从资本主义秩序，从而实现更加稳固的总体性的统治。因此，从革命的战略着眼，必须首先通过夺取文化领导权的阵地战和游击战，唤醒工人阶级的革命意识，由此才能冲击资本主义的统治秩序。[①]

在中国的新民主主义革命和社会主义建设阶段，资产阶级意识形态、封建主义旧思想的影响不容忽视，要走向社会主义首先要进行新民主主义文化建设，建立起社会主义文化自信。只有用社会主义理想信念和马克思主义改造人民群众，建立起无产阶级的文化领导权，社会主义政权才有其合法性根基，才不会被轻易地推翻。[②] 在此基础上，建设社会主义的政治革命与经济革命方能有序推动。

无论是苏联还是新中国，在社会主义建设初期都面临经济落后的客观挑战，发展生产力成为社会主义政权的首要任务。在列宁和毛泽东的思想体系中，人始终是发展生产力的重要因素，毛泽东尤为强调人的主观能动性。在这样的情况下，塑造具有艰苦奋斗精神和集体主义精神的无产阶级新

---

① 穆美琼，周梁云.葛兰西文化领导权理论及其启示[J].马克思主义哲学，2021（4）：117-124.

② 李彬，李海波.新中国与新文化[J].当代传播，2016（5）：4-13.

主体，就更有现实必要性。与此同时，超越资本主义式的个人中心主义，养成一种新的世界观，也是社会主义文化的终极目标。马克思认为，人的自由而全面的发展，必须在特定的共同体中方能实现，即"控制了自己的生存条件和社会全体成员的生存条件的革命无产者的共同体中"。[①]因此，典型报道的理念与马克思主义中人的全面发展的理念是契合的。通过典型报道来形塑社会主义新人，有助于社会主义社会向共产主义社会的终极目标发展。

概而言之，典型报道理论和实践均源起于社会主义运动的历史过程之中，通过报道拥有美好道德品质的"新人"来唤起人们对道德主体的向往，构建无产阶级在建设社会主义过程中的主体性地位，以此将更多的人民群众形塑为社会主义"新人"，推动社会主义的建设。当代新闻理论与社会环境都发生了极大的变化，形塑单一样态的、英雄式的"新人"已难以在人们心中引起道德感召，典型报道所形塑的新人发生了从"英雄"到"榜样"的变化，"新人"离普通人的距离更近了。然而，这样的变化并不意味着"新人"不再重要，也不意味着典型报道的消亡，它只是以更合适的形态继续服务于社会主义建设。正如张威指出的，只要社会主义运动仍然存在，典型报道就不会消失。[②]

五、典型报道与人民群众的主体性

学界过往对于典型报道的理解，大致采用一元论与二元论两种视角。在一元论视角的研究中，"典型"背后的哲学内涵是普遍性与特殊性的统一，该视角下的"典型"是一个政治共同体中的道德模范：既是共同体中的一员，也是共同体精神的凝聚与体现。在这一共同体中，政党与群众都肩负着统一的历史使命与目标，实现路径需借助政党的动员与群众

[①] 马克思，恩格斯.德意志意识形态［M］//中共中央马克思恩格斯列宁斯大林著作编译局.马克思恩格斯文集：第1卷.北京：人民出版社，2009：573.
[②] 张威.典型报道：渊源与命运［J］.新闻与传播研究，2002（2）：38-49，96.

的参与。因此，典型报道在共同体中的作用便是指导、鼓舞和动员。[①]二元论视角通常使用"国家—社会"对立的分析框架，认为"典型"是由政党/国家权力主动选取、建构出来的，群众处于消极被动的状态。从这样的视角出发，往往得出如下结论：随着社会环境的变化，如市场制度所推动的社会多元、民众理性水平提高等，典型报道将逐渐失去生存土壤。[②]就像陈力丹所指出的："以往的研究多集中在典型报道存在的合理与必要等方面。"[③]随着20世纪80年代新启蒙思潮的兴起，以及典型报道的社会影响力日渐衰微，以"反思"为特征的二元论视角倾向于否定典型报道存在的合理性。在一种新的新闻理论中，新闻的政治属性被淡化，商品属性与服务功能得以凸显。作为商品，新闻需要一套可以计算的、经验化的标准来规范，并在市场中流通，而被归属于宣传品的典型报道将逐渐消亡。

从"国家—社会"的二元论视角来考察吴满有报道，福柯意义上的"权力技术"往往成为关注的重点。例如，周海燕以翔实的材料和细密的分析还原了吴满有报道的生产与传播过程，探讨政治权力如何控制新闻生产从而构建社会记忆。[④]阳海洪则分析了吴满有报道中的民粹主义色彩，认为其中包含着重视农民新闻权利等民主价值，但同时也内含着反智、反专业化等"反现代化"的倾向，"阻碍了中国新闻事业的现代化转型"。[⑤]可见，在二元论的视野中，典型报道是政党控制民众以实现特定政治目标的产物，虽然在革命战争的特殊年代具有历史合理性，但其现代意义是值得

[①] 吴廷俊，顾建明.典型报道理论与毛泽东新闻思想[J].新闻大学，2001（4）：5-8.
[②] 张威.典型报道：渊源与命运[J].新闻与传播研究，2002（2）：38-49，96.
[③] 陈力丹，董晨宇.2010年我国新闻传播学研究的新鲜话题[J].当代传播，2011（2）：10-13，16.
[④] 周海燕.吴满有：从记忆到遗忘——《解放日报》首个"典型报道"的新闻生产与社会记忆建构[J].江苏社会科学，2012（3）：236-240.
[⑤] 阳海洪.论民粹主义与典型报道的起源：以"吴满有"报道为例[J].国际新闻界，2010（4）：70-75.

第六章
典型报道：社会主义"新人"及其主体性

怀疑的。这样的视角切中了中国革命的一个面向，即列宁式政党是革命运动的组织者和推动者，群众运动通常被控制在政党政治的范畴之中，含有支配政治的成分。[①] 就此而言，二元论视角下的典型报道研究，普遍忽视了典型生产过程中政党与群众的辩证互动。本章希望从这样的盲点入手，重新考察典型报道。

20世纪中国革命是理论与实践高度结合的产物。重新理解吴满有的典型报道，既需要回到实践层面的具体历史语境，也需要回到理论层面的思想探索进度，从而获得完整的历史图景。本章首先尝试回答如下问题：吴满有这样的普通农民，何以成为政治共同体的典范以及一场社会运动的中心？这一问题涉及农民在中国革命中的地位。

1928年，毛泽东在《中国的红色政权为什么能够存在？》一文中做出这样的分析：不统一的资本主义经济和分裂的帝国主义势力，使中国红色政权得以依托地方农村经济而生存。[②] 亦即是说，当不成熟且破碎的资本主义政治军事体系占据了城市，工人阶级革命难以奏效的时候，被资本主义所忽视的广大农民就成为革命所依赖的新的生命力。这就要求一个以工农联盟为主体的革命阶级的出现。这一分析不仅体现在大革命时期毛泽东对于农民问题的思考中，也反映在列宁对于俄国民粹派的反思中。早在1905年，列宁就提出了"无产阶级的工人与农民民主专政"的主张。吕新雨在分析俄国革命与中国革命的关联时指出，"农民问题和民粹主义问题，正是中、俄革命所面对的历史关键，决定了二十世纪中、俄革命与十八、十九世纪西方资产阶级革命具有完全不同的性质，它也直接决定了二十世纪不同于欧洲的东方'社会主义'的出现"[③]。列宁与毛泽东面对的共同问题是，在一个农民占多数的国家实现社会主义革命，这首先需要一个由无

---

① 蔡翔.革命/叙述：中国社会主义文学—文化想象（1949—1966）[M].2版.北京：北京大学出版社，2018：89.
② 毛泽东选集：第1卷[M].2版.北京：人民出版社，1991：47-56.
③ 吕新雨.列宁主义与中国革命：重新理解马克思主义中国化的历史视角[J].毛泽东邓小平理论研究，2015（3）：57-65，92-93.

产阶级政党领导的资产阶级革命作为过渡。因此，唤醒农民的革命意识，动员农民走向革命，成为必要前提。

新的革命主体并不取决于经典马克思主义的经济结构论，而是取决于革命意识与政治觉悟。在新民主主义理论中，中国的"无产阶级、农民、知识分子和其他小资产阶级"中的那些"已觉悟的，或者正在觉悟起来"的民众，都可以成为革命力量的一部分。①延安时期包括大生产运动在内的一系列群众运动的成功，在一定程度上验证了毛泽东对于群众的能动性和社会主义积极性的认可与推崇。与此同时，群众的政治主体性离不开政党的组织和中介，这意味着工农群众是在列宁式政党的动员、组织和领导下进入革命。这就要求包括报纸在内的一系列有效的动员，以唤醒群众的政治觉悟。正是在这个意义上，毛泽东十分重视报纸的组织动员作用，在对《晋绥日报》编辑人员的著名谈话中，毛泽东首先阐发"马克思列宁主义的基本原则"，即"使群众认识自己的利益，并且团结起来，为自己的利益而奋斗"，在这一政治启蒙与组织动员的过程中，"办报同志"的工作"就是教育群众，让群众知道自己的利益，自己的任务，和党的方针政策"。②

新闻事业、党报工作是上述动员体系的重要组成部分。吴满有报道产生的时间节点，恰是政党调整知识分子政策、重新定位新闻与文艺角色功能的转折时刻，即要求知识分子走出专业苑囿，运用新闻、文艺等方式服务工农兵群众，特别是对边区占大多数的农民这一新的革命-政治主体，进行广泛而深入的教育、动员与组织。《解放日报》关于吴满有的典型报道，发生在整风运动初期、党报改版之后，可以说是一种新的政治理念指导下的新闻实践领域创新之举。作为"劳动模范"和"公民模范"的普通农民吴满有登上《解放日报》头版头条，不仅是因为大生产运动的现实需要，也是对工农群体政治主体地位的新闻确认。

---

① 毛泽东选集：第2卷[M].2版.北京：人民出版社，1991：662-711.
② 毛泽东选集：第4卷[M].2版.北京：人民出版社，1991：1318-1322.

▶第六章
典型报道：社会主义"新人"及其主体性

六、"吴满有报道"的主体性呈现

在《解放日报》的"吴满有报道"以及随后的一系列媒介典型的塑造中，以工农为代表的劳动群众的主体性主要表现在三个方面。

第一，革命共同体。《解放日报》对于吴满有的塑造，贯穿始终的是吴满有个体与边区共同体的统一。4月30日的第一次报道凸显了吴满有的两种身份。首先，他是一个"劳动模范"，依靠辛勤劳动改变了命运。参加革命后，吴满有从一个"吃树叶，吞麦麸，砍柴受苦，给人家做工"的贫农，变为"拥有两头犍牛，一头母牛，两头小牛，一百多只羊"的中农。其次，他是一个"公民模范"，踊跃缴粮，积极参与共同体的政治生活。吴满有不但帮助其他难民寻得荒地，并且作为村庄里"最为公正的人士"被选为乡参议员和优抗主任。吴满有的一句话在后续的报道中被反复提及："我受过革命的好处，我忘不了革命，我真正爱着边区，同时为了自己过更好的日子。"[①] 在这句话中，吴满有的两种身份统一在"革命"主题中。

5月30日发表了一个更完整的吴满有故事，上述逻辑得到强化。这篇报道详细讲述了吴满有从革命前的被压迫者身份，到革命后的生产模范、政治主体身份的转变。记者莫艾写道："吴满有是庄稼人，更懂得种庄稼的道理；分得了土地而不努力耕种，生活是不能改善的，革命的力量如果不加以培植，那革命的力量也许会消失。生活没改善，革命又消失，那我吴满有还不是几十年前的，卖了女儿也混不饱的吴满有？"[②] 可见，吴满有个人的命运与革命共同体的命运是统一的。吴满有作为革命者的政治主体性，既是由"参与革命"赋予的，又是在"回报革命"、积极参与共同体生产生活中得以彰显的。

---

① 齐志文.记者莫艾［M］.北京：光明日报出版社，2010：56-58.
② 齐志文.记者莫艾［M］.北京：光明日报出版社，2010：65.

毛泽东曾在讲话中引用了《解放日报》关于吴满有的报道，评价吴满有"把自己的命运与共产党、八路军、边区政府的命运联系在了一起"[①]。在一系列的宣传报道中，吴满有实际上被作为共同体中的"新人"典型而被塑造起来，他蕴涵了新民主主义阶段的革命新人的特征：在革命中实现了个人利益，又能克服个人利益，无私奉献于集体或革命。值得注意的是，对新人的塑造不仅依赖于对正面典型的宣扬，也有对负面典型的批判。大生产运动中的"改造二流子"运动，便通过模范带头、大会训斥或强制改造的方式，完成了对于负面典型的批评与改造。[②]通过正反两个方向的努力，一个崭新的、个体与集体统一的革命主体性得以确立。

第二，群众积极性。吴满有等被树立为"劳动英雄"的正面典型，通过登报宣扬、物质奖励、表彰大会等形式，这些普通的劳动群众获得了极高的政治与社会地位。在面对重庆记者团的访谈时，一位劳动英雄激动地说："各个机关请咱们吃啦喝啦，首领还轮流给咱们看酒啦，好像显得自己兄弟一样亲热，真是平等啦……真个把咱们庄稼汉抬到半天空了。咱觉得当英雄比中状元还强。"[③]这些质朴的农民以乡村的方式理解自己获得的地位与光荣，而作为"劳动英雄"的自豪感又反过来推动他们更加积极地投身到生产劳动中去。吴满有成为劳动英雄后在边区政府说："厅长！咱今年更要努力生产，政府奖励了我，全边区的人都称我英雄，报纸上大大的夸奖着我。如果不加倍的努力，边区好的受苦的多着呢，我这个劳动英雄不是要垮台么？"[④]

这种翻身做主的积极性，不仅要在个别典型人物身上激发出来，还需要在更广泛的群众中实现。因此，劳动英雄的典型人物的产生，不光是通过记者主动探访而获得，还通过各个地方的生产竞赛、民主选举等方式推

---

① 齐志文.记者莫艾［M］.北京：光明日报出版社，2010：199.
② 朱鸿召.延安日常生活中的历史［M］.桂林：广西师范大学出版社，2007：61.
③ 赵超构.延安一月［M］.北京：中国国际广播出版社，2013：205-206.
④ 齐志文.记者莫艾［M］.北京：光明日报出版社，2010：99.

选出来。这意味着共同体中的每一个成员都有望通过自己的积极劳动成为模范，并获得物质与精神奖励。吴满有在表彰会上曾高兴地向那些围在他身边的农民们呼吁："看！你们都学我，好好生产，我们竞赛。"[①]1943年春耕开始之际，《解放日报》以安塞县退伍军人杨朝臣写给吴满有的一封挑战信为契机，将这一生产竞赛的动员形式拓展到整个边区的军民生产中。重庆记者团成员赵超构记录下了生产竞赛中群众爆发的热情："有些工人半夜里偷偷起来做工，有些士兵两手血淋淋的还紧握着锄头种地，只为的要上面褒扬几句话……所有比赛的成绩都在公共场所公布出来，给人以不断的刺激，不断的兴奋；到处是一片'加油'之声。"[②]在劳动竞赛、自下而上的选举、物质奖励这些形式的动员刺激下，为拥护候选人成为"英雄"，群众中甚至出现了"若公家不奖，我们自己奖"的声音。[③]

工农群众所爆发的积极性，显示了他们作为历史主体的能动性以及由此带来的巨大能量。延安时期的一系列群众运动，确证了毛泽东思想中一直以来的对于人的主观能动性和群众的"社会主义积极性"的分析。这样的信念与延安时期的实践本身也成为典型，不断激励后来的革命者积极投身于社会主义革命与建设运动中。

第三，群众与政党。大生产运动所表现出的群众与政党的关系，并非是绝对的政党控制群众的支配政治，也不是完全民粹式的群众自发运动，二者实际上处于一种互动状态。正如蔡翔所说，政党实际上提供了政治参与的形式，"群众的自发性意愿仍然充斥其中"。[④]与此同时，群众的"自发性"也会反过来促使政党调整其所构建的政治参与形式。

保守落后的农民群众与革命先锋的政党之间存在某种张力。典型塑造

---

① 给奖会上[N].解放日报，1942-05-05（4）.
② 赵超构.延安一月[M].北京：中国国际广播出版社，2013：207.
③ 王建华.革命的理想人格：延安时期劳动英雄的生产逻辑[J].南京大学学报（哲学·人文科学·社会科学），2016，53（5）：124-136，160.
④ 蔡翔.革命/叙述：中国社会主义文学—文化想象（1949—1966）[M].2版.北京：北京大学出版社，2018：88.

和生产竞赛运动在乡村远非一蹴而就,也曾遭遇阻力。早期选拔劳动英雄的方式是自上而下分配指标,导致了"拉夫"现象出现,使得一些群众将劳动英雄理解为"官封"奖励,"公家说谁是劳动英雄谁就是"。[①] 此外,对于主要从事农业生产的农民来说,成为劳动英雄意味着将大量时间耗费在非生产性活动上,因而出现了拒绝当劳动英雄的现象。[②] 这些矛盾说明,面对政党的政治动员,传统的乡村有着自己的理解消化方式,若实行不当,会激起乡村小农经济的自我保护。

群众与政党之间的张力促使政党改造自身,这种改造首先是对动员方式与政策的调整。艾思奇在《解放日报》撰文认为群众工作需要创造新办法,采用适合群众的形式,"在老百姓中喊出'斯达哈诺夫运动'的口号,一定没有人理睬。由劳动英雄发起,组织竞赛,就会很快地掀起生产的热闹。'劳动英雄顶秀才''一担粪顶一升米'的口号,在动员生产中起了大作用,就因为采用了老百姓所熟悉的形式"[③]。在改造宣传方式之外,面对难以推动工作的状况时,政党也会根据群众反映而灵活调整政策。于是,典型塑造的方式变为自下而上的竞赛或选举,对于当选的劳动英雄也不过多占用他们的时间和精力。

知识分子与工农相结合也提上议程。为了做好群众工作,知识分子需要深入工农群众的生活中。毛泽东在约谈莫艾时说:"有出息的革命知识分子,就是要走与工农相结合的道路。"[④] 对知识分子的新要求,势必打破传统的体力劳动与脑力劳动的区隔。这样的区隔在当时是真实而明显的。从重庆来的赵超构,在面对农民劳动英雄时,记录下了这样的感受:"农民的打扮,农民的脸谱,我们贺他'发财了,老乡',他回答一阵天

---

① 《关于劳动英雄的几个问题》,陕西省档案馆藏,档案号6-1-242。转引自王建华.中国革命的乡村道路[M].北京:中央文献出版社,2019:248.
② 王建华.革命的理想人格:延安时期劳动英雄的生产逻辑[J].南京大学学报(哲学·人文科学·社会科学),2016,53(5):124-136,160.
③ 崇基.新办法[N].解放日报,1944-02-29(4).
④ 齐志文.记者莫艾[M].北京:光明日报出版社,2010:187.

第六章
典型报道：社会主义"新人"及其主体性

真无邪的傻笑，和他们谈话吧，不外是庄稼，这对我们大都市来的记者实在太过专门了。"[①] 延安时期的文化政策，一方面推动知识分子的无产阶级化——"要做群众的先生，先做群众的学生"，另一方面推动劳动阶级的知识化，如经由一系列的文化启蒙与政治活动，一些农民劳动模范掌握了"组织""批评""斗争""法西斯"等现代概念，尽管在赵超构看来"又可笑，又可爱"。因此，改造既意味着破除现代性的专业化和科层化等问题，同时赋予底层劳动者的主体身份与尊严，使他们不仅仅是"可笑又可爱"的。在这样的政治过程中，政党、知识分子与群众深度结合、相互塑造，在运动中形成新的政治主体性。

典型报道最为诟病的是"合理想象"和"高大全"所带来的真实性问题。诚然，在多元开放的社会文化中，真实性是新闻工作必须恪守的专业原则。正如吕新雨所指出的，真实与价值主体紧密相关，不同价值主体有着不同的真实标准。[②] 本章通过重访吴满有典型报道的历史现场及其背后的语境，发现在典型报道的生产与呈现中，劳动群体在媒介景观中是以中心地位出现的，这是劳动群众政治主体性的表征。

在我们这个时代，工农群众曾被边缘化为"弱势群体"。[③] 或许像一些学者所预言的那样，革命时代的典型消失了。[④] 在消费主义的弥散之中，都市化媒体构建了城市中产阶级的生活想象，各式名流成为新的"典型"。因此，重访吴满有这样的劳动群众的典型报道，开掘其中蕴含的主体想象与尊严政治，对于思考今天的媒体状况有着别样的参考价值。

---

① 赵超构.延安一月[M].北京：中国国际广播出版社，2013：205.
② 吕新雨.学术、传媒与公共性[M].上海：华东师范大学出版社，2015：188.
③ 赵月枝.传播与社会：政治经济学与文化分析[M].北京：中国传媒大学出版社，2011：180.
④ 陈力丹.淡化典型报道观念[M]//陈力丹.陈力丹自选集：新闻观念——从传统到现代.上海：复旦大学出版社，2004：165.

第七章

新型记者：作为政党—群众"中介"的新闻工作者

"新型记者"是延安新闻学的一个关键概念，亟待深入的学理化探究。本章尝试从一种内在于中国革命及其政治原理的视野出发，揭示"新型记者"的丰富内涵。研究认为，整风改版树立了一种"新的新闻事业"，党报被定义为群众路线中政党与群众交往互动的桥梁纽带，新闻工作由此溢出技术专业的界限，成为先锋队政党教育、动员和组织群众的中介，从而与解放政治的历史进程深度关联起来。新的新闻范式要求相应的职业伦理与行为规范，呼唤一种与人民群众密切结合的"新型记者"的诞生。延安时期，中国共产党发明创造了一整套培育"新型记者"的体系模式，新闻工作者经历了从"无冕之王"到"人民公仆"的艰难转变。

"新型记者"的理论与实践，在群众路线的政治逻辑中展现了新闻业的丰富意涵，是较为成熟完善且颇具中国特色的新闻职业规范，有助于突破合理分化、专业分工等所谓现代性规律带来的视野促狭，超越西方市场化新闻业及其职业规范的有限想象，在一种更宏阔的格局中来重新理解新闻的社会角色以及新闻工作者的职业追求。

一、当代新闻从业者的职业意识

改革开放四十多年来，随着新闻传播领域的市场化改革日趋推进，新闻从业者群体也经历了深刻转型，这个群体的价值理念和实践范式亦发生了复杂变化。关于后者，学界一般认为当代中国新闻界主要存在两种职业规范：一是中国共产党的新闻传统，包括政治导向、党性原则、宣传喉舌等；二是改革开放以来引进的西方市场化新闻业的一套理念，包括职业独立、客观性原则、公共服务等。

从这个意义上说，新闻学知识的创新发展，特别是对中国共产党新闻传统和马克思主义新闻观的深入发掘，在当前具有重要意义。中国新闻改革的一个显著特点，是在市场化高歌猛进的同时并未摒弃一些重要政治底线或者说社会主义遗产，就新闻工作者的人才队伍建设而言，新世纪以来绵延不断的各种专项教育尤为引人瞩目，举其荦荦大者如"三贴近""三项学习教育""走转改"等。党的十八大以来，习近平总书记关于新闻舆论工作的重要论述，更在全国新闻界掀起学习贯彻的热潮。

本章尝试回顾中国共产党新闻传统中比较成熟完善的新闻工作者职业规范——延安时期"新型记者"的理念和实践，希望经由这段历史遗产的重新发掘，为新闻知识分子的职业想象打开新的可能空间。

关于"新型记者"的学术探究，截至目前寥寥可数。陈力丹、居然等研究者依据《解放日报》社论《政治与技术：党报工作中的一个重要问题》，指出"新型记者……是区别于其他政党和个人新闻事业的党的新闻工作者"[1]，要点大致包括为工农兵服务、与工农兵结合、忠诚于人民解放事业、遵循"政治第一，技术第二"原则等。[2] 这样的概括基本上沿用了党

---

[1] 陈力丹.马克思主义新闻学词典[M].北京：中国广播电视出版社，2002：83-84.

[2] 居然.中国共产党的"新型记者"[J].新闻界，2015（17）：69-70.

▶第七章
新型记者：作为政党—群众"中介"的新闻工作者

报社论的表述，对"新型记者"的内在理路与相关背景缺乏细致分析。黄旦和周叶飞则穿过政治话语的表层迷雾，从身份意识、业务操作和开门办报三个方面进行考察，认为"新型记者"的本质是党的喉舌、眼睛、耳朵，延安时期批判"无冕之王"和"技术至上"观念、树立全党办报模式，目的是消除新闻工作者的独立性，消解新闻专业的壁垒，"新型记者"的塑造实际上消弭了新闻工作者的专业主体性。[①]

从逻辑上说，党报改版确立了新的办报方针，这就必然要求与之相应的职业伦理与行为规范，呼唤一种"新型记者"的诞生。因此，研究者对于办报思路的理解，直接决定了"新型记者"的阐释。在此之前，黄旦对《解放日报》改版与政党政治的复杂关系进行了深入剖析，指出改版所创立的新闻范式是"以组织喉舌为性质，以党的一元化领导为体制，以四性一统（党性、群众性、战斗性、指导性，统一在党性之下）为理论框架"[②]。亦即是说，"党性"构成了改版后新办报方针的核心。"新型记者"的研究显然赓续了上述思路，关切点主要是新闻工作者与政党/政治权力的关系，并在这个视角上对"新型记者"做出了精深周密的探讨。

然而，将"新型记者"界定为党的喉舌、眼睛、耳朵，理解为附属于政党机器的被动的、丧失主体性的"齿轮和螺丝钉"，首要的问题是不符合经验材料的情况。延安时期对于"新型记者"的定义，通常是"工农兵记者""人民公仆""群众勤务员"，也就是从新闻工作者与群众的关系角度进行界定。进而言之，延安时期新闻活动主要不在政党与新闻工作者之间的关系上展开，彼时的中国共产党通过群众路线重建了与阶级基础的密切关系，达成对列宁主义政党、布尔什维克体制的突破创新，政党及其领

[①] 黄旦，周叶飞."新型记者"：主体的改造与重塑——延安《解放日报》改版之再考察 [M] // 李金铨.报人报国：中国新闻史的另一种读法.香港：香港中文大学出版社，2013：325-354.

[②] 黄旦.从"不完全党报"到"完全党报"：延安《解放日报》改版再审视 [M] // 李金铨.文人论政：知识分子与报刊.桂林：广西师范大学出版社，2008：252-280.

导下的政权、军队致力于组织和动员民众参与抗战与边区全面建设，而作为当时影响最大的现代化大众传播手段，报纸在党的组织和宣传体系中占有特殊地位，成为组织和动员民众的有力武器。换言之，延安时期新闻事业的主题是党报与民众的关系，群众路线构成了延安新闻范式的灵魂，党性原则在很大程度上毋宁是一种政治保障。

由此观之，究竟何为"新型记者"仍然有待探析。本章将该问题置于中国革命及其新闻业的"内部视野"[①]，综合利用中国共产党文件、报刊资料、文集、回忆录、传记等材料，并借鉴其他学科关于延安研究的成果，首先考察延安时期中国共产党办报思路的革新及其对新闻工作者职业规范的新要求，继而阐释"新型记者"的内涵，接着通过新闻界整风运动和新型记者的培育过程，进一步分析新的伦理规范的含义及其实施情况，最后讨论"新型记者"这段历史经验对于当代的启发意义。

二、"作一个新的新闻事业工作者"

延安时期关于新型记者的论述，最早见于博古的讲话。1942年9月1日，《解放日报》改版后的第一个记者节，延安新闻界举行盛大纪念集会，杨尚昆、博古、凯丰等人先后讲演。其中，"博古同志的讲话中心为新的报纸党报及新的新闻工作者，应有的新意义及条件"[②]，博古指出："作一个新的新闻事业工作者，他将遇到从前旧的报纸从业员想象不到的困难。因此，新闻事业对他的要求更大，更高。首先，要求我们的记者有坚强的党性，要求他是好的党员，好的革命者，随时带着党的阶级的眼睛，要

[①] 汪晖认为，对中国革命的理解不能全凭当代的理论范畴和知识框架，真正有益的分析应当进入历史肌理之中，以研究对象的知识和逻辑来分析理解，参见：汪晖.十月的预言与危机：为纪念1917年俄国革命100周年而作[J].文艺理论与批评，2018（1）：6-42.

[②] 延安新闻界热烈纪念九届记者节　并追悼何云等同志　会后举行各种晚会[N].解放日报，1942-09-02（2）.

▶ 第七章
新型记者：作为政党—群众"中介"的新闻工作者

脱掉知识分子的高傲习气，恭敬勤劳地向群众学习，不要写那些政治的空谈！"①

博古的这次发言，目前可见者仅有如上片段，出自《解放日报》记者黄钢发表于记者节次日的一篇通讯。这段话从内容上看，"新的新闻事业工作者"首先要具备党性，其次应当践行群众性——"脱掉知识分子的高傲习气，恭敬勤劳地向群众学习"，这个表述具有鲜明的延安文艺座谈会讲话精神的底色，也是延安时期知识分子改造的经典术语，其核心在于转变启蒙主义立场中知识精英与普罗大众的关系，树立一种新的群众观点。在引用完博古的这段话后，黄钢抒发感慨："想想，这个是很难做到的。困难在于深入到群众里去。"接着以大量的篇幅描述了新闻记者走向田间地头、密切联系群众、反映群众呼声、发动通讯员写稿等方面的努力与不足。可以看出，对于博古"新的新闻事业工作者"的论述，黄钢主要是从群众性的面向去理解和阐发。

"新的新闻事业工作者"应具备党性原则和群众观点，这是由"新的新闻事业"和"新的报纸"所决定的，不过究竟"新"在何处，亦即整风改版后确定的党报方针是什么，博古在这里并未解释。在当时的语境下，这一点应是众所周知的"常识"。从1942年4月3日中宣部发出第一个"四三决定"（《关于在延安讨论中央决定及毛泽东同志整顿三风报告的决定》）开始，延安各界全面开展了整风学习运动，包括集体研究"二十二个文件"，以"文件精神"即无产阶级的立场、观点和方法来检查工作等环节。②在新闻领域，整风学习引发了新闻理论创新的热潮，此时关于新闻事业和新闻学的讨论充溢着理论自觉与理论自信的朝气，敢于冲决各类教条的束缚，想象一种不同于古今中外既有模式的新闻图景，很多文章往

---

① 黄钢.记者们的节日：延安纪念九届记者节追悼何云同志［N］.解放日报，1942-09-02（2）.
② 中共中央党史研究室.中国共产党历史：第1卷（1921—1949）下册［M］.2版.北京：中共党史出版社，2011：613-624.

往以"我们的报纸不同于一般资产阶级的报纸"作为开场白，然后铺展开去。① 也就是说，关于新闻事业性质的理论思考，是这次学习运动的首要内容之一。

就在博古这次演说的前几天，1942年8月25日，《解放日报》发表了重要社论《展开通讯员工作》，开篇对"我们的报纸"亦即博古口中的"新的新闻事业"作出如下界定——

> 我们的报纸是党的报纸，同时也是群众的报纸，群众的利益、群众的情绪，是党决定政策的依据；群众的意见、群众的行动，也是考验我们的政策与工作的标尺；党教育群众，不是高高在上地用空洞的原则、死板的教条去照本宣科的说教，而应该是站在群众之中，通过群众耳闻目见的活生生的事实之分析与理解，使群众逐渐提高他们的认识。我们的报纸正是要负起这样的任务，这也正是我们的报纸之所以异于一般资产阶级报纸的基本一点。②

这篇社论显然是从政党（先锋队）与群众的关系、在群众路线的政治逻辑中，来定义"我们的报纸"的性质、角色和功能。相比毛泽东阐述群众路线的经典文章《关于领导方法的若干问题》，这篇社论提前近一年，但已经颇得群众路线之神韵，即政党行为（制定决策、开展工作）的合法性取决于是否回应社会需求、解决群众问题，因而正确的领导方法是"从群众中来"（集中群众意见，以此制定政策），"到群众中去"（宣传政策，贯彻落实，并接受检验），如此无限循环。③ 可见，作为工作方法的群众路

---

① 《解放日报》1942年下半年刊发了大量相关文章，例如社论《展开通讯员工作》（1942年8月25日第1版）和《给党报的记者和通讯员》（1942年11月17日第1版），杨永直的文章《健全我们的通讯网》（1942年9月1日第2版），等等。
② 社论：展开通讯员工作［N］.解放日报，1942-08-25（1）.
③ 毛泽东选集：第3卷［M］.2版.北京：人民出版社，1991：899-900.

第七章
新型记者：作为政党—群众"中介"的新闻工作者

线，实际是政党和群众的持续互动过程，其中信息（意见、需求、政策）的通畅流动至为关键，这固然需要整个政党组织有效运转起来，需要全体党员干部有效参与进来，但专门从事信息采集和传播的新闻事业与新闻工作者，无疑应当扮演重要角色。[1]

在群众路线的理想实施状态中，政党与群众的目标和行动趋向一致，而作为两者之沟通媒介的党报，自然既是党的报纸同时也是群众的报纸，新闻事业的党性与人民性在群众路线的逻辑中融为一体。因此可以说，"我们的报纸"的根本特点，或者说"新的新闻事业"的实质，正是群众路线中政党和群众交往互动的"桥梁"和"纽带"。这是整风改版所形成的新闻学"常识"，当时的《解放日报》对此频有阐述，例如记者杨永直就在一篇专论中写道："我们的报纸，不能是迎合一般人脾味的'消闲品'，也不能是营利的商品……它必须成为党和广大群众间的纽带。"[2]

这篇专论还谈及"党教育群众"的问题，指出"我们的报纸正是要负起这样的任务"，这实际上是党报"中介"作用的具体内容之一。在延安时期的语境中，党对群众的"教育"有着特定的含义，它并非通常意义上的知识传授和思想灌输，而是马克思主义所强调的阶级意识的启发，即作为阶级先锋队的政党通过细腻繁复的教育、动员和组织工作，将群众的阶级觉悟激发出来，形成政治主体性。延安时期群众路线的独特之处，也是毛泽东思想对于列宁主义的重要超越，在于政党和群众之间并非单向度的意识形态灌输，而是一种辩证互动的师生关系。[3] 用毛泽东的话说，"我

---

[1] 关于党报在群众路线中的角色，解放日报社采访通讯部部长裴孟飞做过详细论述，参见：裴孟飞.贯彻全党办报与培养工农通讯员的方针[N].解放日报，1943-08-08（4）.
[2] 杨永直.健全我们的通讯网[N].解放日报，1942-09-01（2）.
[3] 白钢称之为"师生辩证法"，参见：鄢一龙，白钢，吕德文，等.天下为公：中国社会主义与漫长的21世纪[M].北京：中国人民大学出版社，2018.

们对群众的关系是，一方面要教育群众，一方面要向群众学习"。① 在向群众学习、与群众打成一片的过程中，先锋队政党与群众紧密结合、相互塑造，在教育群众的同时也教育、改造政党本身。

延安时期党对新闻事业的规范性要求，应当置于上述政治视野中方能获得确切理解。毛泽东1948年对晋绥新闻工作者的谈话——这一文献可以被视为延安新闻经验的系统总结，就是在阶级政治的大框架下来论述新闻工作。毛泽东首先指出，"马克思列宁主义的基本原则，就是要使群众认识自己的利益，并且团结起来，为自己的利益而奋斗"。如果把这段通俗语言"转译"成马克思的理论术语，那就是启发人民群众的阶级意识、引导无产阶级的自我解放，这是共产主义运动的终极使命。从这个基点出发，毛泽东谈了他对新闻工作者的期望和要求，"同志们是办报的。你们的工作，就是教育群众，让群众知道自己的利益，自己的任务，和党的方针政策"，与此同时，"报纸工作人员为了教育群众，首先要向群众学习"。②

由此可见，在毛泽东看来，新闻工作从属于革命整体的政治逻辑，新闻要为政治服务。然而这里的"政治"，不能狭隘地理解为结构性的权力关系，不能窄化为权力操控或官僚科层体系，而是群众解放、人民当家作主的总体性政治。正如毛泽东在文艺座谈会上所说，"政治是指阶级的政治、群众的政治，不是所谓少数政治家的政治"③。在这样的视野下，新闻为政治服务，并不必然导致自主性的压制，反而敞开了更广阔的空间，促使新闻工作者超越逼仄的个人天地和专业苑囿，去触摸更高远而复杂的政

---

① 毛泽东.布尔什维克化十二条：在西北局高干会议上的报告（1942年11月23日）[M]//战无不胜的毛泽东思想万岁：第2册.[出版地不详]：[出版者不详]，1967：238.
② 毛泽东选集：第4卷[M].2版.北京：人民出版社，1991：1318-1322.
③ 毛泽东选集：第3卷[M].2版.北京：人民出版社，1991：866.

> **第七章**
> 新型记者：作为政党—群众"中介"的新闻工作者

治命题，把个人命运、职业生涯与整体的历史进程关联起来。①博古说的"新的新闻事业"对"新的新闻事业工作者"提出了更大、更高的要求，背后的深意或许正在于此。

正是从这种政治观出发，《解放日报》1943年6月10日的社论《政治与技术：党报工作中的一个重要问题》，先是全面批判了新闻领域"技术至上"的观点，反复申说"政治"对于新闻事业的统领地位。在这个论述中，"政治与技术"的关系在一定程度上可以置换为"整体与局部""长远与眼前""集体与个人"等范畴。社论继而在破与立的基础上，指明了新闻工作者的职业方向——做"一个新型的记者"，亦即"一个工农兵的记者"。看起来颇为奇怪的是，社论通篇谈论"政治"，但并未交代"政治"的确切含义。这在当时的语境下似乎不难理解：1942年5月毛泽东在文艺座谈会上赋予了"政治"特定的内涵，经过声势浩大的整风学习，在这篇社论发表之际，"政治"应当已是无人不晓的"习得"话语。"政治"是阶级政治，是"人民当家作主"的宏伟愿景，因此对于遵循"政治第一，技术第二"原则的"新型记者"，社论并没有凸显其服从组织纪律的"党性"面向，而是主要从"群众的政治"角度加以规范——

> 我们的新型记者，对于工农兵应有热爱，要有当他们的小学生的态度，要有当他们"理发员"的志愿。我们相信真理，这个真理即是：世界上的一切都是劳动者创造出来的……让我们更密切地与工农兵结合，更诚恳地倾听他们的意见，更真切地表达他们的意见，更耐心更友好地帮助他们掌握新闻事业，掌握这一战斗的武器。新型的新闻记者，他们的技术修养是和政治修养分离不开的，是和为群众服务，和群众结合的精神分离不开的。②

---

① 此处受到周展安的启发，参见：周展安.重新认识《在延安文艺座谈会上的讲话》的普遍性和新颖性[N].文艺报，2018-05-23（3）.
② 政治与技术：党报工作中的一个重要问题[N].解放日报，1943-06-10（1）.

三、"新型记者"的内涵及培育方式

《政治与技术：党报工作中的一个重要问题》一文在定义"新型记者"时所采用的方法和路径，尤为值得注意。社论写道："我国社会上有些名记者，他们的名字在某些阶层中很响亮；但是直到现在，在工农兵中名字很响亮的名记者还待努力。这种新型的记者，比之以前任何的名记者更伟大得多，因为他们的名字是与占人口最大多数的工农兵联系在一起的。"因此，"新型记者"的确切内涵就是"工农兵的记者"。[①] 这个界定方式，一方面让人联想起毛泽东在延安文艺座谈会上讲的"为什么人"这个根本的、原则的问题，"我们的文艺"是为工农兵、为人民大众服务的，"我们的报纸"同样如此；另一方面，这个定义没有对记者群体及其活动展开本质主义的分析，而是从整体的社会关系的角度，从记者与特定阶层／阶级的实际关联中进行界说。

延安时期的新闻工作者，是知识分子群体的重要组成部分，新闻出版单位的驻地清凉山被时人公认为知识分子扎堆的地方。[②] 这一时期并没有单独针对新闻工作者的政策文件，而是纳入知识分子的范畴，一起作为"问题"接受学习和改造。毛泽东对晋绥新闻工作者说："同志们都是知识分子。知识分子往往不懂事。"[③] 可谓一语道破"玄机"，即对于延安新闻工作者的理解，必须置于知识分子的总体问题之中。

在延安时期，毛泽东对知识分子问题进行了深入思考。1939年，他为中央书记处起草了《大量吸收知识分子》的文件，标志着知识分子政策的

---

① 政治与技术：党报工作中的一个重要问题［N］.解放日报，1943-06-10（1）.
② 这一点得到诸多回忆性文章的验证，可参见：何其芳.毛泽东之歌［M］//何其芳文集：第3卷.北京：人民文学出版社，1983：62. 黎辛.亲历延安岁月［M］.西安：陕西人民出版社，2016：59. 蔡若虹.赤脚天堂：延安回忆录［M］.长沙：湖南美术出版社，2000：74.
③ 毛泽东选集：第4卷［M］.2版.北京：人民出版社，1991：1318-1322.

▶第七章
新型记者：作为政党—群众"中介"的新闻工作者

重大调整。① 在这一政策的引导下形成了知识分子潮水般涌向延安的壮观图景，许多新闻工作者如胡绩伟、穆青等人，就在此时从国统区奔赴延安。这份文件体现了毛泽东的战略战术能力和理论思考深度，他首先指出革命事业离不开知识分子群体，批评过去党内对知识分子的排斥态度，"不懂得为地主资产阶级服务的知识分子和为工农阶级服务的知识分子的区别"，号召今后应该"放手地大量地招收"，但要注意使知识分子"在长期斗争中逐渐克服他们的弱点，使他们革命化和群众化"，同时还应"切实地鼓励工农干部加紧学习，提高他们的文化水平，使工农干部的知识分子化和知识分子的工农群众化，同时实现起来"，并强调"无产阶级自己的知识分子的造成，决不能离开利用社会原有知识分子的帮助"。②

延安时期的毛泽东通过《实践论》《在延安文艺座谈会上的讲话》等文章和讲演，重新解说了理论与实践、知识分子与工农兵群众的关系等重要命题，并以全党之力发动一场大规模的文化运动，推动知识分子与群众的结合，培育无产阶级的知识分子。1942年5月28日，毛泽东在中央学习组会议上向党内高层解释了文化政策，指出召开文艺座谈会目的是解决结合问题，而整风则是破除知识分子的资产阶级、小资产阶级思想，"转变为无产阶级的思想"③，即将传统知识分子"化"为工农群众的代表，"使他们革命化，无产阶级化"④。

上述分析为理解"新型记者"的复杂内涵提供了重要视角，可以将"新型记者"视为在党报改版和整风运动的大背景之下，中国共产党对新闻知识分子提出的全新职业规范。"新型记者"首先应当树立新型世界观，

---

① 关于中国共产党知识分子政策的流变，可参见：翟志成.中共与党内知识分子关系之四变（1921—1949）[J].近代史研究所集刊，1994（23）：195-236.
② 毛泽东选集：第2卷[M].2版.北京：人民出版社，1991：618-620.
③ 毛泽东文集：第2卷[M].北京：人民出版社，1993：424-433.
④ 总政治部.关于部队中知识分子干部问题的指示（1942年9月17日）[M]//中共中央文献研究室，中央档案馆.建党以来重要文献选编（1921—1949）：第19册.北京：中央文献出版社，2011：456.

如社论《政治与技术：党报工作中的一个重要问题》提出的，"我们相信真理，这个真理即是：世界上的一切都是劳动者创造出来的"，也就是认同马克思主义的群众史观，坚信无产阶级的历史主体性，惟其如此方能自觉地将自身工作融入无产阶级解放的历史进程之中。"新型记者"的工作原则是为工农兵服务，为人民群众服务，与他们密切结合，倾听和表达他们的意见，帮助他们掌握文化和新闻事业。这也决定了"新型记者"在专业操作上不可能是"中立""客观"的观察者、记录者，而是社会生活的深度参与者，"既当记者，又做工作"，"三同"（与群众同吃、同住、同劳动）成为延安记者的采访准则。① 同样不可忽略的是"新型记者"与政党的关系，延安时期中国共产党主导了文化上的革命，推动了知识分子的改造，"新型记者"放弃了基于启蒙立场的、个人英雄主义的"无冕之王"和"为民请命"等专业期许，在党的组织领导下，以政党政治的途径与群众建立密切关联，因此"党性"原则也是"新型记者"必得遵循的基本规范。概而言之，所谓"新型记者"实际上是一种围绕阶级先锋队、通过政党政治而与人民群众深度结合的新闻领域的知识分子。

延安时期发明并实施了一整套行之有效的培育手段，完成了新型知识分子的培育，为中国共产党取得意识形态的领导权及通过革命建立新中国奠定了文化基础。

新闻事业在中国共产党的组织体系中居特殊地位，在1942年4月全党普遍整风开始之前的二三月，党报率先经历了深刻改造（"改版"），以达到毛泽东所说"经过党报来改造党"之目的。② 这一阶段的整风主要是回应党中央、毛泽东以及社会各界对办报方针的批评，是外部压力引起的变革，可称为"外向整风"。在此后的普遍整风中，新闻界与整体步调较为

---

① 田方.延安的记者生涯［M］//丁济沧，苏若望.我们同党报一起成长：回忆延安岁月.北京：人民日报出版社，1989：150-154.
② 中共中央文献研究室.毛泽东年谱（1893—1949）：中卷［M］.修订本.北京：中央文献出版社，2013：367.

第七章
新型记者：作为政党—群众"中介"的新闻工作者

一致，重点是"党报工作人员本身的思想改造"，被称为"内部整风"。① 这是在新的办报思路下构建相应的伦理规范和行为准则，并使之为新闻工作者所自觉接受的过程，可以视为"新型记者"的培育过程。

解放日报社和新华社在清凉山合署办公，属于一个伙食单位，由同一个编委会领导。两社开始内部整风的最早记录，是在1942年4月10日。② 这个时间点与整体行动十分合拍——在一周前发布的"四三决定"中，中宣部要求延安各单位"有准备的有计划的"组织学习、讨论整风文件，并以文件精神检查部门工作。③ 清凉山的新闻单位谨遵中央部署开始学习，编辑部每天上午完成工作后，下午和晚上都用来学习文件，外勤记者则随身携带文件，随时阅读。④ 同时，按照业务部门分成若干小组，由组长带领讨论文件、写作笔记、反省检讨，"每个人在发言时联系自己思想，大家敞开思想，心情愉快"⑤。开始阶段的学习讨论是热烈踊跃的，主题也并不明晰，清凉山的墙报《春风》创办之初贴满了批评官僚主义的文章，颇合当时延安城喧闹的"自由主义"氛围。⑥ 经过5月的文艺座谈会和六七月间的王实味大批判之后，新闻单位的整风学习由初期无主题的畅所欲言转变为集中地反省自身的"非无产阶级错误观念"，系统地讨论党报性质、党性

---

① 《新华通讯社史》编写组.新华通讯社史：第1卷[M].北京：新华出版社，2010：232.
② 王凤超，岳颂东.延安《解放日报》大事记[J].新闻研究资料，1984（7）：125-175.
③ 中共中央宣传部.关于在延安讨论中央决定及毛泽东整顿三风报告的决定（1942年4月3日）[G]//中央档案馆.中共中央文件选集：第13册（1941—1942）.北京：中共中央党校出版社，1991：363-367.
④ 本报工作人员进行文件研究[N].解放日报，1942-04-30（2）.
⑤ 陈学昭.在解放日报社参加整风审干运动[M]//任文.我所亲历的延安整风：下册.西安：陕西师范大学出版社，2014：94.
⑥ 延安时期的"自由主义"话语，不同于政治哲学意义上的英美式自由民主思想及其制度安排，而是一种政党意识形态的界定，主要指违反党性和集体主义原则的行为，如生活散漫、个人意气、自由放任、无组织无纪律等。毛泽东曾列举了自由主义的11种表现并严厉批判，参见：毛泽东选集：第2卷[M].2版.北京：人民出版社，1991：359-361.

原则、办报方针等问题。

《解放日报》国际部编辑吴冷西的经历，典型地体现了这种转变。整风初期，吴冷西在《春风》上贴出文章批评报社的制度不够民主，重大事情由编委会关门决定，记者编辑们不知情，要求今后旁听编委会和党委会会议，呼吁报社大事应由编辑大会讨论通过。①吴冷西的文章引起纷纷议论，他所批评的情况确实存在，副总编辑余光生在编委会上承认改版时"发动群众讨论不够，致使有些同志认为改版仅是缩小国际扩大国内。我们没有及时、具体地向群众解释、教育"，以后工作中"要耐心听取别人的意见"。②但这样的民主诉求显然并不符合整风运动的预期轨道，吴冷西因此受到批评，被要求认真学习文件并检讨反省。经过反复学习和讨论，吴冷西对党性原则有了深刻体悟，认识到党报是党的喉舌，群众性、战斗性、组织性都是从党性延伸出来的品质，而且党性原则的合理性建立在中国共产党是无产阶级先锋队，能把人民群众眼前的、局部的利益与长远的、根本利益统一起来，"《解放日报》在整顿和改造的过程中，明确解决了党报的根本原则问题，使当时像我这样的许多年轻的记者、编辑受到很大的教育，澄清了当时许多同志头脑中存在的什么'无冕之王'、'办同仁报'、'为民请命'、'为民立言'等等违背党性原则的糊涂思想"③。

整风学习的另一项内容是检查工作，在1942年8月陆定一担任总编辑之前，两社的"检查"侧重采编业务问题，例如选题不均、文风枯燥、发稿混乱等。博古后来曾经作出检讨，说即便在4月改版之后，他对报纸的领导依然存在"强调技术，忽视政治"等错误。④陆定一履新之后更突出

---

① 吴冷西.回忆领袖与战友[M].北京：新华出版社，2006：239.
② 王凤超，岳颂东.延安《解放日报》大事记[J].新闻研究资料，1984（7）：125-175.
③ 吴冷西.增强党报的党性：清凉山整风运动回忆[M]//丁济沧，苏若望.我们同党报一起成长：回忆延安岁月.北京：人民日报出版社，1989：22.
④ 博古.我的初步反省（1944年1月）[M]//朱鸿召.延安缔造.西安：陕西人民出版社，2013：531.

> 第七章
　新型记者：作为政党—群众"中介"的新闻工作者

"政治性"，要求以无产阶级的立场、方法和观点检查新闻工作，在此之后形成了一个新闻理论创新的蓬勃期，以阶级话语为核心的新闻理论渐趋成型。这种理论创新的自觉和自信，在陆定一自己笔下得到充分表达："抗战以后，参加党的新闻事业的知识分子，乃是来自旧社会的，他们之中，也就有人带来了旧社会的一套思想意识和一套新闻学理论"，这套思想和理论不适于根据地实情和革命战争的需要，必须与之展开理论斗争，丰富和发展"我们自己的关于新闻学的实践和理论"，做到"使任何资产阶级的报纸望尘莫及，开中国报界之新纪元"。[①]"新型记者"的概念正是在这种创新氛围中提出的，如前文所述，这个概念从群众解放的阶级政治视野来规范新闻工作者，包含着丰富的内容和深刻的内涵，堪称这一时期新闻学创新的典范成果。

　　参加生产劳动是新闻界整风改造的重要一环。当时的清凉山呈现一种奇特的景象：记者编辑们投身体力劳动，开荒、纺织、种菜、养殖、运输、烧炭、卷烟、磨豆腐、加工文具……报社俨然成了一个种类繁多的生产基地，各部门、各人之间展开火热的劳动竞赛。[②]这在过去通常被归入大生产运动的范畴，与整风运动并列，但在当时的语境中，个人生产实是新闻知识分子改造、形塑"新型记者"的关键步骤，艾思奇曾撰文论述"劳动就是整风"[③]。穆青的长篇通讯《本报编辑部的个人生产》记载，解放日报社编辑部四十多人，按照各人特长和工作时间组织起了农业、纺织、文化供应等生产种类，其中农业和纺织是中心。男劳力以开荒种地为主，三五人一组设定开荒面积，进行劳动竞赛，国内部编辑苏远创造了一亩七分的开荒纪录。穆青在介绍完劳动情形后写道，"劳动改变了知识分子的面貌"，这种改变不仅仅是"我们的手满是水泡，脚底刺满了荆棘"这些

---

① 陆定一.我们对于新闻学的基本观点［N］.解放日报，1943-09-01（4）.
② 温济泽.忆清凉山的战斗岁月［M］//任文.窑洞轶事.西安：陕西师范大学出版社，2014：89.
③ 艾思奇.劳动就是整风［N］.解放日报，1944-02-19（4）.

外部表现，更关键的是观念转变——刚开始劳动时，很多人反感挑粪，担心弄脏衣服、染了疾病，碰到熟人总要低头躲避；经过一段时间的大生产之后，大家的劳动观发生变化，积极性也提高了，"由骡马粪的拾运到跳进人家的毛坑"，无不干劲冲天。对比编辑部同事前后的表现，穆青认为"农业劳动……是改造知识分子的最好的方法"。①

报社女同志则以纺织为主。在延安时期，纺车不光是一件生产工具，对于知识分子而言还有另一种神秘力量。在介绍报社的纺织小组时，穆青以"在纺车声中改造"作为小标题，可谓一语中的。对此，副刊部编辑陈学昭在自传体小说中提供了细腻的描写——

> 当她第一次坐在纺车的面前，她不知道怎样去下手：一会儿锭子跳了，一会儿棉条断了，急得她一身大汗；这里拉一把，那里敲一下，两只手弄的满是污脏的油和灰土。她看着自己这一双手，心里不禁感叹着："这本是一双弹钢琴的手呵！"还没有抽成三、四尺长的线，已经累得好象做了一天苦工，精疲力竭了。

> 但是一天一天地，她坐在纺车边的日子愈多，时间愈久，她的思想跟着那一根一根的线抽出来，愈抽愈长，愈抽愈多。

> 她开始想到：自己活了几十年，没有织过一寸布，没有种过一粒米，但却已穿过不知多少丈布，吃过数不清的米了！她为自己这一新的思想觉得惊奇，由惊奇而感到羞愧，由羞愧而感到负疚，感到有罪，感到对不起劳动人民！但是，她却还不能不带着忧郁地想："从前做牛做马学得来的一点法文，一天一天地荒弃，要是从前就是一个劳动的妇女，哪怕是一个文盲，总比现在这样不三不四的好……"②

这段心路历程颇堪玩味。陈学昭是留法归来的文学博士，即使在群星

---

① 穆青.本报编辑部的个人生产［N］.解放日报，1944-04-07（4）.
② 陈学昭.工作着是美丽的［M］.杭州：浙江人民出版社，1979：268.

第七章
新型记者：作为政党—群众"中介"的新闻工作者

璀璨的"延河边的文人"中，陈学昭的"小资气息"也是异常突出的，这一点给访问延安的赵超构留下深刻印象，"陈学昭女士脸容丰腴，鬓发修整，很别致的装束（白羊毛背心外加'夹克'、西装裤、青布鞋），态度娴雅""她还保留住一点爱美的习气，就是在谈吐上，也含有法国风的娴雅与含蓄"，赵超构称她为"巴黎回来的女绅士"。[①] 就是这样一位高级知识分子，在最简单、最原始的纺车面前彻底败下阵来，在操作娴熟的农妇面前自惭形秽，这种挫败感引起她对高等教育的怀疑，"哪怕是一个文盲，也比现在这样不三不四的好"，而这样的怀疑意味着身份认同的动摇，即以往自诩为"先进""优越""启蒙教师"的知识分子，实际上百无一用，甚至是劳动人民的寄生虫，这让她感到羞愧歉疚，因此"感到有罪，感到对不起劳动人民"。

推动知识分子转变对工农兵的态度和情感，在伦理道德层面颠覆知识分子和群众的关系，可以说是延安时期知识分子改造的核心命题，也是大生产运动的深层诉求。倘若说毛泽东的理论阐释稍显缥缈，不容易刻入脑际，那么亲身参与劳动则能立竿见影。以陈学昭为例，一架中世纪的纺车竟将一个拥有高学历的知识分子打得落花流水。这是乡间男女老幼皆能操作自如的工具，知识分子却玩不转，"向群众学习""做群众的学生"这种反复言说的大道理，顿时有了现实的依托——正如副刊部另一位编辑方纪所写的那样，"我一坐到纺车前，就感到知识分子的渺小，和劳动人民的伟大！"[②] 由此看来，体力劳动不仅在精神上击溃了"启蒙者""无冕之王"的优越感，使他们从天上落入凡间，而且在伦理上调整了知识分子与劳动群众的关系，马克思主义的群众史观与儒家传统的民本意识在劳动中被召

---

① 赵超构.延安一月［M］.北京：中国国际广播出版社，2013：95，137.
② 方纪.纺车的力量［N］.解放日报，1945-05-20（4）.

唤出来。[①] 在如此巨大的心理震荡下，"做一个工农兵的记者""为群众服务，和群众结合"等规范准则，从政党的指令"内化"为知识分子的自觉实践。"新型记者"的锻造，至此完成最关键的一步。

四、新闻知识的重建与新闻学的想象力

本章尝试以一种内在于中国革命与延安新闻传统的视野，从多重面向揭示"新型记者"复杂而深刻的内涵。研究认为，整风改版将新闻事业纳入革命整体，成为群众路线中政党与群众交往互动的桥梁纽带，成为先锋队教育、组织和动员群众的有效"中介"。"新的新闻事业"要求相匹配的职业规范和操作准则，要求新闻工作者在政党的领导下与群众打成一片，使这个无根飘浮的知识分子群体转变成一种与底层民众建立历史性联系的新型知识分子，在人民群众的解放事业中实现新闻工作及个体生命的价值。可以说，"新型记者"的主体性，无法以独立、自治等当代新闻框架来衡量，相反，延安传统的独特之处在于新闻工作者与政党、群众投身于同一场运动之中，相互结合与塑造，在动态的政治进程中融合生成一种新的主体性。

这段历史经验的启发意义，或许在于突破合理分化、专业分工等所谓现代性规律带来的视野促狭，在一种更宏阔的历史与政治格局中来重新理解新闻的社会角色以及新闻工作者的职业追求。对于今天的新闻工作者来说，重建这样的想象力显得尤为迫切。

当前的数字媒体时代，商品化新闻模式面临全球性危机，广告、投资、人才纷纷涌向更迎合市场逻辑的新闻聚合应用、社交媒体平台等互联

[①] 已有研究表明，马克思主义与中国传统文化在诸多方面存在共通性，中国共产党的群众路线与儒家的民本主义有着深厚的思想渊源，可参见：陈先达. 马克思主义与中国传统文化［M］. 北京：人民出版社，2015. 严晓岭. 传统民本思想的现代启示［M］// 李国娟. 中华优秀传统文化与马克思主义中国化. 上海：文汇出版社，2015：67-79.

第七章
新型记者：作为政党—群众"中介"的新闻工作者

网巨头，出于成本效益的考量，传统的专业化新闻操作及新闻专业人员遭到减削，甚至可能被抛出新闻生产流程之外。[①] 这一点在近年来中外新闻从业者大量的危机言说中体现的非常明显。[②] 在一本讨论西方新闻业危机的新近文集中，学者们分析了商品化新闻模式遭遇的严峻挑战，在价值理念上重申新闻业的"神圣性"（sacred profession），即维系社会沟通交往、凝聚道德情感的重要建制意义。[③] 从这个意义上说，"新型记者"这段历史经验具有一定现实参照作用，启发我们对新闻与政治、市场的关系这样的基本问题展开新的思考。

[①] NADLER A. Making the news popular: mobilizing U.S. news audience [M]. Urbana, IL: University of Illinois Press, 2016.

[②] ALEXANDER J, BREESE E, LUENGO M. The crisis of journalism reconsidered: democratic culture, professional codes, digital future [M]. New York: Cambridge University Press, 2016.

[③] 黄顺星. 从何所来，去何所至：《新闻业危机的再思考》[J]. 新闻学研究，2017（2）：173-179.

第八章

新闻通讯员：社会化新闻生产的历史经验

当前信息与通信技术的突破性发展和社会文化的变迁，引发了新闻传播生态翻天覆地的转型，其中一个显著的现象是新闻生产由职业化活动转变为社会性生产，职业的新闻从业者与非职业的社会公众共同成为新闻生产的主体。"非职业新闻生产主体"如网民、用户大量参与生产新闻和内容的现象，往往被视为过去党报历史中的通讯员运动在新技术条件下的复苏或新生。

不同于当下新媒体时代的"产消者"（prosumer）研究，本章聚焦中国共产党历史上一段社会化新闻生产的独特经验，梳理延安时期通讯员运动和工农写作运动的兴起与展开，从政党政治的视点分析社会化新闻生产对于政党本身的作用与影响。研究发现，延安时期通讯员运动和工农写作运动的展开动用了中国共产党的核心组织资源，深层原因在于新闻大众化溢出了党报的业务范畴，在政党政治的大架构中发挥着革新工作机制和改造组织基础的特殊功用，是一个新型政党进行自我锻造的重要环节。重访这段业已消失的新闻图景，可为理解当代的党报处境与政治传播提供新的思考资源。

一、作为新闻生产者的基层干部

在延安时期的新闻实践中，基层党政干部担任通讯员、为党报写稿是一个普遍现象。例如，《解放日报》一则边区消息中报道，吴旗县县长王明远"热心写作、爱护党报"，"多在工余夜静提笔，有时直至鸡叫黎明稿就后始搁笔"。1943年一年之间，王明远为《解放日报》撰写消息和通讯11篇，其中见报8篇，同时竭心尽力推动其他干部写稿，因此获评该年度"本县模范通讯员"。[1] 在党报通讯工作方面，吴旗尚不是当时的先进县，王明远也并非边区级的先进典型，被《解放日报》报道和褒奖次数更多、更著名的模范单位与个人，另有志丹县委书记王耀华、延川县委副书记刘耀明、清涧县县长黄静波、靖边组织部部长胡其谦等。[2]

党政干部成为新闻实践的活跃主体，以极大精力投入选题讨论、调查取材、写稿修改等新闻活动，整个边区犹如一所无形的新闻学校。造成这样的局面殊为不易。已有研究揭示，党组织及其领导的党报经过宣传教化、组织调控、典型示范、写稿竞赛等艰苦而繁巨的教育、组织和动员，才将党报通讯工作推至"运动"的规模与程度。其中，党组织力量的深度介入是最为关键的因素，通讯网即建立在既有的组织架构之上，"运动"由党组织的力量具体推动，各级党政首长亲自负责辖区的通讯工作，甚至直接担任通讯小组的组长，所谓"首长负责、亲自动手"。[3] 正如延属地委在一份文件中指出的，做好党报通讯工作的重中之重，在于"以党的核心

---

[1] 吴旗县总结去年通讯工作[N].解放日报，1944-02-20（2）.

[2] 褒奖通讯工作先进典型的报道极多，包括报社编辑部的表扬、边区政府的评奖等多种方式，例如：裴孟飞.贯彻全党办报与培养工农通讯员的方针[N].解放日报，1943-08-08（4）.边区通讯工作之光 大批模范通讯工作者、优秀新闻通讯受奖[N].解放日报，1946-09-01（2）.

[3] 毛泽东.关于陕甘宁边区的文化教育问题（1944年3月22日）[M]//中共中央文献研究室，中央档案馆.建党以来重要文献选编（1921—1949）：第21册.北京：中央文献出版社，2011：114.

第八章
新闻通讯员：社会化新闻生产的历史经验

力量去推进"。①

问题在于，党报通讯工作真有那么重要吗？为何值得政党动用核心组织资源？基层党政干部这个群体为什么必须发动起来写稿？考虑到延安时期紧张的政治军事斗争和艰巨的社会建设任务，这样的问题绝非不言自明。陕甘宁边区的其他"运动"，如整风、大生产、征兵、征粮、选举等，大多攸关革命政权的生存与发展，其必要性与重要性不言而喻。相比之下，对于业务繁忙的党政干部来说，通讯写作看起来更像是"不务正业"。如王明远写稿产量颇丰的1943年，陕甘宁边区的施政重点是提高农业生产，"政府工作必须集中力量于急要和首要的任务，第一是发展生产"②，吴旗县在年初提出"耕三余一"（耕种三年、余一年粮食）的目标，党政干部普遍动员起来组织变工队和札工队、改造"二流子"、吸引难民种地、扩大耕地面积、调配生产资料、帮助农户制订生产计划等，"掀起了全县性的大生产运动"。③与此同时，1943年又是吴旗县整风运动的紧张时期，县、区、乡三级干部人人学习文件、检查思想、审查历史，机关单位时常半天办公。④其他商贸盐业、文教卫生、拥军优属、民主选举等常规工作也在稳步推进中，可以想见该县干部日常工作之忙碌，难怪王明远的写稿往往要在"工余夜静提笔"。事实上，当时确有不少基层干部将通讯写稿看作"一个累赘的负担"，抱怨工作紧张、没有时间写稿。⑤

---

① 延属地委关于党报通讯工作的指示［N］.解放日报，1943-10-02（1）.
② 陕甘宁边区简政实施纲要（1943年2月24日）［M］//陕西省档案馆，陕西省社会科学院.陕甘宁边区政府文件选编：第7辑.西安：陕西人民教育出版社，2015：61.
③ 吴旗县地方志编纂委员会.吴旗县志［M］.西安：三秦出版社，1991：12.
④ 吴起县档案局.中国共产党吴起历史：第1卷（1921—1949）［M］.西安：陕西人民出版社，2016：111-114.
⑤ 穆青.农村通讯小组的方向：介绍绥德吉镇区通讯小组［N］.解放日报，1944-09-01（4）.

为何一定要广泛发动基层干部为党报写稿？这个经验性的问题背后，涉及党与党报的关系、新闻事业的角色功能、报纸的媒介属性等深层问题，特别是"通讯员运动""全党办报""群众办报"等中国共产党新闻理论与实践的重要概念，相关研究可谓汗牛充栋。不过迄今为止，仍有一些基本问题有待重新梳理和发掘。例如，过往研究通常将"通讯员运动"与"群众办报"画上等号，认为通讯员队伍的主要构成是工农群众；[1]或者将通讯网的建构分为"全党办报"与"群众办报"两个阶段，前者指在各级党组织内部遴选和任命通讯员，后者则扩展至普通民众的范围，"使工农通讯员写稿最终演变成一场彻底的群众运动"。[2]然而，从陕甘宁边区的实践情况来看，这种"双重路径"更多体现为办报层次的差序而非时间阶段的先后，直至延安后期，基层社会的黑板报、墙报确实吸纳了群众中的部分积极分子写稿，但建制化的党报通讯网则强调"以区为单位"，"主要以区级干部及本区内热心的乡干部与小学教员为基础"，[3]而且乡级干部始终未能有效发动起来，普通民众写稿更是凤毛麟角。[4]虽然各类文件经常使用"使党报通讯工作变成相当的群众运动""发动广大群众来参加"等表述[5]，

---

[1] 田中初.鼓励群众成为新闻传播者：革命根据地时期党促进通讯员事业发展的相关实践[J].新闻记者，2011（7）：34-38.戴利朝，王丽华.党与民众联系的桥梁：1949年前党报通讯员网的功能与构建[J].江西财经大学学报，2017（3）：97-105.

[2] 黄伟迪.协作生产：革命时期党报通讯员的网络建构与技术改造[J].编辑之友，2019（12）：88-93.

[3] 陕甘宁边区文教大会关于发展群众读报办报与通讯工作的决议（1944年11月16日）[M]//中国社会科学院新闻研究所.中国共产党新闻工作文件汇编：上卷（1921—1949）.北京：新华出版社，1980：169.

[4] 例如，党报通讯工作的模范县、屡受《解放日报》表彰的志丹县，1946年的情况是"写稿还局限于县区的主要负责同志，没有普遍发动区乡干部写稿"，今后的工作目标仍是将各区的书记作为主要培养对象，"区书必须成为党报的积极通讯员"，乡级干部则不在规定范围之列。参见：志丹组织科长会上 讨论改进通讯工作[N].解放日报，1946-03-15（2）.

[5] 延属地委关于党报通讯工作的指示[N].解放日报，1943-10-02（1）.

第八章
新闻通讯员：社会化新闻生产的历史经验

但正如李里峰所言，"群众"是一个兼有抽象性和具体性、同质性和等级性的灵活概念，在不同语境中其内涵常有变动，① 如在党报通讯工作的相关表述中，"群众"一词主要指涉对象为党内的基层干部，"群众运动"则是相对于《解放日报》改版前由高层领导干部、知名文化人、职业记者垄断党报版面的状况而言。总之，延安时期通讯员运动的实际参与范围，从党中央机关、西北局的大型机关报到各地委、县委办的油印小报，通讯写稿基本以县、区两级脱产干部为主力，可以说是一种有限度的"全党办报"，"政党组织传播"应当是更恰切的考察路径。

进一步聚焦前文提出的疑问：党组织为何不惜动用"核心力量"、克服各种困难和障碍来发动基层干部写稿？这个提问主要指向通讯员制度、通讯员运动的功能与作用，既有研究对此多有论及，例如周峰指出新民主主义革命时期的工农通讯员制度"作为党和群众联络沟通的重要渠道，发挥了上情下达、下情上达的功能"②。"党群互动"无疑是一个重要的观察视角，契合中国共产党政治价值与政治实践的根本要旨。然而，扮演党和群众之间的沟通中介，正是党报及新闻工作者的规定性角色，从逻辑上讲，强化党报本身，发挥好题中应有之义，理当是更为便捷的新闻路线，似无必要大费周章、举全党之力来"帮助"党报。另一种观点认为，开展通讯员运动、发动全党办报的目标，是"使党报能够出色地担当集体的宣传者和组织者的角色"③，这样的分析路径更加具体可观，但仍需进一步的考察，比如"宣传者和组织者"的运作机制是什么？党报自身能否承担这样的功能，为什么一定要动员"外部力量"即基层党政干部深度参与其间？解答上述问题需要立足党组织的视点，进入政党政治

---

① 李里峰. "群众"的面孔：基于近代中国情境的概念史考察［M］//王奇生. 新史学（第7卷）：20世纪中国革命的再阐释. 北京：中华书局，2013：31-60.
② 周峰. 新民主主义革命时期中共工农通讯员制度的生成与运作［J］. 中共党史研究，2017（1）：44-56，100.
③ 郑保卫. 中国共产党新闻思想史［M］. 福州：福建人民出版社，2004：171.

的内部进行观察和分析，本章将秉持这样的问题意识，重新梳理延安时期通讯员运动的兴起与展开，分析党报与党、新闻与政治的关系，重点探究新闻实践对政党本身的影响与作用。

二、党报平台化与通讯员运动的肇端

延安时期的通讯员制度，在1942年党报改版与"全党办报"兴起以前，就已经付诸实践。早期通讯网的组建和通讯员的培养，由周文领导的大众读物社及边区群众报先行探索，这是一个挂靠在边区文协的群众性文化机构，[①]动员方式以报社为"首脑"，将记者编辑派往各县帮助建立通讯网，报社人员鞭长莫及之处，则仰仗散落在基层的"热心文化的人"，依赖积极分子的主动性。[②]由此造成通讯网的结构性失衡，例如截至1940年底，距离报社所在地延安较近的延川县发展了150名通讯员，稍远的绥德仅有1名，最偏远的佳县则并无一人。[③]与后来大规模的通讯员"运动"相比，大众读物社的早期探索在动员力量上较为单一薄弱，开展效果也存在明显的局限性。

1942年《解放日报》改版，转变了"依赖职业记者"和"知识分子关门办报"的思路[④]，将通讯工作提升为党报的核心业务，开始努力搭建通讯网，"从批稿子看卷子转到组织工作方面去"[⑤]。不过，直到这年9月解放日报社调整了组织关系，继续作为党中央机关报的同时，在边区范围内兼

[①] 孙国林.延安文艺大事编年［M］.西安：陕西师范大学出版社，2016：204-206.

[②] 周文.开展通讯员运动［M］//周文.周文文集：第3卷 文论/杂文.北京：作家出版社，2010：388-394.

[③] 大众读物社.边区各地通讯工作及组织细则［J］.大众习作，1940（3）：86-88.

[④] 博古.我的初步反省（1944年1月）［M］//朱鸿召.延安缔造.西安：陕西人民出版社，2013：531.

[⑤] 王凤超，岳颂东.延安《解放日报》大事记［J］.新闻研究资料，1984（7）：125-175.

▶第八章
新闻通讯员：社会化新闻生产的历史经验

做西北局的机关报，此后《解放日报》的通讯工作才在西北局的鼎力推动下，以雷霆万钧的"运动"之势铺展开来。西北局的做法是根本性地改变报纸在党政体系中的位次，将一个由少数文宣干部和知识分子负责的相对专门的业务领域，纳入党组织的核心地带，成为各级党委和所有党员共同的重要事务。

这种组织化的运作规范，充分体现在西北局的两份重要文件中。1942年9月，解放日报社新的组织关系甫一确立，西北局就出台《关于〈解放日报〉工作问题的决定》，文件要求在党内开展党报教育，以树立一种新的新闻观，即党报绝非"普通新闻纸类"，不能"随便拿党报去糊窗子、包东西"，"对党报漠不关心的态度乃是党性不好的一种具体表现"。正确的观念和办法是，"各级党委要把帮助和利用《解放日报》当作自己经常的重要业务之一""经常看党报、帮助党报的发行及组织党报的通讯工作，则是每个党员应当努力的责任"。[1] 在当时的整风语境中，"党性不好"的政治分量不言而喻，可见这份文件将党报的重要性提升到新的高度，并且将专业化的新闻业务转变为常规化的党务。1943年3月，西北局发布《关于〈解放日报〉几个问题的通知》，文件以量化的方式规定了地委和县委干部每人每月的写稿篇数，作为西北局对下属干部"考核之依据"。[2] 这是进一步将报纸通讯工作直接纳入党组织的"数目字管理"，以精细化的科层办法来推动。在西北局的强力策动下，边区的政党组织机器很快开动起来，各地委、县委火速作出反应，纷纷制定各自辖区的通讯条例，并且由各级党政首长亲自负责，通讯员运动呈现一日千里的态势。

由此可知，通讯员运动的组织模式是典型意义上的"全党办报"，结

---

[1] 中国社会科学院新闻研究所.中国共产党新闻工作文件汇编：上卷（1921—1949）[M].北京：新华出版社，1980：132-134.

[2] 中国社会科学院新闻研究所.中国共产党新闻工作文件汇编：上卷（1921—1949）[M].北京：新华出版社，1980：141-144.

"全党"之力，以党的核心组织资源来"办报"。之所以如此大动干戈，根本原因在于整风改版之后对党报功能和角色的重新定位，这一点在既往研究中已有较多揭示。如有研究者指出，改版意味着办报理念的转变，"从新闻传递和政策表述，变为对具体工作的指导、发动和组织"[1]。有待深究的问题是，党报究竟如何指导实际工作？换言之，党报经由什么样的路径来发挥"集体组织者"的作用？

通过党报发布指令无疑是最直观的方式，这样可以省却一些公文传递和信息沟通的中间环节，更有效率地推动和指导工作。事实上，1942 年初《解放日报》改版酝酿期的重心正是如此，其间毛泽东多次批评党报内容的舍近求远，诸如"以最大的篇幅转载国内外资产阶级通讯社的新闻""很少反映党的活动特别是中央决议"，因此办报方针应有根本转变，"使党报贯彻党的政策"。[2] 改版后的《解放日报》将注意力从国际新闻和高头讲章，拉回到边区本地和党的活动，特别是对整风运动和大生产运动着墨颇巨，全文刊载各类指导性的文件和讲话。1942 年 9 月西北局的第一份党报决定，对这个工作办法进行了组织程序的确认，"今后凡在《解放日报》上发表的社论，党和边区政府的决议、指示、法令等，以及中央或西北局负责同志发表讲话或文章，各级党的领导机关应即分别在党员干部中组织研究，并讨论执行，不得借口没有接到党的直接通知而置之不理"[3]。亦即是说，党报重要文章的效力和权威性等同于官方文件，必须直接讨论执行，迅速开展工作。

以这种方法推动工作，只需党报编辑部转变观念，拿出大量版面登载文件指示即可，并无必要动用"全党"力量特别是核心的组织资源。党报

---

[1] 黄旦. 从"不完全党报"到"完全党报"：延安《解放日报》改版再审视[M]//李金铨. 文人论政：知识分子与报刊. 桂林：广西师范大学出版社，2008：269.

[2] 王凤超，岳颂东. 延安《解放日报》大事记[J]. 新闻研究资料，1984（7）：125-175.

[3] 中国社会科学院新闻研究所. 中国共产党新闻工作文件汇编：上卷（1921—1949）[M]. 北京：新华出版社，1980：132-133.

▶第八章
新闻通讯员：社会化新闻生产的历史经验

发挥"组织者"作用的另一种路径，也是更关键的做法，是扮演党政系统交流工作经验、沟通工作信息的"平台"，其运作机制一方面是基层干部提供大量的工作经验，写成稿件（"通讯"）在党报上发表，另一方面则是基层干部认真对待党报，研究和讨论报纸上登载的工作经验，改进本地或本部门的工作（"读报"），如此循环往复。在这个程式中，基层干部广泛参与、贡献一手经验（信息）无疑是"平台"得以运转的先决条件。正是在这个意义上，陆定一强调"非专业的记者"对党报来说是"更重要的（再说一遍：更重要的！）"，发动和组织基层干部积极为党报写稿，"报道他自己亲身参与的事实"，① 也就不仅是党报的专属业务，还是全党的一项重要工作，而且唯有"以党的核心力量去推进"才能造成这样的局面，大规模的通讯员运动由此兴起。

交流平台的功能定位，深刻影响了党报的新闻生产，工作消息与通讯文章、典型报道成为主流文体。改版后的《解放日报》，频繁出现一种类似工作手册或操作说明书的、异于常规新闻体裁的文本样式，见诸整风运动、大生产运动、秋收运动、征粮运动、选举运动、卫生运动等几乎所有"运动"的报道之中，当然也包括同样以"运动"模式展开的党报通讯工作。以通讯员"运动"为例，在西北局的号令和各级党委的响应下，边区涌现出一批通讯模范单位（分区、县、区各级都有），《解放日报》连篇累牍地报道各地组织通讯工作的消息、总结工作经验的文章，篇幅超过2000字的长篇通讯即有多篇（见表2）。这些屡见报端的工作通讯，只有极少数稿件由专业记者采写（如表2仅有《农村通讯小组的方向——介绍绥德吉镇区通讯小组》和《安塞五区的通讯工作》两篇出自解放日报社记者之手，作者分别为穆青和杨永直），其余绝大多数均由业余记者如县委书记、县长、宣传部部长等根据实际工作经验撰写。

---

① 陆定一. 我们对于新闻学的基本观点［N］. 解放日报，1943-09-01（4）.

177

表2 《解放日报》关于通讯员运动的长篇工作通讯举例

标题	日期与版面
谈谈靖边组织通讯工作的几点经验	1943年9月15日1—2版
关于志丹通讯工作的转变	1943年11月18日4版
半年来延川的通讯工作	1943年11月18日4版
安塞县委领导通讯工作的经验	1944年3月18日4版
子长县组织通讯员写稿经验	1944年3月18日4版
农村通讯小组的方向 ——介绍绥德吉镇区通讯小组	1944年9月1日4版
定边县组织通讯工作的经验	1944年9月1日4版
安塞五区的通讯工作	1944年9月18日4版
关于分区通讯工作 ——关中通讯工作经验之一	1945年8月30日2版
通讯小组和广大通讯网的建立 ——关中通讯工作经验之二	1945年9月1日2版
如何培养基干通讯员 ——关中通讯工作经验之三	1945年9月4日2版
关于提高稿件质量问题 ——关中通讯工作经验之四	1945年9月6日2版
志丹的通讯工作	1946年10月5日2版
从延川的通讯工作谈起	1946年2月24日2版
志丹县委如何领导通讯工作	1946年7月8日2版

党报以交流平台的方式组织和指导工作，毛泽东曾一言以蔽之："经过报纸把一个部门的经验传播出去，就可以推动其他部门工作的改造。"[①] 仍以通讯员"运动"为例，靖边是边区较早涌现的通讯模范县之一，1943年9月《解放日报》以头版社论的显要位置刊登了靖边县委集体署名的长篇稿件《谈谈靖边组织通讯工作的几点经验》，文章开头扼要介绍了该县的党报通讯工作从无到有的过程以及当前取得的成绩，接下来的正文详细

---

① 中共中央文献研究室，新华通讯社.毛泽东新闻工作文选[M].北京：新华出版社，2014：109.

第八章
新闻通讯员：社会化新闻生产的历史经验

阐述了四点经验，即谁来写稿、写什么、如何写、怎样帮助工农通讯员，每个"工作经验"单独成节，事无巨细地介绍开展过程和注意事项。[①] 此时党报通讯工作较为落后的志丹县，"见到靖边等县在报上发表自己领导通讯工作的经验，就加强了志丹同志开展通讯工作的热情和决心"[②]。从阅读和研究"靖边经验"开始，志丹县委书记王耀华开始亲自领导"这项重要工作"，以整风的精神整顿通讯小组，利用各种场合布置写稿任务，自己带头写稿，督促县委同志提笔。[③] 志丹县最终后来居上，1946年获评"边区通讯工作之光"团体甲等奖，王耀华获得个人甲等奖。[④] 该县组织和开展党报通讯的"工作经验"也多次在《解放日报》发表。

在《解放日报》介绍志丹县委领导通讯工作的"新经验、新方法"中，经常提及的一点是"利用党报改进领导"。1942年，西北局颁布第一个党报决定后，王耀华带领县级干部展开讨论，认识到"利用报纸是一种领导工作的方法"，"以解放日报为工作的指针"，如组织变工、兴办文教卫生等工作都是从党报上学到方法，"看到别县做了一件工作，立刻就想着要在本县来做，并且随时都在想着发挥创造，把工作办好"[⑤]。如此一来，志丹干部阅读党报的方式，实际上也是对西北局的文件精神进行了创造和发挥，不仅讨论执行党报上的指令和决议，而且重视研读一般性的新闻稿件，"对待报纸上有关边区建设的文章，一如对待党与政府的指示或文件"[⑥]，"县委发现报上对工作有帮助的报道时，就划上红圈，定为干部必读，然后将报纸分开到各区……并能根据其精神，进一步提出具体办法和

---

① 靖边县委.谈谈靖边组织通讯工作的几点经验[N].解放日报，1943-09-15（1/2）.
② 蕴明.志丹的通讯工作[N].解放日报，1945-10-05（2）.
③ 志丹整顿通讯工作[N].解放日报，1943-10-01（2）.
④ 边区通讯工作之光　大批模范通讯工作者、优秀新闻通讯受奖[N].解放日报，1946-09-01（2）.
⑤ 刘漠冰.志丹县委如何领导通讯工作[N].解放日报，1946-07-08（2）.
⑥ 张潮，乔迁，马永河.志丹工作为什么做得好？[N].解放日报，1946-08-10（4）.

中心，不是机械搬用"①。志丹县"重视利用报纸推动工作"的领导方法，1946年受到边区政府主席林伯渠和西北局书记习仲勋的联名嘉奖，"凡是善于利用报纸者，其工作必日新月异，朝气蓬勃；这点亦已为你们的行动所证实"②。

三、干部教育与工农写作运动的勃兴

中国共产党历史上系统性的干部教育肇始于延安时期。按照毛泽东的说法，"全面的、全党的、由中央领导进行的干部内部教育"，自1941年7月出台《关于增强党性的决定》发端。③教育干部的诸多途径之中，建制化的党校体系以及各类干部学校、培训班无疑是常规渠道，同时"报纸、电报、党务广播、口头报告"也被毛泽东列为在职干部教育的"指导方式"，他对党报给予格外关注，指出"报纸是很重要的一种方式"。④党报对干部教育的指导作用，较为简便的方式是刊发学习材料，如整风学习的"二十二个文件"均在《解放日报》全文登载，还在第四版创办《学习》专刊，刊发更多的教育材料。通讯员运动则为干部教育提供了一条特殊的通道，由此受到党组织的高度重视，参与其中的工农干部和知识分子干部，境遇大相径庭但又殊途同归。

在职干部教育涵盖业务教育、政治教育、文化教育和理论教育四个方面，其中"业务教育"为一切干部所必需，"文化教育"专门针对文化

---

① 志丹安塞等县区干部 利用报纸改进领导［N］.解放日报，1946-06-15（1）.
② 林主席、仲勋同志 函奖志丹干部［N］.解放日报，1946-08-10（2）.
③ 中共中央文献研究室.毛泽东文集：第2卷［M］.北京：人民出版社，1993：413.
④ 中共中央文献研究室.毛泽东文集：第3卷［M］.北京：人民出版社，1996：11.

第八章
新闻通讯员：社会化新闻生产的历史经验

程度较低的工农干部，"是他们全部学习的中心一环"。① 大众读物社构建早期通讯网之际，动员对象并没有指向工农干部群体，而是以知识分子干部为主。例如，周文对通讯员的定位是文化干部，建立通讯网的目标是把基层"热心文化的人"聚拢起来，然后通过他们组织群众读报学习，最终提高群众的文化水平。② 在这条"大众化文化运动"的路径设计里，作为文化干部的通讯员是介于报社和群众之间的桥梁。解放日报社开展通讯工作之初延续了这样的思路，在1942年8月底该报第一篇有关通讯员的社论中，动员对象同样指向"散布在全边区各个角落里的小学教师和分派到县、区、乡上去参加党政工作的知识分子同志"③。实施情况也是如此，如延川县只有两三个"外来知识分子"写稿，"一般干部"则把通讯看得神秘，敬而远之。④ 相比改版前的关门办报、专家办报，此时的解放日报社主动打破编辑室的壁垒，邀请基层知识分子参与新闻实践，为工农干部和群众执笔发声，这无疑是不小的转变，然而局限是办报主体仅从专业的新闻知识分子扩展至普通的基层知识分子，工农干部尚未获得足够重视。

1942年10月，《解放日报》头版发表文章《提倡工农同志写文章——康生同志给"笔谈会"编辑同志的信》（简称"代论"），改变了通讯员运动的重心和走向，使之从知识分子写稿转向工农通讯写作。"代论"批评知识分子包办报刊的现象，提倡组织工农干部写作，要求《解放日报》和《学习》专版等重要刊物应该多发表工农文章，特别强调各级党委"要进行很大的组织工作"。⑤ "代论"的思想底色是毛泽东提出的"工农干部知识

---

① 中共中央关于在职干部教育的决定（1942年2月28日）[M]//中央档案馆.中共中央文件选集：第13册（1941—1942）.北京：中共中央党校出版社，1991：347-353.
② 周文.周文文集：第3卷 文论/杂文[M].北京：作家出版社，2010：388-394.
③ 社论：展开通讯员工作[N].解放日报，1942-08-25（1）.
④ 张弗予.从延川的通讯工作谈起[N].解放日报，1946-02-24（2）.
⑤ 提倡工农同志写文章——康生同志给"笔谈会"编辑同志的信[N].解放日报，1942-10-04（1）.

化"理念,作者身份是整风运动最高领导机构"总学委"的副主任,文章发表在党中央机关报的社论位置,因此很快产生石破天惊的效果,呼应之作旋即接踵而至,《解放日报》连续刊登多篇文章阐述工农写作的历史意义[1],并以配发"编者按"的高规格发表工农干部的通讯稿件[2]。在这波热潮中,工农写作被定位成一场劳动人民文化翻身的伟大革命,工农干部在文化和新闻活动中的崇高政治地位、历史主体性得以确认。

中央党校教育长彭真负责的《学习》专版,明确把工农写作与干部教育关联起来。1943年1月,《学习》推出"学文化专号",发表6篇工农干部的稿件,特别说明"他们的文章我们并未加以很大的修改,都还保留着它本来的面目"。版面以毛泽东整顿三风演讲中的一句话作为题解:"我党中央现在强调工农干部学习文化,因为学了文化以后,政治、军事、经济哪一门都可学。否则工农干部虽有丰富经验,却没有上升到理论的可能。"彭真在主旨评论《工农干部要学文化》中进一步阐发,"一切党员干部都需要有相当的文化,否则就不是全才",特别是"有着长期斗争历史和丰富斗争经验的工农干部",应该立即积极学习文化,"把理论与实际结合起来,把自己的工作经验条理化"。[3] 彭真提出的"全才"正是延安时期干部教育的目标。这一方面,源自革命斗争的实际需要,无论是凶险的敌后还是广袤的农村,特殊的工作环境都要求党员干部能够独当一面,兼有处理军事、政治和经济等各项工作的本领,"独立工作能力"成为干部培养的标准;另一方面,如迈斯纳所言,这样的理想人格"与马克思主义关于未

---

[1] 例如:陈企霞."理发员"和他的工作[N].解放日报,1942-10-08(4).柯仲平.在写作上帮助工农同志[N].解放日报,1942-10-17(4).卢宁.读了康生同志"提倡工农同志写文章"后[N].解放日报,1942-10-17(4).徐珠.关于工农同志写作[N].解放日报,1942-11-04(4).

[2] 例如:工农通讯:连选连任的好保长[N].解放日报,1942-10-27(2).工农通讯:我们在生产战线上[N].解放日报,1942-11-05(2).工农通讯:工人们在改进学习[N].解放日报,1942-11-16(4).

[3] 彭真.工农干部要学文化[N].解放日报,1943-01-16(4).

> 第八章
新闻通讯员：社会化新闻生产的历史经验

来共产主义社会中'全面发展'的人的观念不谋而合"[①]，彰显出社会主义价值观的新气象。

要将党报通讯工作真正转变为一场工农写作运动，正如"代论"所强调的，党委的组织和推动是决定性因素。1943年3月西北局关于党报的第二次通知，恰在此时应际而生。文件要求各地委和县委整顿通讯网、审查通讯员，"政治面目不清楚，品质恶劣者，必须予以清洗，代之以适当的人选"[②]。在当时整风审干的语境中，知识分子的"政治面目"相对微妙，因此这个通知客观上助推了通讯员运动的转向。事态的发展确乎如此，各级党委响应西北局的行动中，频繁提及"培养工农通讯员"，涌现出延安县委书记王丕年、清涧县县长黄静波等工农干部写稿的模范人物。8月，裴孟飞明确将"全党办报"和"培养工农通讯员"界定为党报的两大指导思想，要求工农干部打破"写作专门化"的错误思想，积极参与通讯写稿以提高自身的文化水平和理论能力。[③] 延属地委稍后的一份指示，明确提出"彻底整顿过去的通讯小组，洗刷不良分子，主要应以工农干部及忠诚为革命服务的知识分子为骨干"[④]。

通讯写作对工农干部是一种全方位的"教育"，涉及业务教育、文化教育、理论教育等诸多方面。在实际运作中，工农通讯写作尤其与文化学习和业务研究紧密关联，成为通讯员运动的主导方针。穆青在1944年记者节撰文介绍绥德吉镇通讯小组的经验，指出该区并不是把通讯写稿放在一个孤立的地位，而是将通讯工作与区乡干部读报、学文化、乡村文化活动深入结合起来，成为一种帮助学习、推动工作的最好武器，因此这个区

---

① 迈斯纳.毛泽东的中国及其后：中华人民共和国史［M］.杜蒲，译.3版.香港：香港中文大学出版社，2005：48.

② 中国社会科学院新闻研究所.中国共产党新闻工作文件汇编：上卷（1921—1949）［M］.北京：新华出版社，1980：141-144.

③ 裴孟飞.贯彻全党办报与培养工农通讯员的方针［N］.解放日报，1943-08-08（4）.

④ 延属地委关于党报通讯工作的指示［N］.解放日报，1943-10-02（1）.

级通讯小组被树立为"农村通讯小组的方向"。[①] 在彼时的语汇中,"方向"即是党政权力确立和倡导的政策路线,如大生产运动中著名的"吴满有方向"。继穆青之后,杨永直撰文介绍另一个通讯模范单位安塞五区,介绍该区干部"把通讯工作和业务研究、文化学习结合起来",结果"工作能力提高了""文化提高了"。文中详细描述了原本识字不多的区政府秘书高建中的两次写稿经历,颇有意味。第一次写某变工队帮助村里群众的事迹,区委书记给稿件提出批评意见:"新闻里缺乏事实,它帮助了几家?帮助了谁?帮助些什么?群众有什么反映?"第二次写该区春耕布置情况,这回给出修改建议的是县长。"报告中说干部对春耕认识好,是谁?怎么好法?你又说:根据本区动员经过可超过计划,你根据什么事实呀?谁可以超过计划呀?"[②] 这段叙述所呈现的基层干部之间的稿件交流,从采编技术上来看可谓"专业",庶几接近报社新闻工作者之间的日常业务往来,像是责任编辑向外勤记者核查事实并要求补充细节,可见当时新闻实践在基层社会的活跃程度。文章后续写道,经过几年的写稿锻炼,高建中的文化水平提高很快,"已能写出通顺的语言",同时工作能力也有很大进步。这里的"工作能力"主要指调查研究的水平。在延安时期,沉迷琐事的事务主义受到严厉批判,党员干部的核心业务重在了解情况和把握政策,全党大兴调查研究之风。[③] 从技术和流程上看,调查研究与新闻采写存有较多相通之处,积极参与读报和写稿这样的新闻活动,给基层干部带来的"业务教育",既有具体工作经验的样本,也包括调查研究能力的提升,可以说是相当有效的教育新法。

延安时期大力培养工农干部通讯员,理论上提升到劳动人民文化翻

---

① 穆青.农村通讯小组的方向:介绍绥德吉镇区通讯小组 [N].解放日报,1944-09-01(4).
② 杨永直.安塞五区的通讯工作 [N].解放日报,1944-09-18(4).
③ 中共中央关于调查研究的决定(1941年8月1日)[M] // 中共中央文献研究室,中央档案馆.建党以来重要文献选编(1921—1949):第18册.北京:中央文献出版社,2011:530-533.

> 第八章
新闻通讯员：社会化新闻生产的历史经验

身的高度，实践上作为干部教育的一个特殊渠道，推动工农干部的"知识化"。对于投身其中的工农分子来说，这是一种新鲜的文化待遇与政治体验，长久以来被摒弃在文化堂奥之外的人们，在新开启的大门前逡巡犹豫、彷徨失措，但很快就焕发出巨大的热情和能量。对运动中的另一方行动者、与工农分子相对的知识分子群体来说，情况则判然有别，他们接受的是思想的教育，甚至是写作技术的改造，他们被要求从文化主体的位置上后撤，从新闻生产的台前转至幕后，组织工农干部写稿，帮助他们熟悉新闻业务、修改稿件，也就是《解放日报》"代论"所说的"作他们修理文章的理发员"。这种"理发员"的工作，同时也是知识分子向工农学习、实现自身"大众化"的方式。用陈企霞的话来概括，即"你修理了他的文章，他'修理'了你"①。

延安整风以及知识分子"改造"，从根本上颠倒了启蒙主义关于知识分子与工农大众的伦理关系，知识分子被要求以"小学生的态度"向工农群众学习，毛泽东在文艺座谈会和其他场合对此反复强调。《解放日报》提倡工农写作的"代论"，在知识分子问题上显然贯彻了毛泽东的立场，文章要求知识分子在通讯员运动中"跟工农干部学习，拜他们为先生"。②陈企霞进一步阐发了"代论"的观点，而且作为一名党报的知识分子，他的文章充满了自抑的语调，典型地反映了整风时期知识分子写作的特点。他对知识分子做了一番道德贬低，指出他们身上普遍存在旧社会残留的文化习气和傲慢姿态，在工农写作运动中必须打碎这些缺陷，"摆脱得干干净净的"。在陈企霞看来，为工农干部修理文章，不是知识分子"帮助"工农同志，而是工农干部"帮助"和"教育"知识分子，是医治知识分子"文风不正"的一剂良药，"那具体而生动的内容，刚刚会反过来提高了你。那扼要而快爽的形式，那活泼而丰富的口语语汇，却刚刚反过来教育

---

① 陈企霞."理发员"和他的工作[N].解放日报，1942-10-08（4）.
② 代论：提倡工农同志写文章——康生同志给"笔谈会"编辑同志的信[N].解放日报，1942-10-04（1）.

了你"。亦即是说，知识分子在长久以来独擅胜场的专业苑囿——文字技术，也失去了权威性，因而"毛泽东同志所告诉我们的'小学生的态度'，确也是做这一工作所应当具备的先决的条件"[1]。

循着这一思路，党报上出现了大量批评知识分子以及知识分子自我批评的文章。例如，自称"小报编者"的李元贵，反思自己以往对待来稿的错误态度，如苛求文章"不够文艺性"，不刊登、不回信，敷衍草率等，认为在提倡工农写作、知识分子当"理发员"的形势下，从事新闻工作的专业人士应该深入检讨。[2] 工农写作运动兴起之后，各级党政机关、工农通讯员对报社编辑部的批评与建议在报纸版面上更是俯拾皆是，一个典型的案例是"延川事件"。1943年春天，延川县委费尽周折做通了两位"本地工农老干部"的思想工作，发动他们向《解放日报》投稿。宣传部在寄送稿件时，特别附信说明原委，希望党报能修改登出，以推动该县的通讯工作。不料，稿件被编辑部批上"无特点"退回，两位工农干部备受打击，从此不敢提笔写稿。这年底，县委宣传部部长史坚在《解放日报》撰文总结延川县组织通讯工作的经验，提及上述退稿事故，请求党报更耐心地鼓励和帮助工农写稿。此事引起编辑部的高度重视，配发的"编者按"以异常峻厉的语气写道："在报馆工作的同志，必须痛改此种官僚主义的作风，这实际上是一种摧残工农通讯员的罪恶行为。以后各地如再发现此种情事，请将具体情形立即函告报馆总编辑，以便查明责任，迅速纠正。"[3] 客观地说，专业的新闻工作者对待工农干部稿件时所出现的一些疏忽，或许并非源自主观上的"思想错误"，也可能出于人手有限等实际条件的限制。这从常理上不难理解，然而工农通讯员的挫败经验仍然一再见报，大体还是因为在这场运动中知识分子与工农干部的政治位阶相去悬殊，是延安整风所形塑的新型政治文化和社会关系的表征。

---

① 陈企霞."理发员"和他的工作［N］.解放日报，1942-10-08（4）.
② 李元贵.一个小报编者的检讨［N］.解放日报，1942-10-31（4）.
③ 史坚.半年来延川的通讯工作［N］.解放日报，1943-11-18（4）.

第八章
新闻通讯员：社会化新闻生产的历史经验

投身工农通讯写作运动的知识分子不仅包括新闻工作者，还有相当数量的文艺工作者。1943年底，中宣部出台《关于执行党的文艺政策的决定》，指出"报纸是今天根据地干部和群众最主要最普遍最经常的读物"，要求"一般文学工作者的主要精力，即应放在培养工农通讯员"。这份文件同样布满了"知识分子改造"的底色，如对文艺工作者的身份定义是"小资产阶级出身并在地主资产阶级教养下长成"，因此需要在"与人民群众结合的过程中"接受"教育"。[1]1944年，《解放日报》在创刊一千期的社论中，专门谈及知识分子自整风以来所受的"教育"，以及这个群体后来在通讯员运动中扮演的"媒介"角色：

在整风以前，他们中间有许多尚未真正在思想上与工农兵结合起来，有时则站在小资产阶级的立场上来讨厌工农兵，那时候许多知识分子的通讯员与工作人员，成为报纸与工农兵之间的障碍。但是现在情形不同了，他们中间有很大部分，经过了伟大的整风，教育过来了，在思想上与工农兵结合起来了。这时候，从前成为障碍的，现在要成为报纸与工农兵之间的良好的媒介了。[2]

四、新闻工作与现代政党的自我锻造

延安十年是中国共产党空前扩张的时期，也是这个政治组织进行自我锻造的关键时刻，党报在其中扮演了重要角色。整风运动开启前，全国党员数量已经从抗战开始时的四五万猛增至80万，成为中国政治生活中的一个决定性力量。党报的改造即与政党本身的革新密不可分，是整风初期

---

[1] 中共中央宣传部关于执行党的文艺政策的决定（1943年11月7日）[M]//中央档案馆.中共中央文件选集：第14册（1943—1944）.北京：中共中央党校出版社，1992：107-110.

[2] 社论：本报创刊一千期[N].解放日报，1944-02-16（1）.

率先接受改造的部门。1942年初《解放日报》酝酿改版期间，毛泽东在一次政治局会议上说："我党现有八十万党员，五十万军队，但党报是弄得不好的……要达到改造党的目的，必须首先改造党报的工作。"[①] 正是基于"改造党"的战略全局视野，毛泽东在全党普遍整风的前夜投入相当多的精力，亲自领导了党中央机关报的整顿。改版后的《解放日报》，先是在整风运动和大生产运动这两项紧要工作中发挥作用，逐渐探索出一套新的办报模式，继而从下半年开始推展至党政系统的日常工作领域，通讯员运动与全党办报由此勃兴。从实施情况来看，通讯员运动超出了报社编辑部的业务范畴，动用了政党的核心组织资源，并在革新工作机制和强固组织基础两个方面起到了"改造党"的作用。

作为典型的"先锋队—领导型政党"，中国共产党依照列宁主义建党学说与组织原则而建立，是一种高度组织化、具有超强动员力的新型现代政党。[②] 利用现代化的制度和手段提高组织动员的效率，向来为中国共产党所推重。黄道炫关于抗战时期政策落实机制的研究，指出中国共产党善于使用开会、数目字管理等现代组织方式，特别是对开会技术的运用可谓炉火纯青。[③] 沿着这个思路进一步考察，利用和改造报纸这种媒介技术以推动工作，则是中国共产党领导方法和组织技术的新发展，毛泽东对此有过明确的解释：

> 过去我们学会了一种工作方式，就是开会。这个方式各处盛行，多年以来我们就没有放弃过这种工作方式。如果你们再把办报这种工作方式采用起来，那么许多道理和典型就可以经过报纸去宣传。现在

---

① 中共中央文献研究室.毛泽东年谱（1893—1949）：中卷［M］.修订本.北京：中央文献出版社，2013：367.

② 姚中秋.现代政党演进逻辑中的中国共产党：世界体系视角的解释［J］.江西社会科学，2022，42（3）：22-33，206，209.

③ 黄道炫.如何落实：抗战时期中共的贯彻机制［J］.近代史研究，2019（5）：72-87，161.

第八章
新闻通讯员：社会化新闻生产的历史经验

我们要学会这种工作方式。现在我们边区，开会是最重要的工作方式，报纸发出去就可以省得开许多会。我们可以把许多问题拿到报纸上讨论，就等于开会、开训练班了，许多指示信可以用新闻来代替……①

报纸是延安时期影响最大的现代化传播媒介，在信息交流的效率和广度方面具有传统技术手段难以比拟的胜势，被视为宣传和组织的"最有力的工具"②和"最锐利的武器"③。中国共产党为此建立了多层级的大规模党报体系④，并将其纳入党组织的核心地带，成为一种常规化的组织技术。在延安时期的新闻论述中，油印机、谈话、传单等传统手段，被批评为不值得留恋的"手工业工作方式的落后习惯"⑤和"秘密手工业式的领导方式"⑥，应该被报纸这种现代化产业的工作方式取而代之。在具体实践中，除了刊载文件指令、发挥报纸基本的信息传递作用，即传统的"上情下传、下情上传"的中介渠道功能，中国共产党还对报纸的媒介属性进行了创造性开掘，将其打造为党政系统交流经验、开展工作的平台化媒介——来自一线的大量工作经验（信息）汇聚在党报，这是平台运转的前提；广大的基层

---

① 毛泽东.关于陕甘宁边区的文化教育问题（1944年3月22日）[M]//中共中央文献研究室，中央档案馆.建党以来重要文献选编（1921—1949）：第21册.北京：中央文献出版社，2011：112-114.
② 中宣部为改造党报的通知（1942年3月16日）[M]//中国社会科学院新闻研究所.中国共产党新闻工作文件汇编：上卷（1921—1949）.北京：新华出版社，1980：126-127.
③ 中共中央文献研究室.毛泽东年谱（1893—1949）：中卷[M].修订本.北京：中央文献出版社，2013：367.
④ 截至1944年底，陕甘宁边区的党报体系包含五个层级：全国性的《解放日报》、边区性的《边区群众报》、4种分区级的报纸如《抗战报》、11个县报、遍地开花的黑板报。前四类报纸在边区共发行21500份，平均每70人拥有一份定期的报纸。此外，边区的部队另有报纸23种。参见：刘漠冰.边区文教工作的阵容：从文教陈列室看到的[N].解放日报，1944-11-16（2）.
⑤ 社论：党与党报[N].解放日报，1942-09-22（1/2）.
⑥ 王敬.延安《解放日报》史[M].北京：新华出版社，1998：25.

干部也聚拢在"平台"周围，通过阅读和研究党报来推进工作。党报由此从相对单一的业务部门转变成面向全党的开放性平台，报社的有限力量显然无法驾驭，通讯员运动唯有凭借全党之力方能有效展开，大规模的"全党办报"由此兴起。

通讯员运动展开之后，重心很快转向工农通讯写作、培养工农通讯员，成为干部教育的一种特殊通道，深层动因仍在于政党自身的"改造"。中国近世转型的一个历史选择，是由政党组织来主导现代国家的构建、治理和发展，形成了"政党中心主义"的现代化模式。[1] 具体而言，即列宁式政党替代儒家士绅成为社会的组织者，由具有高水平组织、动员、整合能力的先锋队政党，在前工业化的半殖民地领导人民实现社会革命、民族独立、国家发展等一系列内外目标。[2] 延安整风前夕，标志着系统性干部教育发端的中央文件《关于增强党性的决定》，开场白便指出"中国共产党经过二十多年的革命锻炼，现在已成为全国政治生活中的重要的决定的因素，然而放在我们面前的仍然是伟大而艰难的革命事业"[3]，所体现的正是一种对"历史天命"的自觉意识。任弼时在解释这份文件时指出，抗战以来全党新增党员75万，其中绝大多数是农民和知识分子出身，"大批新党员今天很需要党更多的教育"[4]。这就从中国共产党人员构成和组织基础的独特性出发，道出了大规模干部教育的重要性。

从政党类型学来看，中国共产党属于无产阶级政党，善于吸纳工农群体中的积极分子和知识群体中的进步分子，拥有丰富的干部资源担纲社会的组织者，特别是大量农民干部对基层社会的深度整合，为中国共产党的

---

[1] 杨光斌.制度变迁中的政党中心主义[J].西华大学学报（哲学社会科学版），2010（2）：1-6.

[2] 姚中秋.现代政党演进逻辑中的中国共产党：世界体系视角的解释[J].江西社会科学，2022，42（3）：22-33，206，209.

[3] 关于增强党性的决定（1941年7月1日）[M]//中共中央组织部，中共中央党史研究室，中央档案馆.中国共产党组织史资料：第8卷 文献选编（上）.北京：中共党史出版社，2000：571-573.

[4] 任弼时选集[M].北京：人民出版社，1987：238-245.

第八章
新闻通讯员：社会化新闻生产的历史经验

传奇性胜利奠定基础。[①] 作为党员干部主要来源的农民和知识分子，要具备整合社会所必需的组织力和动员力，高水平的干部教育和党的建设就势在必行。延安整风是在历史节点进行的一次集中化的党内教育运动，日常化的干部教育则散见于各项具体工作和时机之中。党报改版后展开的通讯员运动，蕴含着提升工农干部文化水平和工作能力、促进知识分子干部意识形态认同等教育潜能，很快被政党组织加以发掘和利用，通讯员运动的重心顺势转向了工农写作，起到了干部教育的特殊功用。

由此可见，延安时期通讯员运动与全党办报的探索和实践意义远远超出了报纸或新闻的专业范畴，实际上是一个现代政党创造性地利用和改造新媒介技术，用以创新工作方法和改造组织基础，达成政党本身的自我锻造和强化。这种分析需要跳脱"政治支配新闻"的常见思路，反向探究新闻实践对政党组织的影响与塑造。这样的视角在既往研究中较为鲜见，然而意图并非标新立异，毋宁是重返历史现场的努力。本章的核心结论，其实毛泽东在延安时期做过清晰的论述，即"报纸可以当做重要的工作方式和教育方式"，党内领导干部"要以很大的精力来注意这个工作"。[②] 或许只是受制于当下新闻实践和学术研究共同的专业化倾向，"媒介中心主义"成为主导性的方法论，对新闻与政治关系的整全性理解变得困难重重，因此从这种"反向视角"所做的探究才显得略具新意。

概而言之，重访这段业已消失的新闻图景，目的绝非简单机械地照搬"延安经验"，而是期冀打开历史研究与学术想象的"方法论"视野。正如有研究者指出的，"中国共产革命留下来的精神遗产多是方法论意义上

[①] 金观涛，刘青峰.开放中的变迁：再论中国社会超稳定结构［M］.北京：法律出版社，2011：339-341.

[②] 毛泽东.关于陕甘宁边区的文化教育问题（1944年3月22日）［M］//中共中央文献研究室，中央档案馆.建党以来重要文献选编（1921—1949）：第21册.北京：中央文献出版社，2011：112-114.

的",而这些"方法论遗产"还有待学界进一步发掘和整理。[1] 以党组织的视点考察延安时期通讯员运动的历史实践,有助于打破关于新闻媒介功能角色的本质主义认识,为思考新闻与政治的关系提供新的思想资源,这对于重新理解当代的党报处境与政治传播的可能性,同样不无裨益。正如吕新雨指出的,"党报与党的建设的关系需要新的理解和再造,并在此基础上重建作为国家政治生活的党报与各级党组织的生态关系"[2]。

---

[1] 王建华."赤脚天堂"里的劳动叙事:多重紧张情境下的延安大生产运动[J]. 中共历史与理论研究,2017(2):148-168,268.
[2] 吕新雨.第三世界视野下的"中国道路"与党报理论[J].经济导刊,2020(10):94-96.

结　语

　　中国特色新闻学是一个具有鲜明时代特色的前沿研究领域，尚处于探索与构建的阶段。在新的历史条件下，以高度的政治自觉和理论自信构建一整套既有中国特色又能回应人类命运共同体普遍问题的新闻学理论体系，已是当前学科建设的当务之急。从操作层面上看，中国特色新闻学理论研究应在关键概念领域展开深耕细耘，在此基础上推动学科体系、学术体系和话语体系的构建和完善。本书即从关键概念入手，展开中国特色新闻学的理论源流研究。

　　中国特色新闻学绝非凭空出世，而是根植于广博的历史脉络之中，因而反观诸己的自我认知是理论创新的必要前提，这就要求我们反本溯源、继往开来，在历史与现实的交响互动中进行知识探索。具体而言，对于建构中国特色新闻学知识体系而言，三个方面的理论源流有待爬梳总结：一是中国共产党的新闻理论，二是中华传统文化中的新闻传播思想，三是西方新闻理论和国外哲学社会科学的前沿成果。这其中蕴含着大量尚待开掘的学术命题，特别是中国共产党的新闻理论暨马克思主义新闻观的成果最为核心。习近平总书记在2016年5月17日讲话中指出："坚持以马克思主义为指导，是当代中国哲学社会科学区别于其他哲学社会科学的根本标志，必须旗帜鲜明加以坚持""马克思主义的资源，包括马克思主义基本原理，马克思主义中国化形成的成果及其文化形态……这是中国特色哲学社会科学的主体内容，也是中国特色哲学社会科学发展的最大增量。"中国特色新闻学本质上是一种社会主义新闻学，马克思主义新闻观无疑是理论内核和思想原点。

作为马克思主义新闻观的成果，中国共产党在领导中国人民进行现代化道路的探索过程中，吸收马克思列宁主义新闻学的精髓，结合中国具体实情，创造性地发展了自身的新闻理论。中国共产党新闻理论是一个开放的体系，根据政治社会条件和新闻传播生态的变化，不断进行与时俱进的理论创新，但是仍有一些核心理念历久而弥新。例如，在2013年8月19日全国宣传思想工作会议和2016年2月19日党的新闻舆论工作座谈会上，习近平总书记在讲话中强调党性原则、人民性、群众路线、正确舆论导向、正面宣传为主、政治家办报等，这实际上是延安时期以来中国共产党新闻理论一以贯之的关键概念。在当前媒体市场化、商业化汹涌澎湃的情境下，对这些关键概念的宣示，显示了中国新闻传播体系与政治体系引人瞩目的特点。

鉴于中国共产党新闻理论对于构建中国特色新闻学的基础性作用，本书最终选取"延安范式""集体组织者""新闻大众化""群众路线""全党办报""典型报道""新型记者""新闻通讯员"这八个中国共产党新闻传统中的关键概念，作为研究的主攻方向。其中，前五个为整体性概念，"延安范式"对中国共产党新闻理论来说具有全局性的典范意义，"集体组织者"关乎新闻业的角色和功能这样的新闻学"元问题"，"新闻大众化"和"群众路线"关乎办报的总体路线和方针，"全党办报"则是指导党报工作的重要原则；后三者则属于操作性概念，"典型报道"是党报业务领域的特色概念，"新型记者"和"新闻通讯员"是对新闻工作者的规范性要求。

在研究取向上，本书致力于在既有学术脉络中推进特定概念的研究，实施方式主要是针对一系列概念展开专题性的个案研究，每个概念的研究通常是在把握既有文献和前人研究成果的基础上，提出自己的研究问题，

结 语

锚定自己的分析角度，凭借经验材料展开论证和分析，论述上往往聚焦一点、不及其余。换言之，本书旨在增进相关知识而不是汇集既有知识。以科普性介绍和系统性综述为特征的词典或教科书模式，并非本书的目标所在。

中国共产党新闻理论中的八个关键概念的专题性研究论文，因为各自所处的学术脉络不同，每个研究的切入角度、论证方式、经验材料也各不相同。不过总体来看，这些研究论文在方法论层面具有较强的一致性——一种内在于中国共产党政党政治的"内在视野"或"内部视野"。汪晖在论述思想史研究的方法论问题时提出，对历史的理解不能全凭当代的理论范畴和知识框架，真正有益的分析是进入历史肌理之中，以研究对象的知识和逻辑进行"同情与理解"式的解读和分析，即"将研究对象从对象的单一位置上解放出来"[1]，"只有我们将自己从审判者的位置上解放出来，对象才能获得解放"[2]。本书在方法论层面特别注重从"内在视野"出发，不以当前流行的概念、范畴、理论来比附或剪裁历史事实，尤其避免将西方话语框架直接套用于中国革命历史及其新闻专业遗产，而是努力回到历史语境与政党政治的内在逻辑之中进行考察，中国共产党新闻传统中一些关键概念的复杂而深刻的内涵借此浮现出来，并有可能成为反思当代媒体状况和新闻学知识的批判性资源，由此获得新的生命力，这也是我们在今天重新探究这些"旧概念"的意义所系。

举例来说，中国共产党的新闻实践的一个特点是打破新闻的专业壁垒和职业垄断，动员党政干部和工农群众深度参与到新闻生产与传播的过程之中，从而与西方"新闻专业主义"强调的独立、自治、专业资质等诉求相悖。如果以这套源于西方市场新闻业的概念范畴来简单比附，很容易将中国共产党的新闻传统归为不符合所谓新闻业发展"客观规律"的"前现

---

[1] 汪晖.别求新声：汪晖访谈录［M］.2版.北京：北京大学出版社，2010：485.
[2] 汪晖.世纪的诞生：中国革命与政治的逻辑［M］.北京：生活·读书·新知三联书店，2020：4.

代"陈迹，只能作为批判的对象，以此凸显当代新闻运作模式的合理性，这也是不少时兴研究的主导性叙事。这样不假批判地将历史与思想纳入当代知识的框架之中，不但扭曲了历史图景，而且丧失了省思我们自身状况的机会。本书中的"新闻通讯员"章节，则是进入革命现代性的内在脉络之中，从群众路线的视角对这段专业遗产展开新的探讨，指出"业余通讯员"模式是政党政治与群众参与有机统一的尝试，广大干部和群众借由新闻的中介参与到政治与历史进程之中，获得新的主体性表达。与之相比，当代"新闻线人""公民记者""UGC（用户生成内容）"等现象，更多地服从新闻生产的商业化、市场化逻辑，与充满政治能量和政治活力的"业余记者"模式存在本质上的差异。通过这样的研究，"新闻通讯员"这个中国特色新闻学关键概念就具有了当代的价值关联，有可能为当前主流媒体的"群众路线"实践提供思想资源。

与之相似，"延安范式"的概念建构采用了先锋队政党与群众的关系作为分析框架，"集体组织者"以政党组织传播作为切入视角，"典型报道"的讨论引入塑造社会主义新人的国际共运脉络……这些研究框架和分析视角，无不结构性地内在于中国共产党政党政治与社会主义运动的肌理之中，有助于将中国共产党新闻传统中的一些深刻内涵揭示出来，使其获得新的理论意涵和活力。

需要说明的是，本书尚有诸多的缺憾与不足。受限于研究者个人的学术专长、能力与时间精力，本书暂且对中国共产党新闻理论中的八个关键概念进行了专题性的研究，然而实际情况是，中国共产党新闻理论体系完备、内容丰赡，几乎在新闻理论的每一个领域都形成了自身的独特概念，如在本书讨论的七个概念之外，还有"政治家办报""党性原则""耳目喉舌""舆论导向"等重要概念，有待在今后的研究中继续推进。对中国共产党新闻传统的重新整理和开掘，或许远非单个学者所能胜任，可能需要一代学人的共同努力。

如前所述，中国特色新闻学理论源流应当包含中国共产党新闻理论、

结 语

中华传统文化中的新闻传播思想、西方新闻理论和国外哲学社会科学的前沿成果等多种学术资源。比较遗憾的是,本书未能涉及中华传统文化中的新闻传播思想,这当中实在蕴含着许多有待发掘的学术命题。绵延数千年的中华文化提供了诸多关于新闻与传播的独到思想,从而有可能构成中国特色新闻学成长发展的深厚根基。如"典型报道""正面报道"等中国特色新闻学关键概念,从中华传统文化的视角考察,有望获得别开生面的分析,欧美新闻业自我定位为"看门狗"(watchdog),重视反常、越轨、丑闻、揭秘、监督等功能,"扒粪者"(muckraker)成为西方记者普遍的职业想象,而中国新闻业则向来重视社会教化功能,强调正面报道为主,并发展出"典型报道"这一著名的新闻样式。实际上,中国新闻业的上述特点和取向,深层原因根植于文化传统和精神气质,如中华传统的"乐感文化"立足"此岸"世界,更强调人的主体性存在,并赋予一种参化天地万物的本体地位,从而培育了中国人自强不息、乐观积极的精神状态,长期积淀的"乐感文化"在社会心理中自然形成"乐于报喜,不乐报忧"的习俗与习惯,最典型的就是文艺作品的大团圆结局。而且,乐感文化所追求的"乐"也并非动物式的自然产物(如英国功利主义哲学家边沁所指的感官"快乐",即happiness),而是后天修养的人文传统,属于人生最高境界(近乎"道"),是教育教化的功效,所以儒家向来主张学习、教育、修养。[①]从这一文化传统出发,不仅可以深切理解中国新闻业的正面教化取向,向往六亿神州尽舜尧,讴歌遍地英雄下夕烟,而且有助于开辟不同于西方"罪感文化"及其新闻传统的中国特色新闻学,所谓中国气派与中国作风也就蕴含在其中。

由于学业专长和时间精力的限制,本书没能展开中华传统文化中的新闻传播思想的研究。不过值得注意的是,近年来"华夏传播学"蔚然成为一个显要的学术领域,潘祥辉、谢清果、邵培仁、赵云泽等学者做出了诸多出色的研究,为构建中国特色新闻学知识体系贡献颇多。例如,潘祥

[①] 李泽厚.中国古代思想史论[M].北京:生活·读书·新知三联书店,2017:284-292.

辉对"宣传"这个中国特色新闻学关键概念的研究，从传统文化的视角做出过新鲜有益的讨论。他认为，在西方现代新闻传播理论中，propaganda（宣传）意味着灌输和对抗，通常与"不诚实""操纵性""洗脑"等联系在一起，带有否定性含义；而在中文语境里，"宣传"自近代以来一直具有正面色彩，至今中国的新闻理论研究仍在澄清和阐释"宣传"理念。[1] 究其根本原因在于，中国传统的政治文化中缺乏现代的宣传观念（灌输、说服），因此古代"宣"的起源和发展及其所形成的历史传统，影响到中国近代以来"宣传"一词的感情与价值色彩。中国古代"宣"的重要特征，并不以传递信息或灌输观点为旨归，而主要为了显示王权的威仪、礼德和恩泽，以此实现对子民或边民的教化，达到以德服人的效果。[2] 这样从传统文化视角展开的研究，能够更加深入地理解中西方新闻传播思想的差异，使中国特色新闻学理论概念更具思想内涵。

同样值得探究的是，中国特色新闻学的理论建构必得回应当代中国与世界新闻实践的现实问题，正如习近平总书记指出的，"只有聆听时代的声音，回应时代的呼唤，认真研究解决重大而紧迫的问题，才能真正把握住历史脉络、找到发展规律，推动理论创新"[3]。当前，新闻传播生态正在发生剧烈变化，在数字化、人工智能等新技术全面冲击下，新闻传播的专业流程、新闻媒体的运行模式、新闻业的社会角色、新闻知识分子的职业伦理、公众接收与传播效果等所有我们熟悉的新闻图式、延续百年的新闻惯例，在今天都日益变得陌生起来。[4] 当前新闻生态的巨变，既给新闻学

---

[1] 刘海龙.宣传：观念、话语及其正当化［M］.2版.北京：中国大百科全书出版社，2020.

[2] 潘祥辉.宣之于众：汉语"宣"字的传播思想史研究［J］.新闻与传播研究，2018，25（4）：76-94，127-128.

[3] 习近平.论党的宣传思想工作［M］.北京：中央文献出版社，2020：212-240.

[4] 一本由众多欧美学者合作的论文集，较为全面地呈现了眼下西方新闻业的危机，参见：ALEXANDER J, BREESE E, LUENGO M. The crisis of journalism reconsidered: democratic culture, professional codes, digital future［M］. New York: Cambridge University Press, 2016.

结 语

提出严峻挑战，同时也赋予理论创新以重大机遇。因为在新闻实践的巨变时代，既有的新闻理论特别是欧美"正统"的霸权观念，同样正在或者已经丧失解释力，亟待新的理论，召唤新的思想。比如，在经典的西方新闻理论中，市场化被认为是新闻媒体发展的"客观规律"，是毋庸置疑的运作机制。然而在今天，如果对新闻业危机加以审慎分析就可以发现，技术革新实际上仅是表面原因，属于一种加速的变量，而备受推崇的商业模式或许才是根本痼疾。在互联网技术出现之前，西方新闻业在市场逻辑主导之下，已经出现内容同质化、平庸化趋势，不过传统新闻机构凭借对新闻信息采集和分销的垄断权，以及精心建构的"专业主义"话语策略及意识形态，仍能保持可观的经济效益和社会声誉。进入数字媒体时代，传统新闻传播业的行业壁垒遭到前所未有的冲击，互联网巨头、社交平台、聚合性应用不断打破新闻机构唯我独享的垄断权，资本逐利的市场逻辑导致广告、投资抛弃高成本、低效率的传统新闻模式，纷纷涌向变现能力更强的新媒体平台。[①] 在新闻传播生态巨变中，西方新闻媒体努力尝试数字化转型，将编辑分析系统、机器人写作等引入新闻流程，并模仿互联网企业的组织架构和运作理念，强化受众与用户的拓展服务，以最大限度地发掘新闻的商品价值。[②] 但在商业模式、市场逻辑不发生结构性变化的情况下，这些努力大概只能是有限的挣扎。西方新闻业危机带给我们的警示，或许是打破关于媒体市场化发展这个所谓"客观规律"的迷思，对当代商业新闻体制机制展开整体性反思，从而推进新闻理论的超越与创新。

---

① 王维佳.专业主义的挽歌：理解数字化时代的新闻生产变革［J］.新闻记者，2016（10）：34-40.
② 翟秀凤.普遍性还是历史性：理解数字时代的新闻专业主义［J］.新闻界，2018（4）：62-71.

参考文献

1. 普通图书

［1］黄林.近代湖南出版史料（二）［M］.长沙：湖南教育出版社，2012.

［2］中共中央文献研究室.论群众路线：重要论述摘编［M］.北京：中央文献出版社，党建读物出版社，2013.

［3］中共山东省委组织部，中共山东省委党史资料征集研究委员会，山东省档案馆.中国共产党山东省组织史资料（1921—1987）［M］.北京：中共党史出版社，1991.

［4］《新华通讯社史》编写组.新华通讯社史：第1卷［M］.北京：新华出版社，2010.

［5］孙国林.延安文艺大事编年［M］.西安：陕西师范大学出版社，2016.

［6］吴旗县地方志编纂委员会.吴旗县志［M］.西安：三秦出版社，1991.

［7］吴起县档案局.中国共产党吴起历史：第1卷（1921—1949）［M］.西安：陕西人民出版社，2015.

［8］延安干部学院.延安时期大事记述.试用本［M］.北京：中央文

献出版社,2010.

[9] 延安市政协文史资料委员会.延安文史资料：第2辑[M].[出版地不详]:[出版者不详],1985.

[10] 政协洪洞县文史资料研究委员会.洪洞文史资料：第14辑[M].[出版地不详]:[出版者不详],2002.

[11] 华东师范大学教育系.列宁论教育：修订本[M].北京：人民教育出版社,1990.

[12] 人民教育出版社.毛泽东同志论教育工作[M].北京：人民教育出版社,2000.

[13] 新华社.毛泽东论新闻宣传[M].北京：新华出版社,2000.

[14] 蔡若虹.赤脚天堂：延安回忆录[M].长沙：湖南美术出版社,2000.

[15] 陈学昭.工作着是美丽的[M].杭州：浙江人民出版社,1979.

[16] 胡绩伟.青春岁月：胡绩伟自述[M].郑州：河南人民出版社,1999.

[17] 胡乔木.胡乔木回忆毛泽东[M].增订本.北京：人民出版社,2014.

[18] 黎辛.亲历延安岁月[M].西安：陕西人民出版社,2016.

[19] 齐志文.记者莫艾[M].北京：光明日报出版社,2010.

[20] 师哲,李海文.在历史巨人身边：师哲回忆录[M].北京：九州出版社,2014.

[21] 丁济沧,苏若望.我们同党报一起成长：回忆延安岁月[M].北京：人民日报出版社,1989.

[22] 吴葆朴,李志英.秦邦宪（博古）传[M].北京：中共党史出版社,2007.

[23] 吴葆朴,李志英,朱昱鹏.博古文选·年谱[M].北京：当代中国出版社,1997.

［24］吴冷西.回忆领袖与战友［M］.北京：新华出版社，2006.

［25］中共党史人物研究会.中共党史人物传：第39卷［M］.西安：陕西人民出版社，1988.

［26］中共党史人物研究会.中共党史人物传：精选本.民运卷［M］.北京：中共党史出版社，2010.

［27］中共中央文献研究室.毛泽东年谱（1893—1949）：上卷［M］.修订本.北京：中央文献出版社，2013.

［28］中共中央文献研究室.毛泽东年谱（1893—1949）：中卷［M］.修订本.北京：中央文献出版社，2013.

［29］中共中央文献研究室.毛泽东传（一）［M］.北京：中央文献出版社，2013.

［30］安德森.想象的共同体：民族主义的起源与散布［M］.吴叡人，译.上海：上海人民出版社，2005.

［31］白红义.以新闻为业：当代中国调查记者的职业意识研究［M］.上海：上海交通大学出版社，2013.

［32］蔡翔.革命/叙述：中国社会主义文学—文化想象（1949—1966）［M］.2版.北京：北京大学出版社，2018.

［33］陈力丹.马克思主义新闻学词典［M］.北京：中国广播电视出版社，2002.

［34］陈力丹.马克思主义新闻观思想体系［M］.北京：中国人民大学出版社，2006.

［35］陈先达.马克思主义和中国传统文化［M］.北京：人民出版社，2015.

［36］窦其文.毛泽东新闻思想研究［M］.北京：中国新闻出版社，1986.

［37］盖恩，比尔.新媒介：关键概念［M］.刘君，周竞男，译.上海：复旦大学出版社，2015.

[38] 甘斯.什么在决定新闻：对CBS晚间新闻、NBC夜间新闻、《新闻周刊》及《时代》周刊的研究[M].石琳,李红涛,译.北京：北京大学出版社,2009.

[39] 甘惜分.新闻学大辞典[M].郑州：河南人民出版社,1993.

[40] 甘阳.通三统[M].北京：生活·读书·新知三联书店,2014.

[41] 葛兰西.实践哲学[M].徐崇温,译.重庆：重庆出版社,1990.

[42] 葛兰西.狱中札记[M].曹雷雨,姜丽,张跣,译.北京：中国社会科学出版社,2000.

[43] 葛兰西.葛兰西文选[M].李鹏程,编.北京：人民出版社,2008.

[44] 费斯克,等.关键概念：传播与文化研究辞典（第二版）[M].李彬,译注.北京：新华出版社,2004.

[45] 费正清,费维恺.剑桥中华民国史（1912—1949）：下卷[M].刘敬坤,叶宗敏,曾景忠,等译.北京：中国社会科学出版社,1994.

[46] 富兰克林,等.新闻学关键概念[M].诸葛蔚东,等译.北京：北京大学出版社,2008.

[47] 哈贝马斯.公共领域的结构转型[M].曹卫东,王晓珏,刘北城,等译.上海：学林出版社,1999.

[48] 哈克,皮尔森.推特治国：美国的财阀统治与极端不平等[M].法意,译.北京：当代世界出版社,2020.

[49] 哈维.新自由主义简史[M].王钦,译.上海：上海译文出版社,2010.

[50] 哈维.世界的逻辑[M].周大昕,译.北京：中信出版社,2016.

[51] 海伍德.政治学核心概念[M].吴勇,译.北京：中国人民大学出版社,2014.

[52] 亨廷顿.变化社会中的政治秩序[M].王冠华,刘为,等译.沈

宗美,校.上海:上海人民出版社,2015.

[53] 黄澍霖.国际共产主义运动史简明教程[M].济南:山东人民出版社,1986.

[54] 黄修荣,黄黎.中国共产党创建史[M].北京:中国青年出版社,2015.

[55] 霍布斯鲍姆,兰格.传统的发明[M].顾杭,庞冠群,译.南京:译林出版社,2004.

[56] 吉特林.新左派运动的媒介镜像[M].张锐,译.胡正荣,审校.北京:华夏出版社,2007.

[57] 加塞特.大众的反叛[M].张伟劼,译.北京:商务印书馆,2021.

[58] 金观涛,刘青峰.开放中的变迁:再论中国社会超稳定结构[M].北京:法律出版社,2011.

[59] 勒庞.乌合之众[M].陆泉枝,译.上海:上海译文出版社,2019.

[60] 李彬.水木书谭:新闻与文化的交响[M].北京:新华出版社,2016.

[61] 李洁非,杨劼.解读延安:文学、知识分子和文化[M].北京:当代中国出版社,2010.

[62] 李良荣.新闻学概论[M].5版.上海:复旦大学出版社,2013.

[63] 李书磊.1942:走向民间[M].北京:人民文学出版社,2017.

[64] 李陀.雪崩何处[M].北京:中信出版社,2015.

[65] 李泽厚.中国古代思想史论[M].北京:生活·读书·新知三联书店,2017.

[66] 廖盖隆,孙连成,陈有进,等.马克思主义百科要览:下卷[M].北京:人民日报出版社,1993.

[67] 林枫.马克思主义新闻观:中国视角的系统阐释[M].北京:

新华出版社，2005.

［68］刘海龙.宣传：观念、话语及其正当化［M］.2版.北京：中国大百科全书出版社，2020.

［69］刘禾.世界秩序与文明等级［M］.北京：生活·读书·新知三联书店，2016.

［70］刘家林.中国新闻史［M］.武汉：武汉大学出版社，2012.

［71］吕长源.书林求索［M］.济南：山东省地图出版社，2003.

［72］吕新雨.学术、传媒与公共性［M］.上海：华东师范大学出版社，2015.

［73］迈斯纳.毛泽东的中国及其后：中华人民共和国史.［M］.杜蒲，译.3版.香港：香港中文大学出版社，2005.

［74］莫斯科维奇.群氓的狂欢［M］.许列民，薛丹云，李继红，译.北京：中国法制出版社，2019.

［75］宁树藩.中国地区比较新闻史：下卷［M］.上海：复旦大学出版社，2018.

［76］潘祥辉.华夏传播新探：一种跨文化比较视角［M］.上海：复旦大学出版社，2018.

［77］《晋绥日报简史》编委员.晋绥日报简史［M］.重庆：重庆出版社，1992.

［78］山西省出版史志编纂委员会，内蒙古《晋绥边区出版史》编委会.晋绥边区出版史［M］.太原：山西人民出版社，1997.

［79］邵培仁，姚锦云.华夏传播理论［M］.杭州：浙江大学出版社，2020.

［80］石里克.普通认识论［M］.李步楼，译.北京：商务印书馆，2017.

［81］施拉姆.毛泽东的思想（插图本）［M］.田松年，杨德，等译.北京：中国人民大学出版社，2005.

[82] 舒德森.新闻社会学[M].徐桂权,译.北京:华夏出版社,2010.

[83] 斯诺.红星照耀中国[M].董乐山,译.北京:人民文学出版社,2019.

[84] 斯塔尔.毛泽东的政治哲学[M].曹志为,王晴波,译.北京:中国人民大学出版社,2006.

[85] 宋金寿,李忠全.陕甘宁边区政权建设史[M].西安:陕西人民出版社,1990.

[86] 塔奇曼.做新闻[M].麻争旗,刘笑盈,徐扬,译.北京:华夏出版社,2008.

[87] 唐远清.对"新闻无学论"的辨析及反思[M].北京:中国广播电视出版社,2008.

[88] 田中初.革命情境中的大众传媒与乡村民众:以"群众办报(1927—1949)"为视点[M].北京:中国社会科学出版社,2017.

[89] 童兵.马克思主义新闻观读本[M].上海:复旦大学出版社,2018.

[90] 童兵,林涵.20世纪中国新闻学与传播学:理论新闻学卷[M].上海:复旦大学出版社,2001.

[91] 王建华.中国革命的乡村道路[M].北京:中央文献出版社,2019.

[92] 王敬.延安《解放日报》史[M].北京:新华出版社,1998.

[93] 王维佳.作为劳动的传播:中国新闻记者劳动状况研究[M].北京:中国传媒大学出版社,2011.

[94] 王维佳.媒体化时代:当代传播思想的反思与重构[M].北京:人民出版社,2020.

[95] 王怡红,胡翼青.中国传播学30年(1978—2008)[M].北京:

中国大百科全书出版社，2010.

[96] 王玉钰.抗战时期陕甘宁边区社会教育研究[M].北京：中国社会科学出版社，2015.

[97] 汪晖.别求新声：汪晖访谈录[M].2版.北京：北京大学出版社，2010.

[98] 汪晖.世纪的诞生：中国革命与政治的逻辑[M].北京：生活·读书·新知三联书店，2020.

[99] 韦伯.社会科学方法论[M].韩水法，莫茜，译.北京：中央编译出版社，1999.

[100] 韦伯.韦伯方法论文集[M].张旺山，译.台北：联经出版公司，2013.

[101] 魏斐德.历史与意志：毛泽东思想的哲学透视（插图本）[M].李君如，等译.北京：中国人民大学出版社，2005.

[102] 夏征农.社会主义辞典[M].长春：吉林人民出版社，1985.

[103] 夏征农，陈至立.大辞海：第25卷 文化新闻出版卷[M].上海：上海辞书出版社，2015.

[104] 萧三匝.左右为难：中国当代思潮访谈录[M].福州：福建教育出版社，2012.

[105] 谢清果.华夏传播研究在中国：谢清果卷[M].北京：九州出版社，2020.

[106] 辛普森.胁迫之术：心理战与美国传播研究的兴起（1945—1960）[M].王维佳，刘扬，李杰琼，译.上海：华东师范大学出版社，2017.

[107] 薛国林.形象塑造与社会认同：正面人物宣传报道的社会效果研究[M].广州：暨南大学出版社，2012.

[108] 闫健.中国共产党转型与中国的变迁：海外学者视角评析[M].北京：中央编译出版社，2013.

[109] 鄢一龙，白钢，吕德文，等.天下为公：中国社会主义与漫长的21世纪[M].北京：中国人民大学出版社，2018.

[110] 张广智，张广勇.史学：文化中的文化——西方史学文化的历程[M].上海：上海社会科学院出版社，2013.

[111] 赵超构.延安一月[M].北京：中国国际广播出版社，2013.

[112] 赵月枝.传播与社会：政治经济学与文化分析[M].北京：中国传媒大学出版社，2011.

[113] 郑保卫.中国共产党新闻思想史[M].福州：福建人民出版社，2004.

[114] 中共中央党史研究室.中国共产党历史：第1卷（1921—1949）上册[M].2版.北京：中共党史出版社，2011.

[115] 中共中央党史研究室.中国共产党历史：第1卷（1921—1949）下册[M].2版.北京：中共党史出版社，2011.

[116] 中国大百科全书总编辑委员会《新闻出版》编辑委员会，中国大百科全书出版社编辑部.中国大百科全书：新闻出版[M].北京：中国大百科全书出版社，1998.

[117] 河南省地方史志编纂委员会.河南省志：第60卷 人物志（传记上）[M].郑州：河南人民出版社，1993.

[118] 周海燕.记忆的政治[M].北京：中国发展出版社，2013.

[119] 朱国圣，林枫.马克思主义新闻观研究[M].北京：新华出版社，2010.

[120] 朱鸿召.延安日常生活中的历史[M].桂林：广西师范大学出版社，2007.

[121] 朱鸿召.延安缔造[M].西安：陕西人民出版社，2013.

[122] 朱庆葆，陈进金，孙若怡，等.中华民国专题史：第10卷 教育的变革与发展[M].南京：南京大学出版社，2015.

[123] 周文.周文文集：第3卷 文论/杂文[M].北京：作家出版

社，2010：388-394.

[124] ALEXANDER J, BREESE E, LUENGO M. The crisis of journalism reconsidered: democratic culture, professional codes, digital future [M]. New York: Cambridge University Press, 2016.

[125] DICKSON B. Democratization in China and Taiwan: the adaptability of leninist parties [M]. Oxford: Clarendon Press, 1997.

[126] DICKSON B. Red capitalists in China: the party, private entrepreneurs, and prospects for political change [M]. New York: Cambridge University Press, 2003.

[127] DRUCKMAN J, JACOBS L. Who governs? presidents, public opinion, and manipulation [M]. Chicago, IL: Chicago University Press, 2015.

[128] KUHNER T, CAPITALISM V. Democracy: money in politics and the free market constitution [M]. Stanford, CA: Stanford University Press, 2014.

[129] MCCHESNEY R, NICHOLS J. The death and life of American journalism: the media revolution that will begin the world again [M]. New York, NY: Nation Books, 2010.

[130] NADLER A. Making the news popular: mobilizing U.S. news audience [M]. Urbana, IL: University of Illinois Press, 2016.

[131] SCHURMANN F. Ideology and organization in communist China [M]. Berkeley, CA: University of California Press, 1968.

[132] SELDEN M, EGGLESTON P. The People's Republic of China: a documentary history of revolutionary change [M]. New York: Monthly Review Press, 1979.

[133] WAISBORD S. Reinventing professionalism: journalism and news in global perspective [M]. Malden, MA: Polity Press, 2013.

[134] ZARROW P. China in war and revolution (1895—1949) [M]. New York: Routledge, 2005.

2. 专著中析出的文献

[1] 毛泽东. 关于陕甘宁边区的文化教育问题（1944年3月22日）[M] // 中共中央文献研究室, 中央档案馆. 建党以来重要文献选编（1921—1949）: 第21册. 北京: 中央文献出版社, 2011: 108-122.

[2] 陕甘宁边区简政实施纲要（1943年2月24日）[M] // 陕西省档案馆, 陕西省社会科学院. 陕甘宁边区政府文件选编: 第7辑. 西安: 陕西人民教育出版社, 2015: 61-71.

[3] 陕甘宁边区政府教育厅. 边区教育宗旨和实施原则（草案）(1940年) [M] // 陕西师范大学教育研究所. 陕甘宁边区教育资料: 教育方针政策部分（上卷）. 北京: 教育科学出版社, 1981: 130-134.

[4] 陕甘宁边区文教大会关于发展群众读报办报与通讯工作的决议（1944年11月16日）[M] // 中国社会科学院新闻研究所. 中国共产党新闻工作文件汇编: 上卷（1921—1949）. 北京: 新华出版社, 1980: 168-169.

[5] 中共中央关于调查研究的决定（1941年8月1日）[M] // 中共中央文献研究室, 中央档案馆. 建党以来重要文献选编（1921—1949）: 第18册. 北京: 中央文献出版社, 2011: 530-533.

[6] 中共中央关于改进报纸工作的决议（1954年7月17日）[M] // 中国社会科学院新闻研究所. 中国共产党新闻工作文件汇编: 中

卷（1950—1956）.北京：新华出版社，1980：319-329.

［7］中共中央关于统一抗日根据地党的领导及调整各组间关系的决定（1942年9月1日）［M］//中共中央组织部，中共中央党史研究室，中央档案馆.中国共产党组织史资料：第8卷 文献选编（上）.北京：中共党史出版社，2000：604.

［8］中共中央关于增强党性的决定（1941年7月1日）［M］//中共中央组织部，中共中央党史研究室，中央档案馆.中国共产党组织史资料：第8卷 文献选编（上）.北京：中共党史出版社，2000：571-573.

［9］中共中央关于在职干部教育的决定（1942年2月28日）［M］//中央档案馆.中共中央文件选集：第13册（1941—1942）.北京：中共中央党校出版社，1991：347-353.

［10］中共中央宣传部.关于在延安讨论中央决定及毛泽东整顿三风报告的决定（1942年4月3日）［M］//中央档案馆.中共中央文件选集：第13册（1941—1942）.北京：中共中央党校出版社，1991：363-367.

［11］中共中央西北局关于《解放日报》几个问题的通知（1943年3月20日）［M］//中国社会科学院新闻研究所.中国共产党新闻工作文件汇编：上卷（1921—1949）.北京：新华出版社，1980：141-144.

［12］中宣部为改造党报的通知（1942年3月16日）［M］//中国社会科学院新闻研究所.中国共产党新闻工作文件汇编：上卷（1921—1949）.北京：新华出版社，1980：126-127.

［13］中央宣传部关于执行党的文艺政策的决定（1943年11月7日）［M］//中央档案馆.中共中央文件选集：第14册（1943—1944）.北京：中共中央党校出版社，1992：107-110.

［14］总政治部关于部队中知识分子干部问题的指示（1942年9月

17日）[M]//中共中央文献研究室，中央档案馆.建党以来重要文献选编（1921—1949）：第19册.北京：中央文献出版社，2011：456-460.

[15] 邓拓.贯彻全党办报的方针（1944年4月22日）[M]//邓拓.邓拓全集：第5卷.广州：花城出版社，2002：284.

[16] 邓小平.关于修改党的章程的报告（1956年9月16日）[M]//邓小平文选（一九三八——一九六五年）.北京：人民出版社，1989：212-256.

[17] 恩格斯.路德维希·费尔巴哈和德国古典哲学的终结（1886年）[M]//中共中央马克思恩格斯列宁斯大林著作编译局.马克思恩格斯文集：第4卷.北京：人民出版社，2009：261-313.

[18] 胡乔木.中国领导层怎样决策：1989年3月4日在美国访问时所作的学术讲演[M]//胡乔木.胡乔木文集：第2卷.北京：人民出版社，2012：282-289.

[19] 列宁.从何着手？（1901年5月）[M]//列宁.列宁全集：第5卷.中共中央马克思恩格斯列宁斯大林著作编译局，编译.2版（增订版）.北京：人民出版社，2017：1-10.

[20] 列宁.苏维埃政权的当前任务（1918年4月）[M]//列宁.列宁全集：第34卷.中共中央马克思恩格斯列宁斯大林著作编译局，编译.2版（增订版）.北京：人民出版社，2017：150-188.

[21] 列宁.俄共（布）纲领草案（1919年2月）[M]//列宁.列宁全集：第36卷.中共中央马克思恩格斯列宁斯大林著作编译局，编译.2版（增订版）.北京：人民出版社，2017：76-114.

[22] 列宁.俄国共产党（布尔什维克）纲领（1919年3月）[M]//列宁.列宁全集：第36卷.中共中央马克思恩格斯列宁斯大林著作编译局，编译.2版（增订版）.北京：人民出版社，2017：400-424.

[23] 列宁. 苏维埃政权的成就和困难（1919年3—4月）[M]//列宁. 列宁全集：第36卷. 中共中央马克思恩格斯列宁斯大林著作编译局，编译. 2版（增订版）. 北京：人民出版社，2017：35-66.

[24] 列宁. 伟大的创举（1919年6月28日）[M]//列宁. 列宁全集：第37卷. 中共中央马克思恩格斯列宁斯大林著作编译局，编译. 2版（增订版）. 北京：人民出版社，2017：1-26.

[25] 列宁. 与燃料危机作斗争：给各级党组织的通告信（1919年11月）[M]//列宁. 列宁全集：第37卷. 中共中央马克思恩格斯列宁斯大林著作编译局，编译. 2版（增订版）. 北京：人民出版社，2017：301-304.

[26] 列宁. 俄共（布）中央委员会的政治报告（1922年3月27日）[M]//中共中央马克思恩格斯列宁斯大林著作编译局. 列宁专题文集·论社会主义. 北京：人民出版社，2009：308-333.

[27] 刘少奇. 论党（1945年5月14日）[M]//刘少奇选集：上卷. 北京：人民出版社，1981：314-370.

[28] 马克思. 哲学的贫困（1847年）[M]//中共中央马克思恩格斯列宁斯大林著作编译局. 马克思恩格斯选集：第1卷. 北京：人民出版社，2012：216-275.

[29] 马克思，恩格斯. 德意志意识形态（1845—1846年）[M]//中共中央马克思恩格斯列宁斯大林著作编译局. 马克思恩格斯文集：第1卷. 北京：人民出版社，2009：507-591.

[30] 马克思，恩格斯. 共产党宣言（1848年）[M]//中共中央马克思恩格斯列宁斯大林著作编译局. 马克思恩格斯选集：第1卷. 北京：人民出版社，2012：376-435.

[31] 毛泽东. 致黎锦熙信（1917年8月23日）[M]//中共中央文献研究室，中共湖南省委《毛泽东早期文稿》编辑组. 毛泽东早期文稿（1912年6月—1920年11月）. 长沙：湖南人民出版社，

2013：25-26.

[32] 毛泽东.中国的红色政权为什么能够存在？（1928年10月5日）[M]//毛泽东选集：第1卷.2版.北京：人民出版社，1991：47-56.

[33] 毛泽东.反对自由主义（1937年9月7日）[M]//毛泽东选集：第2卷.2版.北京：人民出版社，1991：359-361.

[34] 毛泽东.大量吸收知识分子（1939年12月1日）[M]//毛泽东选集：第2卷.2版.北京：人民出版社，1991：618-620.

[35] 毛泽东.新民主主义论（1940年1月）[M]//毛泽东选集：第2卷.2版.北京：人民出版社，1991：662-711.

[36] 毛泽东.《农村调查》的序言和跋（1941年3、4月）[M]//毛泽东选集：第3卷.2版.北京：人民出版社，1991：789-794.

[37] 毛泽东.在陕甘宁边区参议会的演说（1941年11月6日）[M]//毛泽东选集：第3卷.2版.北京：人民出版社，1991：807-810.

[38] 毛泽东.在《解放日报》改版座谈会上的讲话（1942年3月31日）[M]//中共中央文献研究室，新华通讯社.毛泽东新闻工作文选.北京：新华出版社，2014：109-110.

[39] 毛泽东.党报应吸收党外人员发表言论（1942年3月）[M]//中共中央文献研究室，新华通讯社.毛泽东新闻工作文选.北京：新华出版社，2014：111-112.

[40] 毛泽东.关于整顿三风（1942年4月20日）[M]//中共中央文献研究室.毛泽东文集：第2卷.北京：人民出版社，1993：411-423.

[41] 毛泽东.在延安文艺座谈会上的讲话（1942年5月）[M]//毛泽东选集：第3卷.2版.北京：人民出版社，1991：847-879.

[42] 毛泽东.在中央政治局会议上讲话的要点（1943年3月16日）[M]//中共中央文献研究室.毛泽东文集：第3卷.北京：人民

出版社，1996：9-13.

[43] 毛泽东.文艺工作者要同工农兵相结合（1945年5月28日）[M]//中共中央文献研究室.毛泽东文集：第2卷.北京：人民出版社，1993：424-433.

[44] 毛泽东.布尔什维克化十二条：在西北局高干会议上的报告（1942年11月23日）[M]//战无不胜的毛泽东思想万岁：第二册.[出版地不详]：[出版者不详]，1967：226-256.

[45] 毛泽东.关于领导方法的若干问题（1943年6月1日）[M]//毛泽东选集：第3卷.2版.北京：人民出版社，1991：897-902.

[46] 毛泽东.关于陕甘宁边区的文化教育问题（1944年3月22日）[M]//中共中央文献研究室.毛泽东文集：第3卷.北京：人民出版社，1996：106-122.

[47] 毛泽东.对晋绥日报编辑人员的谈话（1948年4月2日）[M]//毛泽东选集：第4卷.2版.北京：人民出版社，1991：1318-1322.

[48] 任弼时.为什么要作出增强党性的决定（1942年7月14日）[M]//任弼时选集.北京：人民出版社，1987：238-245.

[49] 斯大林.在全苏斯达汉诺夫工作者第一次会议上的讲话（节选）（1935年11月17日）[M]//共青团中央团校.马克思恩格斯列宁斯大林论青年.北京：中国青年出版社，1980：268-269.

[50] 习近平.把宣传思想工作做得更好（2013年8月19日）[M]//习近平.论党的宣传思想工作.北京：中央文献出版社，2020：14-18.

[51] 习近平.在哲学社会科学工作座谈会上的讲话（2016年5月17日）[M]//习近平.论党的宣传思想工作.北京：中央文献出版社，2020：212-240.

[52] 常天禄.米脂的通讯工作[M]//陕西日报社，延安时期新闻出

版工作者西安联谊会.延安时期新闻出版工作者回忆录.［出版地不详］：［出版者不详］，2006：279-282.

［53］陈学昭.在解放日报社参加整风审干运动［M］//任文.我所亲历的延安整风：下册.西安：陕西师范大学出版社，2014：92-97.

［54］高扬文.我在清凉山的新闻工作［M］//田方，午人，方蒙.延安记者.西安：陕西人民教育出版社，1993：458-468.

［55］何其芳.毛泽东之歌［M］//何其芳文集：第3卷.北京：人民文学出版社，1983：39-135.

［56］李迢.思绪如丝［M］//陕西日报社，延安时期新闻出版工作者西安联谊会.延安时期新闻出版工作者回忆录.［出版地不详］：［出版者不详］，2006：135-137.

［57］黄钢.八次见到毛泽东（节录）［M］//齐志文.记者莫艾.北京：光明日报出版社，2010：212-213.

［58］纪希晨.回忆毛泽东同志对《晋绥日报》编辑人员谈话的情景［M］//中国社会科学院新闻研究所，湖南省新闻学会.毛泽东新闻理论研究.长沙：湖南人民出版社，1984：325-343.

［59］乔迁.峥嵘岁月［M］//陕西日报社，延安时期新闻出版工作者西安联谊会.延安时期新闻出版工作者回忆录.［出版地不详］：［出版者不详］，2006：129-134.

［60］阮迪民.《晋绥日报》的主要经验和教训［M］//陕西日报社，延安时期新闻出版工作者西安联谊会.延安时期新闻出版工作者回忆录.［出版地不详］：［出版者不详］，2006：65-79.

［61］温济泽.忆清凉山的战斗岁月［M］//任文.窑洞轶事.西安：陕西师范大学出版社，2014：86-93.

［62］薛文华.我与《抗战报》［M］//陕西日报社，延安时期新闻出版工作者西安联谊会.延安时期新闻出版工作者回忆录.［出版地不详］：［出版者不详］，2006：314-318.

[63] 易礼容.毛泽东创办长沙文化书社[M]//陆象贤.易礼容纪念集.北京：团结出版社，2001：43-46.

[64] 原《晋绥日报》部分在京人员.亲切的接见　谆谆的教导：毛主席对《晋绥日报》编辑人员谈话的回忆[M]//中共湖南省委宣传部.新闻工作学习资料（一）.[出版地不详]：[出版者不详]，1977：97-105.

[65] 余振鹏，陆小华.新形势与党的新闻工作优良传统：吴冷西同志答问录[M]//田方，午人，方蒙.延安记者.西安：陕西人民教育出版社，1993：4-14.

[66] 郑育之.《边区群众报》诞生前后[M]//陕西日报社，延安时期新闻出版工作者西安联谊会.延安时期新闻出版工作者回忆录.[出版地不详]：[出版者不详]，2006：7-9.

[67] 周扬.与赵浩生谈历史功过[M]//艾克恩.延安文艺回忆录.北京：中国社会科学出版社，1992：33-40.

[68] 陈力丹.淡化典型报道观念[M]//陈力丹.陈力丹自选集：新闻观念——从传统到现代.上海：复旦大学出版社，2004：157-165.

[69] 陈力丹.再谈淡化典型报道观念[M]//陈力丹.陈力丹自选集：新闻观念——从传统到现代.上海：复旦大学出版社，2004：166-177.

[70] 黄旦.从"不完全党报"到"完全党报"：延安《解放日报》改版再审视[M]//李金铨.文人论政：知识分子与报刊.桂林：广西师范大学出版社，2008：250-280.

[71] 黄旦，周叶飞."新型记者"：主体的改造与重塑——延安《解放日报》改版之再考察[M]//李金铨.报人报国：中国新闻史的另一种读法.香港：香港中文大学出版社，2013：325-354.

[72] 李金铨.报人情怀与国家想象（代序）[M]//李金铨.报人报国：

中国新闻史的另一种读法.香港：香港中文大学出版社，2013：1-46.

[73] 李里峰."群众"的面孔：基于近代中国情境的概念史考察［M］//王奇生.新史学（第7卷）：20世纪中国革命的再阐释.北京：中华书局，2013：31-60.

[74] 吕晓波.关于革命后列宁主义政党的几个理论思考［M］//周雪光.当代中国的国家与社会关系.台北：桂冠出版社，1992：188-196.

[75] 宁树藩.马克思主义在中国的传播与党报的改造（民主革命时期）［M］//卓南生，程曼丽.宁树藩文集（增订版）.北京：清华大学出版社，2017：1-41.

[76] 王维佳.中国党报向何处去？［M］//陈昌凤.新闻学研究前沿.北京：清华大学出版社，2012：102-109.

[77] 解志熙.与革命相向而行：《丁玲传》及革命文艺的现代性序论［M］//李向东，王增如.丁玲传：上.北京：中国大百科全书出版社，2015：序1-20.

[78] 严晓岭.传统民本思想的现代启示［M］//李国娟.中华优秀传统文化与马克思主义中国化.上海：文汇出版社，2015：67-79.

[79] 尹韵公.释"集体"：学习列宁的一段重要论述［M］//尹韵公.尹韵公自选集.北京：学习出版社，2009：52-62.

[80] 胡昭镕.关于长沙文化书社几个问题的探讨［M］//中国近代现代出版史编纂组.中国近代现代出版史学术讨论会文集.北京：中国书籍出版社，1990：383-390.

[81] 丁淦林.十年内战时期中国共产党党报工作的新道路和党报理论的发展［M］//丁淦林.丁淦林文集.上海：复旦大学出版社，2005：21-32.

[82] SPIVAK G. Can the subaltern speak?［M］// NELSON C,

GROSSBERG L. Marxism and the interpretation of culture. London, UK: Palgrave Macmillan, 1998: 271-314.

[83] ZHAO Y Z, DUFF R. Short-circuited? the communication of labor struggles in China [M] // MCKERCHER C, MOSCO V. Knowledge workers in the information society. Lexington, MA: Lexington Books, 2007: 229-246.

3. 期刊中析出的文献

[1] 王凤超, 岳颂东. 延安《解放日报》大事记 [J]. 新闻研究资料, 1984 (7): 125-175.

[2] 岳颂东, 王凤超. 延安《解放日报》大事记（续）(1941.5.14—1947.3.27) [J]. 新闻研究资料, 1984 (Z1): 74-120.

[3] 丁淦林, 苏潘. 任质斌谈《红色中华》[J]. 新闻大学, 1981 (1): 90-91.

[4] 陆定一. 陆定一同志谈延安解放日报改版: 在解放日报史座谈会上的讲话摘要 [J]. 新闻研究资料, 1981 (3): 1-8.

[5] 任质斌.《红色中华》报始末 [J]. 新闻研究资料, 1986 (3): 1-8.

[6] 艾红红, 强若琳. 延安《解放日报》的"全党办报""群众办报"实践探究 [J]. 新闻爱好者, 2022 (1): 69-74.

[7] 本刊编辑部. 重建社会核心价值观共识: 中国媒体现状检讨（二）[J]. 经济导刊, 2014 (6): 8-16.

[8] 蔡惠福, 顾黎. 关于中国特色新闻传播学术话语体系自主建构的几点思考 [J]. 新闻大学, 2013 (1): 23-28.

[9] 曹林. 四重稀释正在加剧新闻学的"无学"危机 [J]. 新闻春秋, 2018 (3): 58-64.

[10] 陈力丹. 新闻传播学学科建设若干问题的思考 [J]. 新闻记者,

2017（9）：70-80.

［11］陈力丹，董晨宇.2010年我国新闻传播学研究的新鲜话题［J］.当代传播，2011（2）：10-13，16.

［12］陈力丹，孙曌闻.列宁论著及宣传观在中国的早期传播［J］.新闻界，2020（12）：71-82.

［13］陈力丹，吴鼎铭.党报的组织性［J］.新闻界，2016（19）：70-72.

［14］陈力丹，姚晓鸥.源于俄文的马克思主义新闻观名词原文、中译文和英译文比对分析［J］.新闻与传播研究，2017，24（5）：103-125.

［15］程同顺.2016国际民粹事件为什么"扎堆"出现［J］.人民论坛，2017（1）：18-22.

［16］戴利朝，王丽华.党与民众联系的桥梁：1949年前党报通讯员网的功能与构建［J］.江西财经大学学报，2017（3）：97-105.

［17］邓绍根，丁丽琼.组织"连接"的新理路：重思列宁"报纸是集体的宣传员、鼓动员和组织者"［J］.出版发行研究，2020（12）：93-100，9.

［18］丁柏铨.论列宁新闻思想的特色、内涵及启迪意义［J］.现代传播（中国传媒大学学报），2020，42（7）：31-38.

［19］方晓恬，王洪喆.从"群众路线"到"人的现代化"："北京调查"与传播学在中国的肇始（1982—1992）［J］.新闻与传播研究，2019，26（2）：96-109，127-128.

［20］高海波.斯达汉诺夫运动与典型报道［J］.国际新闻界，2011，33（11）：25-31.

［21］宫京成.正确理解中国特色新闻学需要探讨的几个问题：兼与陈力丹教授商榷［J］.新闻记者，2017（10）：65-71.

［22］郭湛，曾东辰.代表性断裂问题与群众路线之解［J］.学术交

流，2019（5）：48-56，191.

[23] 郭忠华.历史·理论·实证：概念研究的三种范式[J].学海，2020（1）：56-63.

[24] 郝宇青，田雨.政治动员议题的建构、实施与效果评析：对斯达汉诺夫运动的考察[J].党政研究，2016（1）：60-68.

[25] 胡钰，虞鑫.构建中国特色新闻学：何以可能与何以可为[J].国际新闻界，2016，38（8）：92-115.

[26] 胡钰，虞鑫.中国特色新闻学话语体系论纲：概念、范畴、表述[J].全球传媒学刊，2018，5（1）：1-18.

[27] 黄楚新，王丹.党报发行现状及应对之策[J].中国报业，2015（9）：22-25.

[28] 黄旦.党组织办报与"手工业"工作方式："全党办报"的历史学诠释[J].新闻大学，2004（3）：14-19.

[29] 黄道炫.如何落实：抗战时期中共的贯彻机制[J].近代史研究，2019（5）：72-87，161.

[30] 黄顺星.从何所来，去何所至：《新闻业危机的再思考》[J].新闻学研究，2017（2）：173-179.

[31] 黄卫星，李彬.葛兰西与毛泽东"文化领导权"思想比较[J].清华大学学报（哲学社会科学版），2012，27（3）：125-133，158.

[32] 黄伟迪.协作生产：革命时期党报通讯员的网络建构与技术改造[J].编辑之友，2019（12）：88-93.

[33] 皇甫晓涛，王龙珺.中国共产党大宣传工作理念的理论基础与历史实践[J].当代传播，2022（4）：43-47.

[34] 霍布斯鲍姆.马克思、恩格斯与政治[J].吕增奎，译.马克思主义与现实，2012（1）：75-102.

[35] 季为民，叶俊.论习近平新闻思想[J].新闻与传播研究，

2018，25（4）：5-16，126.

[36] 建立有中国特色的社会主义的新闻学［J］.中国记者，1989（4）：4.

[37] 靳铭.延安时期共产党人的调查研究工作［J］.中国延安干部学院学报，2012，5（1）：132-136.

[38] 景跃进."群众路线"与当代中国政治发展：内涵、结构与实践［J］.湖南科技大学学报（社会科学版），2004（6）：5-14.

[39] 居然.中国共产党的"新型记者"［J］.新闻界，2015（17）：69-70.

[40] 雷跃捷.建设中国特色新闻学的命题、资源、路径与方法［J］.现代传播（中国传媒大学学报），2018，40（10）：68-74.

[41] 李彬.新闻学若干问题断想［J］.兰州大学学报（社会科学版），2018（1）：117-123.

[42] 李彬.中国道路新闻学（四）：挨打、挨骂、挨饿［J］.当代传播，2018（4）：4-6，23.

[43] 李彬，李海波.新中国与新文化［J］.当代传播，2016（5）：4-13.

[44] 李启.创立有中国特色的社会主义大众传播学［J］.中国记者，1988（6）：45-46.

[45] 李勇军，黄丽坤.政策过程中的群众路线研究［J］.湖南大学学报（社会科学版），2016，30（5）：117-122.

[46] 林毅.西方化反思与本土化创新：中国政治学发展的当代内涵［J］.政治学研究，2018（2）：90-109，127-128.

[47] 林羽丰.与"同人办报"相对的"全党办报"［J］.新闻春秋，2018（2）：45-50.

[48] 刘继忠."集体的组织者"：一条列宁党报语录的百年政治文化旅行［J］.国际新闻界，2020，42（10）：99-120.

[49] 刘继忠，梁运.论延安《解放日报》改版的政治逻辑[J].新闻与传播研究，2012，19（2）：11-19，109.

[50] 刘建明.毛泽东对《晋绥日报》编辑人员谈话的历史追述[J].新闻爱好者，2018（6）：21-24.

[51] 柳斌杰.中国特色新闻学的学术追求[J].经济导刊，2017（8）：6-12.

[52] 柳斌杰.社会主义新闻实践和制度的奠基者：纪念列宁诞辰150周年[J].新闻战线，2020（11）：40-43.

[53] 吕新雨.列宁主义与中国革命：重新理解马克思主义中国化的历史视角[J].毛泽东邓小平理论研究，2015（3）：57-65，92-93.

[54] 吕新雨.第三世界视野下的"中国道路"与党报理论[J].经济导刊，2020（10）：94-96.

[55] 吕新雨，赵月枝.中国的现代性、大众传媒与公共性的重构[J].传播与社会学刊，2010（12）：1-24.

[56] 穆美琼，周梁云.葛兰西文化领导权理论及其启示[J].马克思主义哲学，2021（4）：117-124.

[57] 潘祥辉.宣之于众：汉语"宣"字的传播思想史研究[J].新闻与传播研究，2018，25（4）：76-94，127-128.

[58] 潘忠党.传媒的公共性与中国传媒改革的再起步[J].传播与社会学刊，2008（6）：1-16.

[59] 裴晓军，吴廷俊.延安《解放日报》改版与毛泽东在党内领袖地位的确立[J].新闻知识，2008（2）：6-8，42.

[60] 余一凡，赵冶.葛兰西有机知识分子概念新探[J].理论月刊，2016（2）：25-29.

[61] 翟秀凤.普遍性还是历史性：理解数字时代的新闻专业主义[J].新闻界，2018（4）：62-71.

[62] 张放.毛泽东锻造社会主义新人思想及其当代价值［J］.毛泽东邓小平理论研究，2020（12）：35-46，104.

[63] 张灏.中国近代思想史的转型时代［J］.二十一世纪，1999（2）：29-39.

[64] 张朋."人身上的血脉"：大革命时期中共党报发行网络［J］.新闻与传播研究，2020（4）：92-107.

[65] 张威.典型报道：渊源与命运［J］.新闻与传播研究，2002（2）：38-49，96.

[66] 张衍霞.山东战时邮政的党报党刊发行［J］.理论学刊，2008（7）：35-38.

[67] 张志安，张京京，林功成.新媒体环境下中国新闻从业者调查［J］.当代传播，2014（3）：4-8.

[68] 赵月枝.全球视野中的中共新闻理论与实践［J］.新闻记者，2018（4）：4-16.

[69] 赵月枝，吴畅畅.网络时代社会主义文化领导权的重建？——国家、知识分子与工人阶级政治传播［J］.开放时代，2016（1）：119-140，6.

[70] 赵云泽，董翊宸.中国上古时期的媒介革命："巫史理性化"与文字功能的转变及其影响［J］.新闻与传播研究，2019（7）：92-106.

[71] 赵云泽，滕沐颖，杨启鹏，等.记者职业地位的陨落："自我认同"的贬斥与"社会认同"的错位［J］.国际新闻界，2014，36（12）：84-97.

[72] 郑保卫.毛泽东对《晋绥日报》编辑人员谈话的背景、价值及意义：写在谈话发表70周年之际［J］.青年记者，2018（7）：57-62.

[73] 郑保卫，叶俊.中国马克思主义新闻学百年形成发展历程［J］.

新闻春秋, 2018（1）: 4-11.

[74] 郑保卫. 论列宁新闻思想的历史贡献及当代价值: 写在列宁诞辰150周年之际 [J]. 国际新闻界, 2020, 42（4）: 34-50.

[75] 郑德金. 战争年代党报的经营与发行 [J]. 中国记者, 2003（11）: 48-49.

[76] 高兴烈. 中宣部副部长滕藤提出: 要形成中国式的社会主义大众传播学 [J]. 新闻与写作, 1986（12）: 20.

[77] 周峰. 新民主主义革命时期中共工农通讯员制度的生成与运作 [J]. 中共党史研究, 2017（1）: 44-56, 100.

[78] 周海燕. 吴满有: 从记忆到遗忘——《解放日报》首个"典型报道"的新闻生产与社会记忆建构 [J]. 江苏社会科学, 2012（3）: 236-240.

[79] 周建超. 论列宁的社会主义新人思想 [J]. 江苏社会科学, 2020（5）: 35-43.

[80] 周睿鸣, 徐煜, 李先知. 液态的连接: 理解职业共同体——对百余位中国新闻从业者的深度访谈 [J]. 新闻与传播研究, 2018, 25（7）: 27-48, 126-127.

[81] 周晓虹. 理想类型与经典社会学的分析范式 [J]. 江海学刊, 2002（2）: 94-99, 207.

[82] 周翼虎. 抗争与入笼: 中国新闻业的市场化悖论 [J]. 新闻学研究, 2009（3）: 101-136.

[83] 朱清河, 王青. "全党办报"与"群众办报"的历史缘起与逻辑勾连 [J]. 国际新闻界, 2021, 43（5）: 142-157.

[84] 强世功. 哲学与历史: 从党的十九大报告解读"习近平时代" [J]. 开放时代, 2018（1）: 11-31, 5.

[85] 唐绪军. 把握两个要点 领会两个重点: 学习习近平新闻思想的体会 [J]. 新闻记者, 2018（7）: 4-7.

[86] 田中初.鼓励群众成为新闻传播者：革命根据地时期党促进通讯员事业发展的相关实践［J］.新闻记者，2011（7）：34-38.

[87] 童兵.在文化合力中推进新闻学话语体系建设［J］.现代传播（中国传媒大学学报），2017，39（6）：10-14.

[88] 涂凌波.中国共产党新闻工作观念的产生、制度化与历史实践［J］.人民论坛·学术前沿，2021（19）：86-96.

[89] 王春泉."中国特有之新闻学"之历史言说：张季鸾《中国新闻学会宣言》绎读［J］.山西大学学报（哲学社会科学版），2016，39（3）：1-14.

[90] 王建华.革命的理想人格：延安时期劳动英雄的生产逻辑［J］.南京大学学报（哲学·人文科学·社会科学），2016，53（5）：124-136，160.

[91] 王建华."赤脚天堂"里的劳动叙事：多重紧张情境下的延安大生产运动［J］.中共历史与理论研究，2017（2）：148-168，268.

[92] 王润泽.重塑党报：《解放日报》改版深层动力之探析［J］.国际新闻界，2009（4）：105-111.

[93] 王润泽，赖垚珺.毛泽东论党报的名篇：《对晋绥日报编辑人员的谈话》［J］.新闻界，2012（19）：75-76.

[94] 王润泽，余玉.群众：从"教育"、"反映"到"学习"的对象——党报群众性原则嬗变轨迹解读［J］.国际新闻界，2014（12）：68-83.

[95] 王绍光.毛泽东的逆向政治参与模式：群众路线［J］.学习月刊，2009（23）：16-17.

[96] 王雪驹，楚航，王润泽.城市办报范式与党报理念的冲突与调适：对整风运动中重庆《新华日报》改版的考察［J］.国际新闻界，2018，40（8）：141-155.

［97］王维佳.什么是现代新闻业？——关于新闻业与新闻人社会角色的历史辨析［J］.新闻记者，2012（12）：12-17.

［98］王维佳.追问"新闻专业主义迷思"：一个历史与权力的分析［J］.新闻记者，2014（2）：16-22.

［99］王维佳.传播治理的市场化困境：从媒体融合政策谈起［J］.新闻记者，2015（1）：15-20.

［100］王维佳."党管媒体"理念的历史生成与现实挑战［J］.经济导刊，2016（4）：28-31.

［101］王维佳.专业主义的挽歌：理解数字化时代的新闻生产变革［J］.新闻记者，2016（10）：34-40.

［102］王维佳.媒体建制派的失败：理解西方主流新闻界的信任危机［J］.现代传播（中国传媒大学学报），2017，39（5）：36-41.

［103］王欣媛，史为磊.五四时期毛泽东的青年工作路径探析［J］.中国青年社会科学，2020，39（3）：44-50.

［104］王莹，黄瑚.全党办报：中国共产党对马克思主义新闻观的创新发展［J］.中国出版，2021（22）：8-11.

［105］汪晖.去政治化的政治、霸权的多重构成与六十年代的消逝［J］.开放时代，2007（2）：5-41.

［106］汪晖.中国道路的独特性与普遍性［J］.社会观察，2011（4）：6-11.

［107］汪晖.代表性断裂与"后政党政治"［J］.开放时代，2014（2）：70-79，7.

［108］汪晖.汪晖："业余"是一个伦理性问题［J］.庄稼昀，整理.南风窗，2015（1）：103-104.

［109］汪晖.十月的预言与危机：为纪念1917年俄国革命100周年而作［J］.文艺理论与批评，2018（1）：6-42.

［110］吴冠军.重新激活"群众路线"的两个关键问题：为什么与如

何[J].政治学研究,2016(6):26-39,125.

[111] 吴廷俊,顾建明.典型报道理论与毛泽东新闻思想[J].新闻大学,2001(4):5-8.

[112] 伍静.党报的另一种传统:延安《解放日报》与重庆《新华日报》的比较及不同命运[J].新闻记者,2015(11):49-59.

[113] 夏倩芳."挣工分"的政治:绩效制度下的产品、劳动与新闻人[J].现代传播(中国传媒大学学报),2013,35(9):28-36.

[114] 熊国荣.中共党报典型报道源考[J].现代传播(中国传媒大学学报),2016,38(10):67-71.

[115] 修远基金会.群众路线:人民民主的当代实践形式[J].文化纵横,2014(6):18-26.

[116] 徐佳.追求真理,开宗立派,改革创新:中国特色社会主义新闻学理论创新研讨会综述[J].新闻大学,2016(5):134-178.

[117] 徐勇.学术创新的基点:概念的解构与建构[J].文史哲,2019(1):10-13.

[118] 徐勇.田野政治学的核心概念建构:路径、特性与贡献[J].中国社会科学评价,2021(1):4-13,157.

[119] 徐勇,郭忠华.政治学概念建构的意识与方法:基于田野政治学的视角[J].天津社会科学,2022(1):60-65.

[120] 阳海洪.论民粹主义与典型报道的起源:以"吴满有"报道为例[J].国际新闻界,2010(4):70-75.

[121] 杨光斌.制度变迁中的政党中心主义[J].西华大学学报(哲学社会科学版),2010(2):1-6.

[122] 姚中秋.现代政党演进逻辑中的中国共产党:世界体系视角的解释[J].江西社会科学,2022,42(3):22-33,206,209.

[123] 叶毅均.论韦伯之"理想型"概念建构:兼与林毓生先生商榷

[J].思想与文化,2016(2):124-146.

[124] HASSID J. Four models of the Fourth Estate：a typology of contemporary Chinese journalists[J]. The China quarterly, 2011(3):813-822.

[125] JOWITT K. Soviet neo-traditionalism：the political corruption of a leninist regime[J]. Soviet studies, 1983(3):275-279.

[126] MEISNER M. Dazhai：the mass line in practice[J]. Modern China, 1978, 27(1):27-62.

[127] XU K B. Framing occupy Wall Street：a content analysis of the New York Times and USA Today[J]. International journal of communication, 2013(7):2412-2432.

4.报纸中析出的文献

[1]马驰,张喜华,黎辛.回望延安整风初期(上):访谈前延安党中央《解放日报》文艺编辑黎辛[N].社会科学报,2009-11-26(8).

[2]杨永直.我在延安《解放日报》的日子[N].解放日报,2004-04-27(8).

[3]艾思奇.劳动就是整风[N].解放日报,1944-02-19(4).

[4]报道群众的丰衣足食[N].解放日报,1943-08-08(4).

[5]报道什么?——给机关、学校、工厂等通讯员[N].解放日报,1946-03-31(2).

[6]北群.我对通讯工作认识的检讨[N].解放日报,1943-11-18(4).

[7]本报采访通讯工作简略总结[N].解放日报,1945-03-23(4).

[8]本报工作人员进行文件研究[N].解放日报,1942-04-30(2).

[9]边区各县创办小型报多种[N].解放日报,1944-07-31(2).

[10]边区通讯工作之光 大批模范通讯工作者、优秀新闻通讯受奖[N].解放日报,1946-09-01(2).

[11]陈企霞."理发员"和他的工作[N].解放日报,1942-10-08(4).

[12]崇基.新办法[N].解放日报,1944-02-29(4).

[13]代论:提倡工农同志写文章——康生同志给"笔谈会"编辑同志的信[N].解放日报,1942-10-04(1).

[14]邓仪.新闻观点与采访路线[N].解放日报,1943-04-08(4).

[15]方纪.纺车的力量[N].解放日报,1945-05-20(4).

[16]给奖会上[N].解放日报,1942-05-05(4).

[17]关中整顿党报通讯组织 马栏淳耀首先完成[N].解放日报,1943-05-11(2).

[18]志丹整顿通讯工作[N].解放日报,1943-10-01(2).

[19]工农通讯:连选连任的好保长[N].解放日报,1942-10-27(2).

[20]工农通讯:我们在生产战线上[N].解放日报,1942-11-05(2).

[21]工农通讯:工人们在改进学习[N].解放日报,1942-11-16(4).

[22]看报可学得经验办法 写稿能养成细密作风:子长县书谈通讯工作[N].解放日报,1946-07-22(2).

[23]胡绩伟.边区各分区报纸 关中报办得最好[N].解放日报,1944-12-09(2).

[24]黄钢.记者们的节日:延安纪念九届记者节追悼何云同志[N].解放日报,1942-09-02(2).

[25]靖边县委.谈谈靖边组织通讯工作的几点经验[N].解放日报,1943-09-15(1/2).

[26]柯仲平.在写作上帮助工农同志[N].解放日报,1942-10-17(4).

[27]苦孩子成长为优秀人民战士[N].人民日报,1961-05-05(4).

[28]李树仁.延安市通讯员座谈会决定 布置工作同时布置写稿[N].解放日报,1945-03-11(2).

[29]李微.一个机关职员对于本报的意见[N].解放日报,1942-02-08(3).

[30]李元贵.一个小报编者的检讨[N].解放日报,1942-10-31(4).

[31]李章军.习近平在新进中央委员会的委员、候补委员学习贯彻党的十八大精神研讨班开班式上发表重要讲话[N].人民日报,2013-01-06(1).

[32]立波.后悔与前瞻[N].解放日报,1943-04-03(4).

[33]利用党报为党报写稿！志丹干部认真实行[N].解放日报,1942-09-24(2).

[34]林主席、仲勋同志 函奖志丹干部[N].解放日报,1946-08-10(2).

[35]留政指示各部队 发动干部与战士写稿[N].解放日报,1943-12-29(1).

[36]刘漠冰.边区文教工作的阵容：从文教陈列室看到的[N].解放日报,1944-11-16(2).

[37]刘漠冰.志丹县委如何领导通讯工作[N].解放日报,1946-07-08(2).

[38]陆定一.我们对于新闻学的基本观点[N].解放日报,1943-09-01(4).

[39]卢宁.读了康生同志"提倡工农同志写文章"后[N].解放日报,1942-10-17(4).

参考文献

[40] 罗李王. 对本报的一些意见[N]. 解放日报, 1942-03-30（3）.

[41] 马少堂. 农妇通讯员李锦秀[N]. 解放日报, 1946-09-08（2）.

[42] 莫艾. 本报革新前夜访问各界意见[N]. 解放日报, 1942-04-02（2）.

[43] 牟原. 对于本报改进的几点意见[N]. 解放日报, 1942-03-22（3）.

[44] 穆青. 本报编辑部的个人生产[N]. 解放日报, 1944-04-07（4）.

[45] 穆青. 谈综合报道[N]. 解放日报, 1944-07-23（4）.

[46] 穆青. 农村通讯小组的方向：介绍绥德吉镇区通讯小组[N]. 解放日报, 1944-09-01（4）.

[47] 目前报道些什么？——致各地记者和通讯员的一封信[N]. 解放日报, 1945-07-26（2）.

[48] 裴孟飞. 贯彻全党办报与培养工农通讯员的方针[N]. 解放日报, 1943-08-08（4）.

[49] 青记（中国青年新闻记者）学会、本报采访通讯部召开座谈会[N]. 解放日报, 1942-05-13（2）.

[50] 彭真. 工农干部要学文化[N]. 解放日报, 1943-01-16（4）.

[51] 党与党报[N]. 解放日报, 1942-09-22（1/2）.

[52] 致读者[N]. 解放日报, 1942-04-01（1）.

[53] 把我们的报纸办得更好些[N]. 解放日报, 1942-07-18（1）.

[54] 报纸和新的文风[N]. 解放日报, 1942-08-04（1）.

[55] 展开通讯员工作[N]. 解放日报, 1942-08-25（1）.

[56] 提高领导改造作风[N]. 解放日报, 1942-11-10（1）.

[57] 给党报的记者和通讯员[N]. 解放日报, 1942-11-17（1）.

[58] 政治与技术：党报工作中的一个重要问题[N]. 解放日报, 1943-06-10（1）.

[59] 本报创刊一千期[N]. 解放日报, 1944-02-16（1）.

[60] 十一运动[N]. 解放日报, 1944-09-15（1）.

[61] 新闻必须完全真实[N]. 解放日报, 1945-03-23（1）.

［62］史坚.半年来延川的通讯工作［N］.解放日报，1943-11-18（4）.

［63］绥德地委宣传部指示各县　具体领导党报通讯工作［N］.解放日报，1944-02-11（2）.

［64］绥德地委宣传部召集党报工作座谈会　绥县区级干部反省对党报认识［N］.解放日报，1943-06-05（2）.

［65］陶铸.关于部队的报纸工作［N］.解放日报，1944-12-21（4）.

［66］通讯采访部.对于县委领导通讯工作的意见［N］.解放日报，1944-07-23（4）.

［67］通讯工作动态［N］.解放日报，1944-09-01（4）.

［68］通讯小组和广大通讯网的建立：关中通讯工作经验之二［N］.解放日报，1945-09-01（2）.

［69］为反映征粮征草运动给各地通讯员的信［N］.解放日报，1942-10-27（2）.

［70］温金德.怎样发动更多人向党报踊跃投稿［N］.解放日报，1942-03-23（3）.

［71］吴旗县总结去年通讯工作［N］.解放日报，1944-02-20（2）.

［72］西北局开会决定　开展边区文化建设［N］.解放日报，1944-04-23（1）.

［73］西北局宣传委员会　检讨本栏和群众报［N］.解放日报，1942-03-20（4）.

［74］薛文华.张国保读报组［N］.解放日报，1945-10-08（4）.

［75］徐珠.关于工农同志写作［N］.解放日报，1942-11-04（4）.

［76］延安新闻界热烈纪念九届记者节　并追悼何云等同志［N］.解放日报，1942-09-02（2）.

［77］延长县级同志讨论西北局"党报决定"　决设专人帮助干部读报［N］.解放日报，1942-09-28（2）.

［78］延川县委宣传部号召县区干部为党报写稿［N］.解放日报，

1943-06-24（2）.

[79] 延属地委关于党报通讯工作的指示［N］.解放日报，1943-01-22（1）.

[80] 延属地委召集延安县通讯员举行通讯工作座谈会［N］.解放日报，1944-01-10（2）.

[81] 延县推行三大文教工作［N］.解放日报，1945-05-13（2）.

[82] 杨永直.健全我们的通讯网［N］.解放日报，1942-09-01（2）.

[83] 杨永直.安塞五区的通讯工作［N］.解放日报，1944-09-18（4）.

[84] 毅宇.布尔塞维克党的组织路线：列宁论"党的组织"［J］.布尔塞维克，1929（10）：8-12.

[85] 友星.注意新的事情［N］.解放日报，1944-07-23（4）.

[86] 蕴明.志丹的通讯工作［N］.解放日报，1945-10-05（2）.

[87] 怎样把通讯工作做的更好一些?［N］.解放日报，1944-09-01（4）.

[88] 在本报改版座谈会上 毛泽东同志号召整顿三风要利用报纸［N］.解放日报，1942-04-02（1）.

[89] 张蓓.安塞县委领导通讯工作的经验［N］.解放日报，1944-03-18（4）.

[90] 张潮，乔迁，马永河.志丹工作为什么做得好?［N］.解放日报，1946-08-10（4）.

[91] 张弗予.延川培养工农通讯员［N］.解放日报，1945-09-05（2）.

[92] 张弗予.延川报创办三十期［N］.解放日报，1945-11-02（2）.

[93] 张弗予.从延川的通讯工作谈起［N］.解放日报，1946-02-24（2）.

[94] 张朋辉.停止损害民众平等参与政治权利［N］.人民日报，2016-04-18（3）.

［95］张孝雍，申玮.新市场口的黑板报［N］.解放日报，1945-09-23（2）.

［96］张宣.关于党八股［N］.解放日报，1942-03-20（3）.

［97］张仲实.悼杨松同志［N］.解放日报，1942-11-27（4）.

［98］志丹安塞等县区干部　利用报纸改进领导［N］.解放日报，1946-06-15（1）.

［99］志丹组织科长会上　讨论改进通讯工作［N］.解放日报，1946-03-15（2）.

［100］朱德.纪念党的二十一周年［N］.解放日报，1942-07-01（1）.

［101］子长通讯小组讨论西北局党报决定　县委将定具体实施办法［N］.解放日报，1942-10-03（2）.

［102］中共中央关于领导方法的决定［N］.解放日报，1943-06-04（1）.

［103］总政宣传部.苏联的军事宣传与我们的军事宣传［N］.解放日报，1943-03-03（4）.

［104］2021年度党报党刊发行工作视频会议召开：要求切实做好人民日报等中央重点党报党刊发行工作［N］.人民日报，2020-11-17（4）.

［105］韩毓海.人间正道是沧桑：纪念《在延安文艺座谈会上的讲话》发表67周年［N］.中国社会科学院报，2009-06-02（2）.

［106］齐爱军.中国特色新闻学的话语体系建构［N］.中国社会科学报，2018-06-21（3）.

［107］史安斌.CNN们漠视"民主之春"不足为奇［N］.环球时报，2016-04-20（14）.

［108］支庭荣.新时代中国特色新闻学的建构［N］.中国社会科学报，2018-10-12（6）.

［109］周展安.重新认识《在延安文艺座谈会上的讲话》的普遍性和

新颖性［N］．文艺报，2018-05-23（3）．

［110］ASRAR S.'Democracy spring' branching out after D.C. protests［N/OL］.USA Today，2016-04-19［2020-04-18］．https://www.usatoday.com/story/news/2016/04/19/democracy-spring-branching-out-after-dc-protests/83233102/.

［111］GARNER D. 6 books to help understand Trump's win［N/OL］.The New York Times，2016-11-09［2016-11-12］．https://www.nytimes.com/2016/11/10/books/6-books-to-help-understand-trumps-win.html.

5. 电子资源

［1］库珀.新闻记者应该"下乡"采访［EB/OL］．何黎，译.（2016-05-03）［2016-05-05］．http://www.ftchinese.com/story/001067355.

［2］纪念《毛泽东对晋绥日报编辑人员的谈话》70周年暨中国特色新闻学学科建设研讨会在中国人民大学成功举办［EB/OL］．（2018-04-03）.http://media.people.com.cn/n1/2018/0403/c40606-29904541.html.

［3］姜泓冰.复旦—清华构建新闻传播学术共同体［EB/OL］．（2016-06-06）［2016-07-01］．http://sh.people.com.cn/n2/2016/0606/c134768-28460878.html.

［4］史安斌.建议西方媒体向中国学学"走转改"［EB/OL］．（2017-08-07）［2017-08-09］．http://opinion.people.com.cn/n1/2017/0807/c1003-29455010.html.

［5］总书记关心的学科建设，清华研讨中国特色新闻学［EB/OL］．（2017-07-05）.http://media.people.com.cn/n1/2017/0705/c40606-29384780.html.

［6］BARNES J. You're completely losing touch, Farage issues warning to establishment over radical Islam [EB/OL]. (2016-11-30) [2020-04-15]. https://www.express.co.uk/news/uk/738343/nigel-farage-challenges-media-immigration-european-union-coverage.

[7] FLEGENHEIMER M, GRYNBAUM M. Trump hands out "fake news awards," sans the red carpet [EB/OL]. (2018-01-17). https://www.nytimes.com/2018/01/17/business/media/fake-news-awards.html.

[8] American views: trust, media and democracy [EB/OL]. (2018-01-16) [2020-04-01]. https://knightfoundation.org/reports/american-views-trust-media-and-democracy.

[9] GRYNBAUM M. Trump calls the news media the "enemy of the American people" [EB/OL]. (2017-02-17). https://www.nytimes.com/2017/02/17/business/trump-calls-the-news-media-the-enemy-of-the-people.html.

[10] THAROOR I. Fake news and the Trumpian threat to democracy [EB/OL]. (2018-02-07). https://www.washingtonpost.com/news/worldviews/wp/2018/02/07/fake-news-and-the-trumpian-threat-to-democracy/?utm_term=.aeaec86a91b0.

[11] THE SOCIAL MOBILITY AND CHILD POVERTY COMMISSION (SMCPC). Elitist Britain? [EB/OL]. (2014-08-28) [2014-09-01]. https://www.gov.uk/government/uploads/system/uploads/attachment_data/file/347915/Elitist_Britain-Final.pdf.

后　记

这部小书脱胎于上海市社科项目"中国特色新闻学理论源流研究"的结项报告，由华东师范大学传播学院资助出版。推进课题和修订成书的过程中，承蒙武志勇、路鹏程、沈荟、白红义、郭恩强、石岸书等多位师友惠赐意见与建议，给予鼓励与开导，感念在心。

感谢导师李彬教授为小书作序。离开清华园倏忽多年，期间求职履新、结婚生娃、非升即走、落户安家、案牍风尘……真可谓"年年的光景如梭，急煎煎的心绪如火"。跟随导师在园子里静读的时光，再也回不去了。

拜读导师惠赐的书序，我又翻出了"清新"毕业典礼时作为博士生代表的发言稿——

> 对我们来说，这是一个伤感的时刻，因为它意味着一种特别珍贵的身心状态，可能要一去不复返了。这种状态的关键词大约包括：沉静、专注、辽阔、高远等。在博士阶段，我们用整整几年的时间，只做一件事，就是博士论文；可以连贯地用几天、几十天的时间，只阅读一本书，只思考一个小困惑。在学院名家们的教导下，我们的知识视野快速地扩展，逼近各自研究领域的最前沿。更为重要的是，清华的传统，清华的氛围，促使我们超越平凡的生活，超越个人的狭隘和

卑微，勇于把自己的阅读思考与国家民族、人类命运等更大的结构关联在一起。这样一种身心状态，用一个词来概括的话，就是学院的简称——"清新"。

参加完今天的毕业典礼后，博士生涯就该结束了，我们要开始新的生活，要应对纷至沓来的各种事务，要结婚生子，要发论文拿课题，要在人海中浮沉。我相信在未来的日子里，我们一定会非常怀念在清华读博的时光。

这大概是近年来写过的最动情的文字。一语成谶。

李海波

2023 年岁末于华东师范大学

图书在版编目（CIP）数据

中国特色新闻学关键概念研究 / 李海波著. —北京：中国国际广播出版社，2023.5
ISBN 978-7-5078-5329-2

Ⅰ.①中⋯　Ⅱ.①李⋯　Ⅲ.①新闻学－研究－中国　Ⅳ.①G210

中国国家版本馆CIP数据核字（2023）第074684号

中国特色新闻学关键概念研究

著　　者	李海波
责任编辑	万晓文
校　　对	张　娜
版式设计	邢秀娟
封面设计	王广福
出版发行	中国国际广播出版社有限公司［010-89508207（传真）］
社　　址	北京市丰台区榴乡路88号石榴中心2号楼1701
	邮编：100079
印　　刷	天津市新科印刷有限公司
开　　本	710×1000　1/16
字　　数	240千字
印　　张	16
版　　次	2024 年 4 月　北京第一版
印　　次	2024 年 4 月　第一次印刷
定　　价	58.00 元

版权所有　　盗版必究